南瞑の文学と思想―「沖縄タイムス　文芸時評」２００７～２０１１年―◎目次

2007年

2008年

2010年

南瞑の文学と思想

「沖縄タイムス　文芸時評」２００７〜２０１１年

平敷　武蕉

Busyo Heshiki

沖縄タイムス社

本書は「沖縄タイムス」文化面で２００７年４月〜２０１１年12月に毎月連載された「文芸時評」をまとめたものである。肩書などはすべて掲載時のもので、掲載の日付は各回の末尾に付した。

2007年

トーマ・ヒロコ「翻訳」　中里友豪「チャタンターブックヮ」　目取真俊「眼の奥の森」　我部聖「沈黙と記憶」　垣花咲子「赤の焦燥」　与那嶺智哉「断罪」　須賀順四郎「鬼火」　新里英紀「狸造」　又吉栄喜『夏休みの狩り』　松原敏夫「パリーP音詩」　川満信一「吃音のア行止まり」　仲村渠芳江『パンドルの卵』　又吉栄喜「ターナーの耳」　岡本恵徳『「沖縄」に生きる思想』　崎山多美「マピローマの月に立つ影は」　新城和博「御万人の力」　又吉栄喜「金網の穴」　砂川哲雄『八重山から。八重山へ』　稲福恵子「おきなわ女性学事始」　伊佐眞一「伊波普猷批判序説」「県ハンセン病証言集」

ウチナーグチ詩の表現
トーマ・ヒロコ「翻訳」／中里友豪「チャタンターブックヮ」

「アッサマアッサマ、アランヨーマジ」。少年のころ、キッチャキして茶碗でも割ってしまった時など、突如背後から現れた母の口から発されるのが、この、驚愕をそのまま口にして絶句する、といったていの叫びであった。悲鳴のような感嘆詞をたたみかけて繰り出されるこれらの言葉は、少年にとってどのような威嚇的な言辞よりも、脅迫的で魂を震え上がらせる魔力を帯びていた。取り返しのつかない大変なことをやってしまったのだという心理に心底追い込まれ、ただただ、萎縮し、打ち震えるしかなかったのである。

これらの言葉の意味を現代共通語とやらに翻訳したらどうなるであろうか。「あらまー、あらまー、どういうことだ」とでもなるのであろうが、言葉の孕む怒気と凄みがそぎ落とされて生気を失い、まったく迫力のない味気ないものに変貌していることに気づくのである。

詩の起源を感嘆（叫び）に求めたのは折口信夫である。それを踏襲し、〈自己表出〉としての言語の側面を明らかにしたのが吉本隆明であり、吉本言語論の一つの核を形成した。ウチナーグチの感嘆語には、類的存在としての人間存在の本質を背後においたど迫力がみなぎっているわけで、社会的諸関係を十分持ち得ない少年がビビるのも無理からぬことであったのだ。

若い詩人の感性

本紙において三月まで「文芸時評」を執筆してきた比屋根薫は「シマクトゥバや沖縄語が小説や詩歌や文化行政でも、ある勢いで広がっているけれど、これは三十年前の修辞的現在が基層に向かって言語＝意識が意味と価値の触手をのばしているのである」（沖縄タイムス十二月三十一日）としていた。トレンディーとしてのウチナーグチがあらゆる領域で氾濫する昨今を思うと、この比屋根氏の指摘はいささか楽天的すぎるのではと、疑義をはさみたくなるのであるが、沖縄の表現者が作品の中にウチナーグチを持ち込むというとき、どのような思いや狙いがあるからであろうか。その辺の事情の一端を、若い詩人トーマ・ヒロコの「翻訳」（詩誌『１９９９』ＶＯＬ・４）という詩がよく伝えてくれる。

更衣室で隣のロッカーを開ける手
その腕に光る時計
「あいっ、その時計上等だね」
「上等」はきっと最上級の褒め言葉
けれど言われた方は怪訝な顔

「あ、その時計すごくかっこいい」

後輩が私のグラスにビール瓶を傾ける
「とーとーとー」
出そうになった言葉をあわてて胃に押し込める
グラスは黄色く染まっていく
「あー、その辺で」
(略)

馴染んできた言葉で話したくても
みんなの不思議がる顔が目に浮かぶ
だからといってうまく訳などできない
日本語を当てはめてみたところで
島の言葉ほどの色は出せない
赤は桃色　黄色は肌色　青は水色
薄くなって物足りない

この詩は昨年の『現代詩手帳』六月号に「2000年代の詩人たち」の一つとして掲載されたということであるが、ここには、ウチナーグチでなければしっくりいかない心もちと、「標準語」では意を尽くした気持ちが伝えにくい言葉の感覚が語られている。そこでは確かにウチナーグチが「基層に向かう」作業として試行されているように思える。それにしても「上等」「とーとーとー」といったウチナーグチの持つ感触と妙味をこの若い詩人たちが感得している限り、ウチナーグチは健在かも知れない。

方言詩の到達点

先日、「日本現代詩人会西日本ゼミナール　ｉｎ　沖縄」が那覇市泉崎の琉球新報ホールで開催された。詩人を中心に県内外から百五十人ほどが参集し、会は盛会であった。琉球王府第十五代おもろ伝承者安仁屋眞昭の「『おもろ』概説と『おもろ』朗詠」と、大城貞俊の「沖縄現代詩の挑戦」と題する基調的講演がなされた。

大城貞俊の講演は見事であった。限られた時間内で沖縄の戦後詩人のほとんどについて触れ、それぞれの詩を特徴付けてみせる手際は鮮やかであって、『沖縄戦後詩史』『沖縄戦後詩人論』等の著者ならではの離れ業であった。「方言詩」の現在に的を絞った講演の最後に、下地勇の「ばんたが生まれ島」を流したのも心憎いばかりの演出であった。ゆったりと哀調を帯びたメロディーのなかに機関銃のように繰り出される下地勇の宮古シマフツは新鮮であり、強烈であったのだ。大城はまたウチナーグチ詩を試みる多くの詩人たちについて語ったのであるが、わけても上原紀善の「方言の範疇」を超えた「上原語」と呼ぶしかない「新しい言語」としての一連の詩表現を、「沖縄方言詩の今日的到達点」として評価したことが強く印象に残った。

見事な定型詩

ところでもう一つ私を強烈にひきつけたのは松原敏夫と中里友豪の詩の朗読であった。松原のパ行を並べた宮古シマフツを早口で繰り出す言葉のリズムも新鮮で小気味よく響いたのであるが、一番の驚きは中里友豪の「チャタンターブックヮ」と題する詩の朗読であった。この詩は必ずしも全編がウチナーグチというわけではなく、日本語とウチナーグチを絶妙に組み合わせた、いわば合成詩になっているのであるが、私が驚いたのは四連と琉歌のリズムで構成されたその詩が、八八八八八八八六の見事な定型詩を形成していることであった。

追われた人たち人びとは忘れ
原色ふりまく街に衣替え
さようならコザよこんにちはチャヤタン
ターブックヮ知らぬヤングあふれ

すかして耽々《たんたん》チャヤタンターブックヮ
辺野古崎浜もチャヤタンターブックヮ
泡瀬の干潟もチャヤタンターブックヮ
透きとおる海はアーサムーサ（三連・四連）

この実験詩は、今日の俳句や短歌の大家らをはじめ日本社会のほとんどを呪縛している虚構、すなわち、五七調や七五調韻律こそ日本人の生理的リズムだとする天皇制支配に内通する幻想を、詩の形式と内容において内側から食い破ろうとする詩的挑戦であると思えたわけで、この詩が中里氏本人の声で朗読されるとき、ある凄みすらが感じられ、詩はやはり〈叫び〉であると実感したのである。

ゼミナール全体の成果を確認しつつも、しかし不満がなかったわけではない。一つは、おもろ朗詠があり、本島、宮古シマフツの朗詠があって何故八重山がないかということ。あと一つは、〈本土〉から五十人余の詩人が参加したというが、その〈本土〉側から現代詩の現状へのなんらの提起もなかったことである。

（4月30日掲載）

語られない闇に文学の光

目取真俊「眼の奥の森」

本紙四月六日付朝刊に掲載された島袋瑠意さん（名護市立久辺小六年）の「私の『人権』」と題する文章に胸打たれた。

同作品には、黒人のアメリカ人と日本人のハーフとして生まれ、「くろんぼう」「黒」と呼ばれ続けていじめられた悲しい胸の内がつづられている。「何で、私は黒いの」と悩み、果てしなく続くいじめに心痛め、しかしやがて「友達が悪いのではない、人権について知らないことが悪いのだ」と自分に言い聞かすにいたる経緯がつづられている。そのけなげな気持ちが胸打つのである。

瑠意さんが六年生の道徳の時間に「白いカラス」という勉強をした時のこと。黒いカラスの中に白いカラスが一匹いて仲間はずれにされている。白いカラスはどうすればいいか、選択肢は三つある。一つ目は黒い色に塗り替えて黒いカラスの仲間に入る。二つ目は白いハトの仲間に入る。三つ目はそのまま黒いカラスの仲間でいい。正しい答えは三つ目。「みんな違ってみんないい」という「人権」について学ぶのがその日の課題。

瑠意さんだけが一つ目を選んだのに対し、みんなは正しい三つ目を選んだ。これについて瑠意さんは「色が違ってもそのままでいいと言いながら、私には『黒』と言うなんて分かっていないな」と述べている。内実と実際を使い分け「ふりをする」子どもたちの〈明るい荒廃〉の風景が広がって見える。瑠意さんの作文は、今日のいじめの実相の核心を突いている。いじめの実行者がおり、それを許容する無関心層がいる。沖縄の文学は、今日の子どもたちの心の闇に迫る文学作品を、果たして持ちえているであろうか。

老女と少女共振

『前夜』（影書房）には、創刊号から目取真俊の「眼の奥の森」が連作形式で毎号掲載されている。十号（一月冬号）は、深刻ないじめ問題を、沖縄戦体験の風化と絡ませて正面から扱った作品である。いわれのないいじめに絶望する少女の内面と、少女が受けている陰湿ないじめの凄まじい実態が克明に描かれている。十一号（四月春号）には、一人の老女の戦争体験とそれを語った際の前後の心境が書かれている。老女は、中学生たちへの戦争体験談を懇願されて引き受けたのであったが、終えて後、「もう二度とすまい」と後悔する。老女と少女は、「戦争体験といじめ」という誰にも知られない体験と闇を抱えていることにおいて交差し共振する。

老女が生徒たちが退屈していると思いつつ最後まで話し終えることができたのは、一人だけ熱心に聴いている少女がいたからであった。いじめられ、耐えに耐えて絶望の果てに生を断念しようとしたとき、少女の胸によみがえったのは、老女の「あなたがたはずっと幸せであってほしい」と話した姿であった。

こぼしたシチューを拭いた雑巾で机を拭いたことにいいがかりをつけ、「机拭くより自分の顔を拭け」と雑巾を顔に押し付け、別の生徒が「やめなよ、雑巾が汚れるよ」と笑いたてる。鼻をつまみ、顎を押さえ、唾をたらした缶ジュースをみんなの友情といって口に流し込む。たまらず屈みこんで吐くと、キモイ、臭いとののしり、みんなの友情を裏切ったとなじる。大丈夫ね、と背中をさするふりをして、背中に押しピンを刺す。先生が来ると、いじめの張本人のバレー部のエースが「先生私が保健室に連れていきましょう」と名乗り出て途中で脅す…。といった具合で、陰湿ないじめは隠蔽され延々と続くが、教師たちにはそれは見えない。誰一人真相を告発するのもいない。少女はそれを誰にも言えず、誰にも知られないままに、地獄の毎日を耐えている。このような凄惨ないじめが学校という学びの場で日々繰り返され許されていく。一人の少女を徹底してここまで痛めつけ平然としているその心理は、すでにファシズムである。

説得力と迫真性

このように筆舌に尽くしがたいほどの陰湿ないじめを行っている生徒たちは、しかし、戦争体験談について、〈正しい答え〉を述べる優等生でもある。

「さっきはありがとうございました。今まで聴いた戦争の話で一番感動しました」「本当に大変な体験をされたんですね。私たちが平和を守っていかなければならないと思いました。今も戦争で受けた心の傷で苦しんでいる人がいるんですね」等々。彼女らは、少女に「一番前で真面目に聞いてるふりをしろ」と命令し、自分らは私語にふけっていたのだ。内実と実際を使い分ける荒廃がここにもある。老女は、騒がしい生徒たちに「私の話が下手だから、みなさんを退屈させたみたいだね」と、心を痛める。そういう老女に「自分でも分かっているさ」と追い打ちをかけて笑い、「ちゃんと聴けー」と茶化してさらに笑う。そのような生徒たちに、老女は、米兵に乱暴されて子を孕まされ、その上、父親からも村人からものしられ、最後は精神に異常をきたした女性が今もいることについて語り、そして、むなしく、臍をかむしかない。

この作品が傑出していると思えるのは、「いじめ」と「戦争体験」という語られない闇に文学の光を当て両者を交差させている点である。「いじめ」と「戦争体験の風化」を結びつけた発想の卓抜さと圧倒的な描写力で呻るほどの説得力と迫真性を見せているのである。

目取真俊はここで多くのことを私たちに提示している。その一つは押しつぶされた「沈黙の叫び」が存在するのだということであり、沈黙させているのは誰かということである。

異質排除の心理

我部聖は『うらそえ文藝』第十二号（五月刊）の「沈黙と記憶」という文で、岡本恵徳の次の言葉を紹介している。「(戦争体験者の）その沈黙の裏に広がる世界を豊かな想像力でもって描きあげること、それによって戦争の記憶を持たない世代に戦争の持つ意味を明らかに示すことも、文学の今後の課題の一つに違いない」と。「眼の奥の森」はその課題に応えようとする、見事な作品である。
　戦後六十二年、戦争の記憶は忘れ去られ、人々は「平和と繁栄」を謳歌しているかに見える。だが、その陰で、今なお、地獄の戦争の記憶に苦しみ、その傷を抱えたまま死没し、死没していこうとする人々がおり、他方で、陰湿ないじめで地獄のような日々を送っている子どもたちがいる。それらの人たちの〈沈黙の叫び〉に耳を閉ざしているのは、憲法九条改定に狂奔する戦好きの人たちだけではない。他者の痛みに無関心で、「戦争体験談なんて退屈だ」とうそぶく、明るく健康な「普通」の人々もまた、そうである。弱者を叩き、異質を排除する心理はやがて異端を排撃する。それはファシズムの温床である。

（5月31日掲載）

リアリティーある虚構を

又吉栄喜『夏休みの狩り』

六月は沖縄にとって喪の月である。各地で戦没者を追悼し、沖縄戦を問い直すための取り組みが行われた。読谷村内では金城実「戦争と人間」大展示会が開かれた。沖縄戦と沖縄の苦難の歴史と抵抗を迫真の彫刻に彫り上げて展示した旧飛行場空間は圧巻であった。南風原小学校は全児童六百五十五人が出演して平和劇「対馬丸」を熱演した。読谷村内では「恨《ハン》之碑建立一周年集会」が開かれた。朝鮮半島から強制連行された軍夫や「慰安婦」の御霊を追悼する集会である。これらは今年、特に目に付いた新たな取り組みであったが、恒例の取り組みとして糸満市の「糸満市平和祈念祭」がある。今年は六月十五日に開かれ十二回目を数えている。他の市町村には見られない時宜にかなった貴重な催しであり、私も例年参加している。

短歌の力

この祈年祭がユニークだと思えるのは、講演やコンサート、踊りなどに加えて「短歌の朗読」を取り入れている点である。今年も「短歌で訴える平和・朗読」として県内外から寄せられた九十三首の短歌が朗読された。朗読は糸満市を拠点に活動する「紅短歌会」がおこなった。

暁に戦機の爆音鳴りひびき鬱こもる島の月桃の花房《はな》　平安名枝津子
罪なくて戦火に逝きし島びとは丘に集へり碑銘となりて　中原弘・大阪
「ちゃんとごはん食べている」で始まり終わる電話を我の平和と思う　屋良健一郎・東京
桜咲き残響わなくこの島の今なほ異国の戦闘機の音　玉城洋子
逃れ来て喜屋武の岬に跳びしとふ波濤に届かぬ艦褸いくたり　當間實光
黙祷を捧ぐる六月めぐり来て平和を祈り平和を願う　志堅原喜代子

朗読された歌の前と後ろからアトランダムに六首だけ取り上げたが、これらの歌には時代の現実を危機的にみつめる鋭い批評の目があり、何よりも作者のなかに歌う主題となる叫びが息づいている。舞台正面のスクリーンに映し出された作品を背景に三線と琴の調べにのって、朗々と歌が朗詠されるとき、聴衆は確かに死者を悼み戦争の悲惨と平和の尊さをかみしめたはずであり、「短歌文学の力」が示されたのである。

教育基本法が改悪され、教科書から軍命による「集団自決」が削除されるといった歴史の改竄が公然と為されようとする危機の時代にあって、文学もまた新たな対応が迫られている。

「うらそえ文藝」４編

『うらそえ文藝』第12号（五月刊）の短編小説についてふれたい。垣花咲子「赤の焦燥」、与那嶺智哉「断罪」、須賀順四郎「鬼火」、新里英紀「捏造」の四編である。

垣花の作品は文章が優れている。子どもを宿していながらすでに愛が冷め切ってしまった男と女の心理と振る舞いを、短い絶妙な会話を挟んで描き込んでいく筆さばきや日常瑣末な事象や風景を克明に描く描写力は並々ならぬ筆力を窺わせる。しかし、作者がなぜこの作品を書かねばならなかったのかといった根本のところで、切迫感がないのが気になる。

与那嶺の作品は、もっと文章を丁寧に書き込む必要がある。何らかの理由で皆と同じ行動をとれない人間が、周囲の偏見で次第に追い詰められていくことの怖さを書こうとしていて、その視点はいいし、部分的には読みごたえのあるところもあるが、全体的に文と筋が荒っぽく短絡的で、リアリティーに欠ける。

須賀の作品は、久米島での朝鮮人一家スパイ視殺害事件を題材にした作品。宮古出身の兵隊が、日本軍に忠誠を示し手柄をたてるために、スパイ視されている家族の幼児を率先して殺害する実行者を描いている。実行者の側から、その加害責任と罪を問い、苦悩死していく顛末を書いている点で注目すべき作品であるが、人物設定も葛藤や苦悩もやや類型的。丁寧に書き直せばいい作品になる。「集団自決」は軍命ではないと名誉回復のために裁判を起こす「本土人」がいる。百歩ゆずって例え直接命令を下してなくても、「守備隊」として「集団自決」を防ぐことが出来ず、自らは生き残ったことに自責の念があってしかるべきであって、「証拠」がないと強弁し開き直るところに、沖縄住民蔑視の根の深さと旧日本軍兵士の退廃の現実がある。須賀の作品はこうした日本軍の暗部をあぶり出しうる可能性を秘めている。

新里の作品はヤラセがまかり通る映像メディアの退廃を描いた作品で、文章も構成もしっかりしていて四編では一番読みごたえのある作品である。旱魃で離島の牛が死ぬかもしれないというドキュメンタリー映像を撮影するために、ヤラセで牛を餓死させてみせる映像を撮るといったマスコミの荒廃の現場を、それに関与した一ジャーナリストの悔恨の回顧として、ヒューマンタッチで描いている。実際、たしか十数年前にも、サンゴをわざと傷つけた上で、サンゴを傷つけた犯人は誰かと写真報道する自作自演の報道があり、マスコミのモラルが問われたことがある。

教育三法が可決されようとした際、国会周辺では連日国会包囲の座りこみ抗議がなされたが、一切報道されることはなかった。ヤラセと反対行動への無視はメディアの退廃という点で同根である。

画竜点睛を欠く

又吉栄喜が『夏休みの狩り』という長編小説を出版した。ある小さい離島の半農半漁の村を舞台に、少年たちの夏休み中の生態を扱った作品で、一点を除けば非常に面白い。この作品で又吉は、児童文学者としてもすぐれた才能をもっているのだということを示した。冒頭と終章の、少年と少女との淡い恋情を秘めた海浜での詩情あふれる風景や少年が海とたわむれる描写など絶品である。その場面は誰しも納得しうるリアリティーが獲得されているからである。

ところが、中学生をボスとする島の少年団と半島の少年グループとの対立・抗争の場面とか、村での禁酒法をめぐる抗争や監視隊の活動とか、島に逃げ込んできた巨牛をめぐる騒動になると、にわかに物語は作り話めいてくる。同じくウーマク少年たちの生き生きとした世界を活写した大城貞俊の『アトムたちの空』がすぐに思い出されるのであるが、両者は同じウーマクたちの世界を扱っていても決定的に違うところがある。

現実を含みつつ飛翔するところに虚構としての小説のリアリティーが存在する。そのことは、児童文学であろうとなんら変わらない。大城の描くウーマクたちの世界が、基地や戦争の傷という「現実を含みつつ」飛翔する空間に構築されているのに対し、現実からうきあがった又吉の作品にはノーテンキな「飛翔」だけがあり、この「現実を含みつつ」というところがない。リアリティーのない、非現実的なつくりごとでは読者は感動しない。この部分に限って言えば、あたら才能を無駄にしているとしか思えない。

（6月27日掲載）

ことばと文化　奪還への叫び

松原敏夫「パリーＰ音詩」／川満信一「吃音のア行止まり」ほか

　このところ、文芸同人誌や個人詩誌の発刊が相次いでいる。私の目にしただけでも、『アブ』（松原敏夫個人誌）、『カオスの貌』（川満信一個人誌）、『だるまおこぜ』（宮城松隆ら）、総合雑誌『赤木』（榮野川安邦・高作正博共同代表）がある。『あすら』（佐々木薫ら）、『非世界』（平敷武蕉編集）も発刊は二年前である。これに既存の俳句誌や短歌誌、文芸誌を加えればたちまち二十誌を数える勢いである。文芸隆盛の到来ともとれるこれらの現象を、どのようにとらえればいいのであろうか。

　表現者の危機意識

パリぬど（畑が）
ぱりぱり（ぱりぱり）
ぱりぱり（ぱりぱり）
パナリ島の（離れ島の）

パリは幾日もぴでりぴばり（畑は幾日も日照り裂け）
島じゅうぷむき（島中乾き）
ウプニも出来やしない（大根も出来ない）
ピィもできやしない（ネギも出来ない）
パナはパーのように色あせ（花は葉っぱのように色づかず）
パンマイダイにも困り（食べるものも買えずに困っている）

（『アブ』２号「パリーＰ音詩」抄）

ああ、美しいニッポン語、豊かな日本語
名前を失った島の岬よ。風よ、雲よ
あいやなあ、あい、あえ、あお
すべては吃音のア行止まり
ミャークニー（宮古音）はどこへ消えたのか
アヤグ（綾語）は昇天したのか
ミャークイムムサー（宮古漁師）よ

（『カオスの貌』創刊号・「吃音のア行止まり」抄）

松原敏夫の詩を読むと、宮古語を知らない私にもＰ音をたたみかけた土くさいことばを通して、島の窮迫した息遣いはぴりぴり伝わるし、川満信一の詩は失われいくシマフツ（母語）への哀切に満ちたいら立ちを伝えて胸に響く。

おそらくこれらの表現活動を根っこで突き動かしているのは、単なる失われた風景やことばへのノスタルジアや愛着ではない。母語とその文化が根こそぎ収奪され消し去られようとすることへの抗いであり、ことばと記憶を奪還しようとする叫びである。

その意味で今年の山之口貘賞に仲村渠芳江の『バンドルの卵』が選ばれたのは象徴的であった。選考委員の一人、以倉紘平は次のように語っている。

「産土、久米島で育った作者の、その土地を深く経験したものでなければ書くことのできない、まことに沖縄的な、優れた一冊と思う」（琉球新報七月二十四日）

以倉氏はまた「アゲハ」という一篇を取り上げて述べている。

〈唄は私に住む冬の光／一族の老婆は即興で歌い舞う／手甲の針突が／ふわり／アゲハになる村があった〉

「島の老婆が手振りよろしく歌い舞うとき、手の甲の蝶が、空中をひらひら乱舞するがごとく感じられる」（同上）

氏の選評を読んでいて佐々木薫の『蝶なて戻ら』（二月刊）という詩集の同名の詩を思い出した。座間味島の農耕儀礼のウムイの一篇だという〈我ぬが時成ゆん　神が時成ゆん／蜻蛉なて戻ら　蝶なて戻ら〉のイメージと重なって、不思議な感動を覚えたのである。

七月十一日、県議会は、文部科学省の教科書検定で、高校の日本史教科書から沖縄戦のいわゆる「集団自決（強制集団死）」への日本軍の関与を示す記述が削除された問題に抗議する二度目の決議を全会一致で可決した。「集団自決」は「軍命による」と明言しない限界はあるが、全市町村議会での決議と合わせて画期的なことであった。その間、六十二年の沈黙を破って軍命があったことを証言する女性も現れた。抗議の県民大会も準備されている。

こうした〈オキナワ〉が簒奪されていくことへの切迫した感応は、表現活動を刺激せざるを得ない。それはあらゆる表現領域に及んでいる。相次ぐ文芸誌発刊の背後には閉塞する時代への表現者の危機意識が感応しているはずなのである。

死者の声聴く

『すばる』八月号に又吉栄喜の「ターナーの耳」が掲載されている。帰休兵ターナーは、戦場の最前線での殺りくの記憶から逃れるために大麻に手を出して大麻中毒になり、精神に異常をきたし治療中である。また、ターナーは戦場で敵兵を殺し、その殺した敵兵の耳を大切に保管している。殺した男を忘れないためだという。

敵兵を殺害し、罪を忘れないためにその耳を保管しているというのはいかにも象徴的である。死者の声を聴くためだからであろう。実際、ターナーは、瓶から耳を取り出して号泣したり、うっとりと眺めたりしている。供養しているのだ。だから、その耳をハウスボーイの浩志が盗んだと知ったとき、悪鬼のように狂いだし、ナイフを振りかざして少年を追う。ターナーにとって耳は唯一の心の支えだったのだ。ここには、殺りく者の救われる道がどこにあるのかが「耳」によって鋭く暗示されている。ただ、欲を言えば、少年と満太郎というワルの青年を介してではなく、正面から米兵自身の罪意識を取り上げてほしかったということがある。

罪と向き合う

米兵が戦場での殺りく行為などへの罪意識に悩むという設定は、目取真俊の「眼の奥の森〈第十二回〉」(『前夜』十二号七月刊)でも扱われている。

沖縄戦の時に二世の通訳兵として従軍し、壕の中に隠れていた住民を何百名も救助した体験を持つ「私」のもとに、戦後六十年余も過ぎたある日、沖縄県で表彰する対象にしたいという連絡が入る。他の仲間は喜んで行こうと誘うが、「私」は「自分が顕彰の対象になることが許せない」として断ろうと考えている。その許せない理由というのが、米兵四人によって強姦された少女とそれへの報復のために米兵を銛で刺して拘束され、拷問の果てに失明した少年の存在を知るという〈知られざる体験〉をしていたからである。上官と一緒に通訳兵として忌まわしい事件の真相を検証するために被害者の民家に足を踏み入れた時、被害にあったその美しい少女が、自分らを見た瞬間「激しく痛ましい悲鳴」をあげ、精神を錯乱させて全裸で逃げ回ったこと。少女にとって「私」も恐ろしいアメリカ兵の一人にすぎないと気づいたとき、自分の中の、住民を救出したという誇りはかき消え、どうしようもない後ろめたさとやりきれない思いが湧き出し、表彰を受けるなんてとんでもないと考えるのである。

ここにはかすかな救いが暗示されている。戦場での加害の罪をしっかりと見据え、向き合ったとき、初めてほのかな光が見えるのだ。だが、軍命はなかったなどと開き直るところに希望はない。

五月四日付琉球新報で谷昌二氏（「地獄のDECEMBER—哀しみの南京」沖縄公演実行委員長）が、南京で、敵への恐怖と中国人への蔑視や欲望から、中国人の命と尊厳を無残に破壊した日本兵についてふれながら、同公演に寄せて述べている。

「日本が犯した大きな罪と罰に、自らの人生の中で出会いそれを受け止めた時、その闇の向こうにある微かな光、懺悔と赦しの道が見えて来る」と。

（7月31日掲載）

「反復帰」論獲得の道重要

岡本恵徳『「沖縄」に生きる思想』

『「沖縄」に生きる思想―岡本恵徳批評集』（未來社）が八月五日に刊行された。岡本恵徳著作集刊行委員会が、岡本氏の一周忌を期して刊行した著書である。未収録文章だけでも六百点を超えるとされる著作目録の中から本書を収録した委員会の労にはただただ頭が下がるだけである。

連日酷暑が続く昨年の八月に、訃報を聞いて衝撃を受けたことを思うと、はや一周忌を迎えるのかと、歳月の速さをかみしめるしかない。

政治と文化絡ませ

本書は批評集となっているように、岡本恵徳が、一九五六年から二〇〇六年にかけて書き続けた論考の中から「社会・政治状況を論じた批評文を中心に編集」したものである。とはいえ、「〈記憶の声・未来への目〉戦後文学」「知念正真作『人類館』を観る」、そして絶筆とされる「書評太田良博著『黒ダイヤ』」等々といった論考があり、またⅥ章が「創作」と設定されていることでも分かるように、収録された論考は必ずしも全編が政治論考で占められているわけではない。また、政治・社会状況を論じていても、文化論、文学思想論と絡ませて論じられていて、そのことが、岡本の文体の特徴ともなっている。

本書をひもといてみて、かくも多く、多岐の問題にわたる「状況への発言」を繰り出していたのであったかと、改めて瞠目すると同時に、危機の時代にあって、今まさに必要とされる人であったという思いが募るのである。時代と真摯に立ち向かい、その歪みと矛盾を批判する思念は、「反復帰」論を提唱して以降、ぶれることなく死の最後まで明晰である。私たちが本書を手にして氏から真っ先に継承すべきなのは、柔軟な思考のうちにも、決して揺らぐことのなかった、その堅固な抵抗の意志と反骨の姿勢である。

「琉大文学」のころ

本書の冒頭を飾っているのは、「『琉大文学への疑問』に答える」と題する懐かしくも記念すべき論考である。我部聖作成の「岡本恵徳年譜」によれば、この論考が掲載された『琉大文学』十一号は大学当局の「事前検閲に従わなかったことを理由に停刊処分を受けた」となっている。この年の八月、琉大当局は米軍の圧力に屈して、反米的言動を理由に『琉大文学』同人四人を含む七人の学生を、退学および停学処分にしている。

先日、大学当局は「五十一年ぶりに七人の処分を取り消し、当時の学生らに謝罪した」(本紙八月十八日）とのことであるが、なんらの損害賠償をするわけでもなし、何を今さらとしか思えない。「植民地大学」と称され、米軍事権力の絶対的支配下にあったとはいえ、米軍の顔色を気にして、学生の処分以外にも『琉大文学』や「学生新聞」等への不当な検閲・発刊停止処分を繰り返していたわけで、これらおよび「第一次琉大事件」への謝罪はなされてない。

さて、「『琉大文学への疑問』に答える」という長い論考は、岡本二十二歳の時に執筆したもので、若々しい気負いと新しい文学を切り開いていこうという気概にあふれている。社会主義リアリズムの立場から、マルクスやレーニンを援用しつつ、相手の論を整理し的確に批判しようとする意気込みがうかがえる。とはいえ、そのころすでに、後年の岡本の文体の特徴ともいえる用意周到に周囲をかためながら逃さぬように相手を論破していく思考のスタイルが表出されている。また、論敵を論破するだけでなく、自らの反省すべき点についても率直にふれている。批評とは「作者の作品創造をただしくのばす」ことにあるとして、琉大文学の「排他主義的」な批評のあり方を反省しているところなど、氏が終生備えていた誠実さが、すでに当時の文面に表れているのである。

反安保闘争を体験

ところで、この批評集を一読してもなお不可解なのは、一九六〇年から七〇年の間の政治・社会状況への発言が、とりわけ復帰運動についての発言が見られない点である。一九六九年から七〇年までの一年、沖縄タイムスのコラム「唐獅子」を担当しているだけになおさらである。これは本書に収録されている「岡本恵徳著作目録」を見ても感じる疑問である。

私がなぜこの点についてこだわるかと言えば、一九六〇年と言えば、日本においては戦後最大の大衆運動が反安保闘争として高揚した年であり、戦後歴史の転換を画する年である。また闘争の過程で、旧来の社共に代わる「安保全学連」が闘いの前面に登場した年である。日本の大衆運動は初めて社会民主主義やスターリニズムに染め抜かれた運動に代わる新たな運動と思想に遭遇したわけで、安保世代にとって、これとどのように対峙したかは決定的に重要だからであり、まして岡本はそれを直接に体験した沖縄における稀有の存在であった。安保が成立しようとする一九六〇年六月十五日、東大生樺美智子が警官隊によって虐殺されたその日、岡本は国会前の闘いに大学院生として直接参加している。

また、沖縄においては祖国復帰協議会が結成され、復帰運動が高揚を告げる年である。以後、民族主義的ないし反米民族主義的復帰運動が全県を席巻するわけだが、その間、復帰運動を批判する発言は十年の間、本書においても皆無である。新川明、川満信一らとともに「反復帰論」の論客として知られる岡本恵徳であってみれば、復帰運動が席巻するただ中における氏の発言は、復帰運動に孕まれた思想的限界を克服する意味でも、また、新たな装いで台頭する「ナショナリズム」の問題と、今日的に対峙する意味でも極めて重要だと思えるのである。

安保反対闘争から十年後、岡本は闘争の現場を訪れて次のように書いている。

六月十五日、午後四時ごろ、国会議事堂前に行ってみた。線香と花束を手にした五、六人の学生にすれちがっただけで、あたりに人影はなく、前の日から降り続いた雨がけぶっているだけであった。（略）

この十年というのは、何であったろう。そしてこの一年、唐獅子に書き出してこのかたというのも何であったか。それらがはっきりするのではないかと思って国会の前に立ったのだが相変わらずはっきりしない。（略）

なんだか、国会の前の雨の中の静けさだけがぼくのなかに残っているようである。

（『沖縄タイムス』〈唐獅子〉欄、一九七〇年六月二十八日）

ここで岡本が述べる「はっきりしない」地点から、どのように「反復帰論」を獲得するに至ったのかをたどるとき、「沖縄に生きる思想」が見えてくるはずなのである。

（8月30日掲載）

沖縄除外した「日本ブーム」

『角川俳句大歳時記』／『美人の歳時記』　ほか

藤原正彦著『国家の品格』（新潮社）という本が売れまくっているという。是と非、いろんな読まれ方がされているようであるが、本書を貫通しているのは、沖縄不在ということである。あたかも、日本が、戦中も戦後も、沖縄を捨て石にすることで「本土」の「平和と繁栄」をおう歌してきたのと同様、本土のエリート知識層が国家像や人間像といったものを論じるとき、決まってマイノリティーとしての沖縄はその立論から排除されている。日本全体からすればわずか1％程度の人口比にすぎない沖縄を除外した、ヤマト単一民族主義的思考様式が本書にも貫かれているのである。

日本人のたしなみ

最近次の著書を相次いで読んだ。『美人の歳時記』、『角川俳句大歳時記　新年』、『ラジオ深夜便季語で日本語を旅する』である。読了して感じるのは、三冊とも沖縄が除外されて記述されているということである。

『美人の〜』の「はじめに」に次の文が記されている。

「季節ごとの年中行事には、長い歴史の中で日本人が作り上げてきた自然への思い、人々の暮らしへの思いが凝縮され、よりゆたかにすこやかに生きていくための知恵がこめられています」「本書では日本人として、また大人の女性のたしなみとして知っておきたい『和の作法としきたり』をたっぷり紹介しています。和の心をふだんの暮らしに生かすことで、もっときれいな暮らし方・生き方が見つかると思います」

このような文でもわかるように、本書は日本の伝統的作法やしきたりを見つめなおし、失われた日本人の品格をただそうとして書かれたものである。

「長い歴史のなかで日本人が作り上げてきた自然への思い」とか、「日本人としてのたしなみ」という文言が目につくのであるが、ここで言われている「歴史」「自然」「日本人」の範疇に沖縄は含まれてない。

例えば「第一章季節の行事の作法としきたり」の中の、「初春の暮らし」の項で「お節料理」というのが出てくる。

それによると、お節料理とは「もともとは『御節供』といい、季節の変わり目（節日・節句）の祝い事に宮中で供される料理すべてをさしていました」となっている。それがやがて公家や武家に広まり、江戸時代にはいって庶民文化に取り入れられていった。つまり、お節料理はもともと宮中に発した風習であって、宮廷の置かれていた京都地域の季節の変わり目に合わせて行われた行事なのである。

したがって当然、気候風土が異なり、琉球王国を形成し、独自の文化と歴史を有する琉球・沖縄は日本人の「歴史」「自然」「文化」からあらかじめ除外されることになるわけである。また、お節料理の内容も、黒豆、数の子、れんこん、田作りといったもので、沖縄とは縁遠い食材である。このように、あらかじめ「琉球・沖縄」を除外して書かれたのが本書である。

意図的でないにしろ

もう一つ、「初夢」という例を挙げてみよう。

初夢で新年の運勢を占うという風習はもともと中国から伝わったものであるが、それが江戸時代の中ごろから、おめでたい夢がみられるとその年は運勢が良いと考えられてきた。当時の江戸庶民の間では、七福神の乗った宝船の絵を枕の下に敷いて寝ると良い初夢が見られるとされ、もっとも縁起の良い初夢は、「一富士、二鷹、三茄子」であった。なぜそれなのかということには諸説あるらしいのだが、一番有力な説が、徳川家康の好物にあやかったということらしい。「家康は富士山が大好きで隠居の地を駿府城に定め、鷹狩りを好み、初物の茄子が大好物だった」とのこと。また、駿河（静岡）の名物を高いものの順に並べた（富士山、愛鷹山、初物の茄子の値段）という説もある。

「日本人としてのたしなみとして知っておきたい『和の作法としきたり』」といいつつ、その元をたどればなんのことはない、中国から伝わった風習だったというわけだ。また縁起物として崇める理由も、人間の生き方や人間実存に関わる遠大な哲学があってのことかと思いきや、家康が大好物だったからとか、駿河の高いものの順であったりというように、ガクッとくるようなくだらないものであるにすぎないわけで、こんな「和の作法としきたり」を知って、「和の心」とやらを身につけても、人間としての品格が高まるとはとても思えないのである。

もちろん本書は、「日本人」が日常的に親しんでいる作法やしきたりのルーツを解き明かしていて、それはそれで楽しく読めるのであるが、問題は、ここで見てきた「日本人としてのたしなみ」の発源とされている徳川家康や駿河の名物といったものが、およそ沖縄に住む人々の日々の生活において、ほとんど無縁なものにすぎないということであり、たとえそれが意図的でないとはいえ、琉球・沖縄の存在をあらかじめ除外して記述されているということなのである。

歴史修正主義と通底

沖縄を除外して編さんされた書物の典型に本土編さんのあまたの歳時記があるが、今度出た『角川俳句大歳時記　新年』（角川学芸出版）もそうであり、本書に収録されている宇多喜代子の論考「歳時記へのおもい」も基本は沖縄を除外したうえで成り立つ論である。

「季節をあしらう生活」という小見出しをつけた冒頭の文で宇多氏は、〈しきたへの光琳笹や桜鯛・相生垣秋津〉〈細串に鮎は全身委ねたる・阿波野青畝〉などの句を紹介したうえで次のように述べている。

「いままで、なぜ光琳笹を敷たえにするのですか、なぜ鮎は全身を串に委ねるのですか…、そんな疑問を呈する人はだれひとりとしていなかった。この国の人々にとって、そのいずれもが自身の体験に重なるもの、既視感として享受できる景であったからだろう」と。ところが、ある会食の席で中国の人から、「なぜ食べられないものを『皿』に入れるのか」と質問されて、「いままでに日本人の誰からも受けたことのない質問だったので虚を衝かれた」という。

この文からすると、「この国の人々にとって、そのいずれもが　自身の体験に重なるもの」であって、膳の桜鯛に、笹葉を添えるあしらいを知らないのは日本人ではないような言い振りである。だが、笹が分布するのは北海道から九州まで。桜鯛も沖縄にはなじみのうすい魚。笹も桜鯛もなじみのない沖縄にとって、桜鯛に笹葉を添える習慣はない。それに桜鯛は高級魚。沖縄ならぬ「この国の人々」であろうと、おいそれと誰でも口にできるものではない。庶民感覚と遊離した大家の不遜がここにある。

もちろん宇多氏の論考は、沖縄を意識的に排斥するために書かれたものではない。だが、本土内地の人間が歳時記や季語について論じるとき、それが王権の所在した近畿、関東を中心とした一地域の季節感や日本の伝統的美意識とやらを規範として論じるがゆえに、どうしても沖縄がすっぽりと抜け落ちてしまうようなのである。

『国家の品格』は二百万部を超す大ベストセラー。『日本人のしきたり』『日本人礼儀作法のしきたり』等々の類書もベストセラー。『俳句大歳時記』はすでに第二版を発刊する売れ行きである。沖縄ブームの一方で、沖縄を排除した「日本ブーム」が空前の勢いで出版界に浸透しているのだ。「日本らしさ」が強調されればそれだけ、沖縄が除外されていく現実に、私たちは立ち会わされている。それはまた、日本軍の強制によるいわゆる「集団自決（強制集団死）」の事実を消し去ろうとする歴史修正主義の動きと決して無縁ではない。

（9月28日掲載）

「沈黙の叫び」抉り出す

崎山多美「マピローマの月に立つ影は」

少年のころの記憶をたどると、襤褸を纏った一人の「狂女」の姿が浮かんでくる。歳のころは四十前後であったろうか。大人たちから「チルグヮーンーミー」と称されていたその女性は、一日中、村を徘徊していた。今にして思えば、精神を病んでいて、よるべもないまま村を彷徨していたのであろう。髪を振り乱し、胸をはだけ、太ももをあらわに村を徘徊するその女性に、少年たちは「フラー、フラー」と罵声を浴びせ、時にはつぶてを投げつけたりして追いかけた。この少年たちの残酷な振る舞いとそれを見てみぬふりした大人たちの罪責は、当時も今も、だれからも問われたことはない。

真昼間の闇　特異なウチナーグチ

ハぁヤぁハぁヤぁ、考えられんサ思われんサ、あんなコトをしても、まーだへらへらとヌチ繋いでいられるヒトの気持ちなんか、思われんサ考えられんサ、あんなコトしても、あんなことなんかなかったみたいな面して、平気のへいさで生きてられるヒトのチムって、どーゆー仕掛けになっているのかねー見てみたいもんサぁ右のセリフは、「集団自決」を強制し、住民をスパイ視殺害したあげく、自らは生き延びて平然としている元日本兵に放たれた叫びのように聞こえる。また、先に述べた残酷な少年たちに向けられた弁にも聞こえるが、これは、崎山多美の新作に出てくる作中人物「ユキ」が、天から降らす声なのである。

『すばる』十一月号に崎山多美の「マピローマの月に立つ影は」が掲載されている。「マピローマの月」とはいかにも象徴的。明るい闇が支配しているかに見えるこの社会は、真昼間の闇に違いないのだ。崎山はこの作品で、このシマの闇の記憶と現実の闇を、達意な文と特異なウチナーグチ交じりの文で絶妙に描きだしている。

盲目の少女の声

月がマピローマ（真昼間）のように海を照らす夜、不眠症に悩む初老の男が海に下りる。「ワタシ」がこのような海下り行為に走るようになったのは、「ユキ」の声が「ワタシ」を誘うからである。「ユキ」とは「ワタシ」が十代のころに見かけた盲目の少女である。母親に手を引かれ、三線を肩みて歩むのを学校帰りに何度か見かけた。ユキの母親は終戦直前、避難壕の中で脱走兵らに何度も襲われユキを孕んだが、そのとき受けた過酷な暴力のせいでユキが盲目のまま生まれたという。「ワタシ」はロウのひとみを持つその盲目のムスメウタサーとはそれ以来あっていない。ただ、それから七、八年後、ベトナム戦争の影響でむせかえる基地の街の繁華街の路地裏で、サンシンの音とウタ声を聞く。その細く悲鳴のようにも聞こえる唄を聞いてユキの声だと思い、捜したのだが、確かめることができないでいた。今、夜の海に、はるかな高みから降りてくるように聞こえるユキの声は、「許さらんどー、あんたがウチにしたこと、ゼッタイにゆるさらん」と「ワタシ」を指弾し続けるのだが、「ワタシ」としてはユキが「ワタシ」を指弾しながら語る物語は身に覚えのないものである。とはいえ、ユキの語りは胸にウチ当イするふしを感じさせるものがあった。

「ワタシ」は、ベースのレストランで給仕の仕事をしていたころ、浜辺の茂みで少女が米兵に暴行される凄惨な場面を目撃しながら逃げたことがある。かかわりになりたくはない、ベースで食い扶持を稼ぎ家族を養っている自分にアメリカーたちを批判する資格などない、というのがその弁解のすべてであった。だが、そのときの少女はユキだったかも知れないのだ。「ワタシ」は激しく自問する。

あの事件が、盲目のおまえの人生にそれ以上の過酷さをもたらしたということか。ユキ、ワタシは一体おまえに何をした、ゼッタイに許されない何を。そのことを憶い出さなければ、この不眠の夜は解消されないとおまえはいうんだね。プリムンじみた夜ごとの海下り行為は、ワタシの底で意識もなくぬくぬくと眠っているだろう闇の記憶を取り出すためだと。

重なる問題意識

さて、この作品を一読してすぐに想起するのは、あの一九九五年に起こった米兵による少女暴行事件である。県民は誰もが怒り、超党派の抗議大会に八万余が結集した。米軍基地があり軍隊が存在することによる悲劇であることは誰もが承知していたはずであった。二〇〇四年八月、沖縄国際大学に米軍の軍事ヘリが墜落炎上したときも、基地撤去を求める「県民の声」は高まった。だが、その後打ち出された「振興策」の前で経済界をはじめとした多くの県民が基地を容認し、辺野古への新たな巨大基地建設が県知事らによって同意されていく。これらの光景は、家族の食い扶持のために米兵の少女暴行の現場から逃げ、「あんなことなかったみたいな面して、平気のへいさで生きていられるヒト」とうり二つではないか。

ここで注目すべきなのは、「ユキ」の指弾が暴行した米兵そのものよりも、それを目撃しながら逃げ去った沖縄人の「ワタシ」に向けられている点である。つまり、米兵の犯罪そのものは「絶対悪」として設定したうえで、その絶対悪に踏みにじられた少女の声にどれだけ耳を傾けたかを問うことで、直接事件には関与していないすべての人＝「ワタシ」にその責任を問いかけているのである。

この押しつぶされた「沈黙の叫び」を共通項として、いじめと戦争体験の風化と絡ませなから現代の闇を抉り出してみせたのが、『前夜』十号での目取真俊の「眼の奥の森」であった。いじめも戦争の傷も〈見てみぬふり〉をする精神の荒廃が扱われていたはずである。

大城立裕の「カクテル・パーティー」の主人公「お前」が罪として「孫」から問われたのは、中国で日本兵として直接中国人を虐待したというより、虐待する日本兵の行為を〈見てみぬふり〉をしたということにあった。そのことで同作品は、この程度なら誰もがやったに違いない罪を問い、普遍性を獲得したのであるが、目取真俊の「眼の奥の森」(『前夜』十二号)は、四人の米兵が沖縄の少女をレイプする事件の隠ぺいを知りつつ、〈見てみぬふり〉することで加担した沖縄系二世兵士の自己審問の件を扱っていた。崎山の作品もまた、米兵による少女へのレイプを〈見てみぬふり〉をした「ワタシ」の問題を扱っている。特定の「私」ではなく、普遍性を帯びた「ワタシ」である。カタカナはその意味にほかならない。この点で期せずして、時代も方法意識も違う三人の作家の問題意識が重なったわけである。時代の危機が呼び込んだ不思議というしかない。

(10月31日掲載)

恐ろしい象徴性帯びる

又吉栄喜「金網の穴」

新城和博が『世界』十二月号に「御万人の力」というタイトルで、「九・二九教科書検定意見撤回を求める県民大会」について書いている。県民が今回「極めてビビッドな反応を示したのは何故だろう」と問い、「沖縄戦の記憶は、強烈にそれぞれの沖縄の人々の精神の奥深い場所に刻み込まれて」おり、「世代を超えて今も受け継がれようとしている」。その「沖縄戦の事実を隠そうとするその姿勢に」沖縄県民が〈ワジワジー〉したからにほかならないとしている。だが同時に、新城は、九・二九県民大会の怒りは持続するだろうかという不安についても述べている。沖縄で数々の米軍による事件・事故が発生するたびになんど基地反対が叫ばれたことであろう。県民は怒り、一時高揚する、がやがて怒りは終息されていった。そのような「いつのまにか、いつものように、身動きがとれなくなってしまうという不安」について語っている。新城のこの「不安」は現実のものになりつつある。

独断的暴挙

十一月十四日の本紙朝刊一面トップに、「ハンセン共同使用容認」「金武・宜野座・恩納　三首長が姿勢転換」「政府、再編交付金対象に」と書いた大見出しが踊っている。琉球新報の一面トップも同様の衝撃的見出しで紙面が埋まっている。

自衛隊と米軍による米軍キャンプ・ハンセンの共同使用に反対していた三町村長は、「従来の姿勢を一転させ、共同使用を受け入れる」と発表したのだ。なんというあさましさ。金のためにまたしても基地強化を受け入れるというのだ。

時あたかも、文部科学省が教科書から軍命による「集団自決」（強制集団死）の削除・修正を画策し、それに対する県内外の怒りが大きなうねりを形成しているこの時、「岩波訴訟」での大江健三郎の法廷証言とも相まって、住民を守らなかった日本軍の本質が再びさらけ出されたこの時に、三首長は、その日本軍＝自衛隊の戦闘訓練、射撃訓練を容認する姿勢を打ち出した。議会の反対決議さえ無視した独断的暴挙である。

三人の町・村長も戦争には反対なのであろう。基地機能の強化・拡張にも反対を唱えている。しかし、情けないことに、金と引き換えなら、基地機能の強化を容認し、戦争を遂行するための戦闘訓練や射撃訓練を受け入れてしまうというのだ。金のためなら悪いことと分かっていても「見てみぬふり」をしようというのである。

時代の危機と切り結ぶ

又吉栄喜が『群像』十二月号に小説「金網の穴」を発表している。

前回の文芸時評で「見てみぬふりをすることの罪」について、大城立裕、目取真俊、崎山多美の作品を取り上げながら「時代も方法意識も違う三人の作家の問題意識が重なったわけである。時代の危機が呼び込んだ不思議というしかない」と書いたのであるが、時代の危機と切り結ぶ作家として新たに又吉栄喜を加えねばならない。又吉もまたこの作品で「見てみぬふりをすることの罪」を扱っているように思えるのである。

主人公啓介は小学五年生。金網のフェンスが張り巡らされた米軍基地周辺に住んでいる。啓介が米国人の塵場をあさりに行くために金網のフェンス沿いの道を通っているとき、米兵の飼う犬に襲われ、太ももを噛まれる。犬は金網に開けられた穴を抜け出して啓介を襲ったのだ。穴は同じ集落の先輩美津男が基地内に盗みに入るために開けたものであった。噛まれた傷の賠償金の交渉のために啓介と美津男、それに米国人ハウスのガードや集落の青年たちが闇歯科医の家に集まるのだが、相手の米兵が凶暴なサバイバル兵だということを知るや皆身を引いてしまう。いざとなったら逃げてしまったのだ。

結局、啓介、美津男、闇歯科医の三人だけで賠償交渉に当たるのだが、米兵は穴を開けた犯人を連れて来いと怒鳴り散らすだけで、交渉は失敗に終わる。交渉の際、一切妥協せず、最後まで米国人にくってかかったのは美津男であったが、その直後、美津男は、金網に穴を開け、米国人の赤ん坊を誘拐したという容疑で警官と憲兵に連行されていく。密告したのは賠償金の交渉を巡っての集まりにも加わった沖縄人のガードであった。出世のため手柄をたてようとしたのである。

沖縄人の警官は「ハウスの住人の妻は誘拐犯を見つけたら撃ち殺すと言っているんだ」「穴を開けただけならまだいいが、米人の赤ん坊を盗んだとなると死刑だ」と美津男に言い放つ。白人の憲兵二人に両わきを抱えられながら連行される美津男は「米人を恐れたら生きていけないよ、啓介」と言う。

風穴開けるには

基地周辺の住民と基地内の米兵とのトラブルを扱っているという点では「ターナーの耳」(『すばる』八月号)と似ている。だが、決定的に違うのは、「ターナーの耳」では、主人公の少年が盗んだのは、米兵が大事に保管している敵兵の耳であったが、今度盗んだのは米兵の赤ん坊だということである。

又吉栄喜はこの作品で恐ろしい問題を提起している。どんなに基地反対を叫んでもびくともしない米軍基地。ならばその米軍支配に風穴を開けるにはどうすればいいか、という問いに対する恐るべき「答え」である。「金網の穴」というタイトルは文字通り盗みのために美津男少年が金網のフェンスに開けた穴である。しかし、ここではある恐ろしい象徴性を帯びてくる。その穴が非合法的方法で開けられた穴であり、米兵の赤ん坊を誘拐するために開けられた穴だということにおいてである。私たちはここで、目取真俊の恐るべき作品「希望」と「虹の鳥」をただちに想起してしまう。

さらに又吉はもう一つの問題を投げかけている。沖縄人の裏切りと見てみぬふりという罪についてである。交渉相手が危険な米兵と知るやさっさと手を引いてしまう村の青年たち。啓介少年の咬傷には目をつぶり美津男を憲兵に密告する沖縄人のガード。以前にもハウスからペンチを盗んだ老人を憲兵に引き渡したという。生活のため米軍基地ゲート前で野菜を売る美津男少年を追い払ったのは沖縄人のガードだ。さらに憲兵と一緒に来て美津男を詰問し連行していったのも沖縄の警官である。

美津男は中学を卒業したばかりの十六歳で無職。両親もなく祖父と二人で暮らす貧しい少年だ。米軍基地という「絶対悪」を容認したうえで、自分の利害や自己保身のために、追い詰められた弱者をたたく倒錯した構図がここにある。先述した三首長ら基地交付金や基地再編に伴う利権のために暗躍する者たちの姿がちらついて仕方がない。

話は変わるが、ぜひ触れておきたい本がある。十一月に出版されたばかりの『八重山から。八重山へ。』（南山舎）という読みごたえある評論集である。著者は八重山に居住する詩人、砂川哲雄。著者が二十代のころから書きためた論考を集大成した四百三十六㌻の大著であり、収録された文章も文学、芸術、歴史、書評と多岐の分野に及んでいる。五章で構成される論考の行間から、時おりみせる憂愁のかげとともに感じるのは、著者の八重山の文化への限りない愛着と持続する情熱と意志である。副題を「八重山文化論序説」としたゆえんである。

（11月27日掲載）

大浜信光氏の業績開示

砂川哲雄『八重山から。八重山へ。』／『情報やいま』「金城朝夫と八重山」

「第二十八回沖縄タイムス出版文化賞」の正賞に仲里効氏の『オキナワ、イメージの縁《エッジ》』と岡本恵徳氏の『「沖縄」に生きる思想』（共に未來社）の二作が決定。二十日、その贈呈式・授賞式が行われ、にぎわった。仲里氏は、「国家と資本の統合のエレベーションに抗う批判的主体」として、自らを「復帰ぬ喰ぇーぬくさー」と位置づける。岡本氏は反復帰論の論客として知られてきた。「〈反復帰〉の精神譜」とでもいうべき両者の著作が同時受賞したことは、あの、熱狂的な復帰運動を振り返るとき隔世の感があり、一つの事件でさえある。両書から人は、時代の逆流に堪え、物事の根源を見極めようとするまなざしをこそ学ぶべきであろう。もっとも、著書の思想が顕彰されるということは、その思想が社会的に認知されたということであり、〈異端〉の座から退くということである。それはまた、思想の最前線に立ち続けるための、新たな課題を背負ったということでもある。

良書ほかにも

なお、見落としてはならないのは、今年は両著書以外にも従来の受賞著書と比肩してもひけをとらない優れた著書があった点である。山里勝己氏が「自らが依って立つ社会や文化や歴史から新たな理論を構築しようとする熱気が感じられる好著」（四月三十日、琉球新報）と推奨する勝方＝稲福恵子氏の『おきなわ女性学事始』（新宿書房）と、「従来の伊波像に激震」を与え、「今年県内論壇を最も揺さぶった著作」（二十一日、本紙「年末回顧」天久斉氏）となった伊佐眞一氏の『伊波普猷批判序説』（影書房）がそれである。

また、文芸書ではないが、『県ハンセン病証言集』・沖縄愛楽園編と宮古南静園編の二冊の著書は、「歴史的な偉業」（十一日、本紙、大城貞俊氏）と推奨されているごとく特筆すべき書であった。

前回の文芸時評で砂川哲雄氏の『八重山から。八重山へ。』について、若干ふれたが、紙幅の関係で内容まで具体的にふれることができなかった。五章で構成される本書は、第一章の「人物へ」だけでも、八重山の文化に深く関係した人物の著書や業績について多岐にわたって論じている。

島尾敏雄、岩崎卓爾、大浜信光、喜舎場永珣、柳田国男、谷川健一、宮良當壮、新城剛、村山秀雄、山之口貘、伊波南哲等々、作家、詩人、民俗学者、言語学者、画家と実に多くの分野の人物について幅広く論じていて圧巻である。第一章でとりわけ読みごたえのある論考は大浜信光、喜舎場永珣、柳田国男、谷川健一を論じた文などであるが、ここでは詩人の大浜信光氏についての論考を取り上げてみる。

多大なる業績

著者は大浜氏について、四本の論考を寄せている。それだけ、この詩人への傾倒ぶりをしめしているわけで、著者によって、大浜氏の詩の特質が鮮やかに開示されその業績が初めて正当に顕彰されたのだと言っていい。その意味でも著者の功績は大きい。

著者によると大浜氏は、宮良長包の「赤ゆらのはな」「泊り船」など今日でも親しまれている曲の作詞者として名前をとどめるが、その業績はほとんど知られてこなかった。一九〇二年に生まれ、八十歳で没するまでに生涯で『先島航路』という詩集を出しただけであるが、大正期から、文芸同人誌『セブン』を編集発行し、戦後も総合雑誌『八重山文化』を創刊するなど詩・俳句・短歌・戯曲などの作品を残した詩人であり、八重山の文化復興に多大な業績を残した人物である。著者は、二十代のころ、大浜氏の詩と出会い、衝撃を受けたという。

静かなる観照と瞑想は山の掘立小屋に埋めて仕舞へ！　蒼白い感覚の花火は火遊びに興ずる子供の自己陶酔である　詩は解体する詩は数学であり
統計表であってもよろしい
詩は遂に詩でなくなるかも知れない（後略）

（「草の葉と月光は食べ過ぎた」一二七年「セブン」）

伝統的な美意識で「草の葉」「月光」などの花鳥風月を詠む「詩の解体」を告知し、中野重治のかの「歌」をも髣髴させるこの詩は、確かに、先鋭な近代的詩意識に満ち溢れているというべきである。大浜はまた、ふるさと八重山の失われゆく風景への限りない愛惜をこめて次のような詩を残した。

娘らよ
遠い日の母たち
乳房をふくませた
高機《たかはた》の上で
おさな児が泣けば
染めつけをし
紅露《こうろ》をしぼり

今　おさの音はとだえ
きぬたの音も
月の夜空に消え去り
上布は白々と
まぼろしの海に

ゆれている　　　　　　　　（「八重山上布」）

金城追悼特集

『情報やいま』十一月号が「金城朝夫と八重山」と題する追悼特集を組んでいる。その特集の一つ、「金城朝夫の視点と足跡」と題する座談会の中で、砂川哲雄氏は述べている。「彼はヤマトンチュが嫌いだったというけれども、個々のヤマトンチュが嫌いというわけではないです、ヤマトンチュとしての顔をしてしゃべってくることに彼はものすごく反発するわけです。（略）なぜ八重山に来たのか、やはり八重山ののんびりした時間とかあるいはそういう文化にひかれて来たはずだ。ところがここに来たら全然違うことをやっている。そういう人たちは来ないでほしいというのは、けっこう彼の本音だと思うんです」と。また三木健氏は、追悼文の中で、「八重山に『外部』からやってくるヤマ師は多く、これ等をあばく報道は大切であった」と語った生前の友寄＝金城の言葉を引用しながら、「あれから二十数年の歳月が流れ、今また、移住地には本土から『ヤマ師』たちが押し寄せ、新たな問題が起きている」と述べている。

森口豁氏は同じく追悼文のなかで「（友寄英正氏が）その目で見たかったのは、シマの平安―。そして、決して見たくなかったものは、無責任な余所者たちに勝手気ままに食い荒らされ、消費される八重山ではなかったのか」と記している。期せずして、三者が金城＝友寄の視点に共通して感じたのはふるさと八重山が食い荒らされていくことへの憤怒である。それはまた、はるか以前に詩人大浜信光が感受した失われゆく原風景への愛惜と共通する心である。

県内のトップをきって掲載された玉城洋子氏の年間回顧・短歌（十九日、本紙）の発言は鋭い。この種の年間回顧がともすれば、年間の関連行事や発行作品の紹介でお茶を濁す傾向があるのに比して、玉城氏の「回顧」が、きちんと作品の傾向を指摘し、その問題点を時代状況とかかわらせて鋭く指摘しているからである。

近年、首都圏歌壇で「イラク」や「バグダッド」を取り上げた歌集が賞を得て話題になっていることとは、社会詠の評価を高めた点でいい傾向であるがしかし、その「イラク」や「バグダッド」を攻撃する戦闘機は日本国内であるはずの沖縄から飛び立っているという認識がないように思える、というのである。沖縄の歌人たちの「戦争詠」や「基地詠」には「自らの犠牲を問う」だけでなく、そこに「戦争加担者としての苦渋」や「やりきれぬ思い」がある。それが感じられない首都圏歌壇との感覚の〈ずれ〉を指摘する歌人の言葉は鋭く、重い。

（12月26日掲載）

2008年

大城立裕「首里城下町線」 大城立裕「カクテル・パーティー」 新里スエ「跡継ぎ」 崎山多美「孤島夢ドゥチュイムニ」 崎山多美「クジャ奇想曲変奏」 上原紀善「おもいさま」 佐々木薫「耳塚異聞」 川満信一「言葉の発色」 沖野裕美「セクション13」 新城兵一「こたまのゆくえ」 高良勉「激痛が走るとき」 大城貞俊『G米軍野戦病院跡辺り』 下地芳子「父の自画像」 松原栄「クリスマスの記憶」 暁月璃雲「クロがくれた贈り物」 久貝徳三「呪われた集落」 津波信雄「清明祭」 垣花咲子「リセット」 樹乃タルオ『大女の角』 野ざらし延男「新しい俳句の地平を拓く」 大島孝雄「ガジュマルの家」 楊逸「時が滲む朝」 照井裕『さまよえる沖縄人』 与並岳生『舟浮の娘』 池上永一『テンペスト』 大城立裕「あれが久米通いか」

沖縄戦の記憶　鮮やかに作品化

大城立裕「首里城下町線」

昨年の世相を示す漢字は「偽」であった。食品業界の有名老舗の偽装が次々と発覚しただけではない。官僚の事務所費偽装やら領収書偽装、厚労省の年金偽装、防衛省の偽装等々が次々と明るみに出された。わけても最たる偽装は、文科省による教科書からのいわゆる「集団自決（強制集団死）」の軍による強制の記述削除の指示＝歴史偽装である。

歴史も偽装、平和も偽装、豊かさも偽装、偽装列島と呼ぶしかないこの国の体質は今年も変わりそうにない。新春早々、大手製紙会社の古紙配合率偽装が発覚した。政府・経産省が実態調査を指示し、再発防止策を求めているということであるが、偽装を重ねる張本人が、偽装の実態調査を指示するという奇妙な光景に、私たちは立ち会わされているというわけだ。

見事な手際　緊密な筆致

『新潮』二月号に大城立裕の「首里城下町線」が掲載されている。沖縄戦の記憶を克明に回顧しつつつ展開される一篇である。学徒兵として召集された少年兵らの戦場での苛烈な体験が正面から取り上げられている。米軍の猛攻で背走する軍隊、少年兵への鉄けん制裁、野戦を彷徨し荒んでいく兵隊、おびただしい数の死体、無謀な斬り込み、手りゅう弾による自決。これらの凄惨な戦場体験の回顧を主調音としつつ、首里城近辺の今昔の風景描写が巧みにおり込まれ、作品に深みを与えている。落ち着いた緊密な筆致はすきがなく、みぞおちにずっしりとくる味わい深い短編に遭遇したという充足感が読後に残る。重いテーマを扱っていながら、タイトルをあえて「首里城下町線」とし、プロローグとエピローグにバスの車窓の風景を配置した手際も見事である。

「小さく愛らしい目」をもつ「清昌」という同級生が、「ミーグワー清昌」とあだ名で呼ばれることとか、首里の「金城」「寒川」の地域を、「カナグシク、スンガー」と「昔風のまとめ方で呼んでみたい」とする作者の感覚などは、私の世代にも懐かしさをともなって得心できる感覚である。

作品は、通信隊として召集されて沖縄戦をくぐった「私＝小橋川英介」が、四十年ぶりに東京から沖縄に帰省し、同級生だった「ミーグワー清昌＝東江清昌」を訪ねるというところから始まる。東江は、県立一中から通信隊として召集された百四十六人のうち、「私」とともに沖縄戦で生き残った数少ない級友の一人である。「私」が東江を訪ねることになったのは、東京で偶然あった女性からの依頼を受けたからである。その女性は、「私」が南部の戦野を銃砲弾をくぐりながら生死を共にした鈴木満兵長の姪であった。女性はその鈴木兵長の「戦死した日付と場所の正確なところを知りたい」というのである。

定まらない記憶

だが、「私」は、それが容易でないことを知ることになる。戦場においては、生死を分けるのは紙一重の運であり、いつ死んでもおかしくない修羅場で、個人の死の日付と場所を特定するのは困難を極めるのだ。鈴木兵長は、斬り込み＝食糧奪取に出たまま帰ってくることはなかった。鈴木をつけ狙う竹下上等兵に撃たれたかもしれず、模造手りゅう弾で自決したかも知れない。銃弾で足を負傷した「私」は斬り込みからはずされ、鈴木らと一緒に斬り込みに出た東江が彼の最後を知っているはずであったが、訪ねた東江は認知症を患い、もはや、戦争の記憶を語ることができない。

「鈴木がいつどこで死んだのか、あるいはどこかの捕虜収容所までは行ったのか、正直なところは一切がもう分からない」。しかも、その斬り込みは果たして六月だったか、八月だったかすら、記憶が定まらない。

「死んだ日も分からず遺骨もない。それを語り得る人もいない、と思いいたったとき私は、鈴木の死んだ事情どころかあの彷徨、あるいは人生が存在した記憶さえも島尻の空に蒸発してしまったような錯覚に囚われた」のである。

ところで、作品はこれだけではない。「私」は東江を訪ねる途中、戦後まもなく寮舎の跡に建てられた「少年の像」の遺跡を訪ね、それにまつわる話が語られるからである。像は建立して数十年後に何者かに破壊されたのであるが、最近名乗りでたというその犯人は「自分を可愛がってくれた兄は戦死したのに、少年の像が永遠に生きようとしているのが許せなかった」のだと供述し、東江は、この犯人と対面してから、おかしくなったという。

「私はその対面が東江にきっと鈴木への悔いを思い起こさせたに違いないと察し、彼の脳裏に戦争の記憶がすべて消えたもののように見えながら、真実はむしろ、この機会により確実に定着したのにちがいない」と確信するにいたる。

ここでいう鈴木への悔いとは、米軍の物資集積所に斬り込みした際、鈴木の制止をきかずに段ボール箱を盗み出し、そのせいで歩哨にみつかって鈴木が撃たれたのではないかということである。しかも命がけで奪取した箱は「レモンパウダー」で、腹の足しになるものではなかったのだ。

いかに死者と向き合うか

これらの挿話が巧みに織り込まれつつ、現在に続く戦争後遺症の問題が露わになる。作品は単線的な戦争回顧といったことから、より深みのある重層的なリアティーを付与され、過去が現在を孕むというすぐれて現代的な「戦争の記憶の継承」という問題を浮かび上がらせることになる。

今も、脈絡もなく「レモンパウダー」のことを口にし、よそからは、もはやただの認知症の老人としか映らない東江の胸には、癒やしがたい戦争の記憶が渦巻いているのだ。

本文の中で、東江の奥さんが「戦争の記憶って何でしょうね」とつぶやき、「私」が「命日はいつでもよいのですね」と述べていることのなかに、「戦争の記憶の継承はどのようになされるべきか」

という問題が投げかけられている。「認知症」として永遠に凍結されてしまったかにみえる戦争の記憶を、生きている者がどれだけ掬い取り、追体験できるか。それがなければ、「記憶さえも島尻の空に蒸発」してしまうしかないのだ。

この作品は私たちに、冒頭であげた、文科省による沖縄戦の偽装指示の問題を想起させずにはおかない。鈴木兵長の姪は「戦死した日付と場所を知りたい」と「私」に依頼したのであるが、「命日はいつでもよい」のであり、問題は鈴木兵長が「いつどこで死んだか」という以上に、なぜ死なねばならなかったかということである。同様に、「集団自決」も、軍による強制という以上に、何故それが起こったかということこそが本質的な問題なのである。惨劇を二度と繰り返さないために、生きている者が、どのように死者と向き合うことができるか、この一篇はそのように問いかけているのだ。政府による沖縄戦の改ざんという重大な局面において、大城立裕は、記憶と現実を反転させる独自の方法と視点で、沖縄戦の記憶を鮮やかに作品化して見せたのである。

「沖縄戦と基地をモチーフにしているということだけで関心を持たれるというのは文学の危機であり、視野が狭い」(『うらそえ文藝』第十号座談会)と日ごろから言い続けている氏に、このような一篇を書かしめたのは何か、不思議な感動を覚えたことである。

(1月30日掲載)

「カクテル・パーティー」が照射するもの

またしても米兵によって非道な犯罪が引き起こされた。被害に遭ったのはいたいけな少女や外国人女性といった社会的弱者だ。満腔の憤りを抑えることができない。いち早く各方面からも抗議の声が上がっている。婦人団体をはじめ市町村議会や県議会でも抗議決議が採択され、県民大会開催の機運も高まっている。

今回は日本政府もことのほか素早い対応を示し「遺憾」の意を表明しているかに見える。だがそれは反基地感情の沈静化のためであるにすぎない。犯罪の根源はそのままに、高まる抗議の声を、監視カメラの設置、防犯パトロール強化といった監視システム強化にすり替えていこうとしている。

県知事の対応がおかしい。行政責任者として少女の尊厳を守れなかったことへの謝罪はない。「遺憾」表明と同時に「米軍再編への影響」をセットで述べている。県庁に謝罪に訪れた米軍責任者を丁重に接待し、帰りはエレベーターまで、見送っている。与党と同様県民大会開催に対しても消極的である。今回の事件は、一九九五年の事件と同様許しがたい蛮行である。ならば、あの事件の際、県民大会に超党派で参加した団体・個人はより以上の怒りをもって今回も参加すべきである。

沖縄知識人の「滑稽」さ描く

大城立裕の「カクテル・パーティー」を読んで最初に感じた違和感と苛立ちは、主人公の煮え切らない態度と米軍人へのオメデタイほど非常識な対応に対してであった。裏座敷を間借りさせている米兵に高校生の娘が強姦されたとき、真っ先に犯人の米兵に憤激するのではなく、米兵ロバートへの信頼が裏切られ、信頼関係が崩れることが堪えられないと的外れに憤慨するのである。

また、主人公のこれまでの米兵に対する見方や米軍との関係のありようについての反省が見られないことにも、苛立ちを覚えた。主人公は、米兵による娘の強姦という最悪の事態に直面してなお、基地を容認する姿勢を改めないどころか、そのわずか十日後には、基地内で開かれるカクテル・パーティーへの招きにのこのこでかけるのだ。

今回の米兵による暴行事件を受けても米軍との信頼関係の維持に気を遣い、基地容認の姿勢を改めようとしない政府高官や知事の対応と、この小説の主人公の対応が、私には二重写しに見えてならない。大城立裕は四十数年前に、基地を容認しながら米軍の蛮行に翻弄される沖縄知識人の「滑稽」な姿を鮮やかに描きこんでいたわけだ。

現在、一万七百余の軍人が基地外の民間地域に居住しているという。これほどの大人数が住んでいたのかと驚かされるところであるが、しかし、考えようによっては、百三十万県民に比較すれば、わずか1％足らずの少数である。今回の事件の容疑者はその一部であるとはいえ、少数派の彼らがなぜこの島でこのような蛮行を行うのであろうか。普通なら少数派は「沖縄人に何をされるかわからん」と恐怖にかられ、基地の外に出たがらないはずである。

そうならないのは彼らが、地位協定によって、特権的地位を約束されているからであり、基地を容認し、それに利益をみつけようとする考えが県民の中に多数派として存在するからである。これらが彼ら米兵を居心地よくさせているのである。ちなみに在日朝鮮人（朝鮮系日本人）に対するひどい差別と比較してみるといい。

変わるべきは県民の意識

基地の存続を容認し、むしろその恩恵にあずかることに感謝する姿勢こそが、さまざまな基地災害を頻発させているということだ。だから『お前』の娘が米兵に強姦されたというのも、主体的に言えば、選ばれた人間として基地内のパーティーに喜々として参加し、米兵の愛人を間借りさせ、基地を容認する『お前』自身のせいなのである。基地を容認する姿勢が多数者の思想として存在する限り、同様な事件は今後も発生し続けるし、現に、昨年の九月、それはさらに作品を上回る残酷さで発生したのである。

（「十年目の『カクテル・パーティー』」）

自前の文で恐縮だが、右の文は、私が九五年の米兵による暴行事件の翌年、高教組第29次教研集会で「カクテル・パーティー」論として発表した論考の一節である。米軍犯罪に翻弄される基地沖縄の現実は昔も今も変わっていないのだ。

「綱紀粛正」「再発防止」というが、仮に綱紀が粛正され、米軍の凶悪犯罪が防止できれば、基地は存続していいか、ということだ。たとえ事件はなくてもヘリ墜落事故などさまざまな軍事事故は続くし、爆音被害など軍事被害も後をたたない。軍事優先はそのままだし、アフガン、イラクを攻撃し他国の民を殺戮する軍隊の本質は変わらない。

日々人殺しを教育され殺戮の訓練を受けている米兵の意識が、綱紀粛正や教育プログラムの見直しぐらいで変わるはずはない。

変わるべきは基地を容認する県民の意識である。基地の存続に利害を求める意識が多数存在する限り、米兵の横暴はなくならない。暴力は米軍基地の属性であって、基地の存続を前提とした抗議は米軍にとって、痛くも痒くもない。沖縄側から軍事基地にノンという姿勢を明確に示すべきなのである。

政治学者で元海兵隊員のダグラス・ラミス氏は次の趣旨で述べている。

「米軍と地元との積極的交流をはかる『良き隣人政策』に参加することは、米軍への信頼を高め、共犯になる可能性があり、地元自治体や学校などに参加の再検討を促すべきだ」（二月二十三日・琉球新報）、と。

今日的なテーマ

『那覇文藝　あやもどろ』第十四号に新里スエの「跡継ぎ」が掲載されている。作品のテーマは、跡継ぎの問題というより、親と高校生の娘の考え方との世代間の溝を扱っている。祖父と両親が、学校の帰りが遅くなった娘に、ある日その理由を問いただすと、基地の中でアメリカ人の奥さんから英語を習っていると、楽しそうに話す。

「優子！その基地の中での勉強止めてちょうだい！」と、不安と苛立ちを抑えきれない母親の「秋子」は金切り声をあげる。しかし、基地の中のアメリカ人にもいい人はいる、お母さんは古い、国際化の時代に英語は必要と主張する娘を説得できず反発される。

文章がやや荒削りで短絡的、会話もぎこちない、娘の人物像も高校生にしては幼すぎるなど、いくつかの難点があるが、期せずして、今度の事件の背景の一端をも想像させる刺激的作品であり、きわめて今日的で新しいテーマを扱っていて興味深く読んだ。今後の書き込みに期待したい。

崎山多美が『すばる』三月号に「クジャ奇想曲変奏」という短編を発表している。街の淵で繰り広げられる饗宴はホッホッホッのリズムとともに〈怪〉から〈快〉を帯びて大団円を迎えることになるわけだが、紙幅も尽きた。次回にまわすことにする。

（2月28日掲載）

沖縄の根源性に向き合う

崎山多美「孤島夢ドゥチュイムニ」「クジャ奇想曲変奏」

崎山多美の「孤島夢ドゥチュイムニ」(『すばる』二〇〇六年一月号)と「クジャ奇想曲変奏」(『すばる』二〇〇八年三月号)を読む。この二作は連作になっていて、主人公の「オレ」は全国の「淵の風景」をカメラで撮り歩くフリーのカメラマン。「淵の風景」の仕上げとしてオキナワの辺戸岬を撮るつもりが、バスを間違えてクジャの街に降り、そこの崩れかけた劇場で独り芝居を観たのが運のつき。

作品と現実交差

あの日、裏の路地でぶるぶるふるえて蹲っている中学生くらいのネェネーを見つけたことがあった。よく見ると、服がビリビリに引き裂かれていて、顔が真っ青で、唇もまっさおに震えていて、アタシが何を聞いても口を利かないから、四つか五つだったアタシには何をどう考えたらいいか判らなかったけど、でも、口ではいうこともできないヒッドイ目に遭ったのだろうってことだけは判った。アタシね、ただ震えているだけのネェネーの傍で一緒に座っていた。(略)今でも時々想うんだよね。あのネェネーあの後どーなったんだろうって。

「孤島夢ドゥチュイムニ」の中の一節である。

劇団「クジャ」の高江洲マリヤが、一人語りとして繰り出すセリフだが、この下りを読むと作品と現実の事件がダブって、改めて、この島での米兵どもの非道とそれを容認するがごとき自民党や仲井真知事の動きに歯軋りするしかない。基地反対運動の高揚を恐れてだろうか。なんと、三月二十三日の抗議大会にさえ参加しなかったのだ。被害者への配慮を理由の一つに挙げているが、政府からの圧力や米軍再編と辺野古の巨大基地建設に絡む利権が頭をよぎったからにちがいないのである。

約六千人（主催者発表）の大会参加者は、降りしきる雨の中、悲鳴にも似た各発言者の悲痛な訴えに、みじろぎもせず聞き入り、心揺さぶられ、怒りを新たにしたのだが、このような「悲鳴」に耳を傾けようとしない者たちが、どのような政治をなし得るというのであろうか。基地信仰が人間に現実の惨劇を見えなくさせる醜悪かつ滑稽な事例として、県民は長く記憶にとどめる必要がある。

芝居の中で、マリヤの一人語りは次のように続く。

でも、でもですね、あんなこんなが毎日メーニチ起こっていても……そうやってですねこのマチは、ヒータイターとイナグン達が、イクサの吐き出す糞ゴミにどっぷりまみれてですね糞ゴミの吹き溜まりから生きるカテを吸い取っていたです。ずるるるーずるるるるーうと。ハイそーゆーマチだったですココは恥ずかしながら。

イクサの吐き出す糞ゴミにどっぷりまみれている恥ずかしいマチだという意識さえうすれ、開き直って基地を容認し、「基地の恩恵」に感謝するとき、被害少女の悲惨と絶望は永遠に救われることがない。

クジャの淵にて

「クジャ奇想曲変奏」において「オレ」は、マリヤのマチの闇から呼び込むような声が気になり、再びクジャを訪れる。

舗装道路の切れたヤブクサの道をとにかく歩き回った。やみくもな歩行の先にうっそりと潜む、クジャの淵が現れたのだった。

見捨てられた、ただの荒地と見えたそこは、丘陵地を境界にして丘の向こう側へ押し込められて、えぐれたようになった空間だった。凹地を取り囲む白く乾いた珊瑚礁の岩盤に沿って行くと、つと、オレの歩行をつっかえさせるものがあった。足元に、高さ三十数センチほどの土の盛り上がりが浮き上がっている。

「クジャ」とは「コザ」であり、クジャの淵とは「古謝」のことであろうか。現在その古謝地域に住む私は、あるいはこの辺りが物語の場所であろうか、と勝手に想念を巡らしつつ、その場所に立ってみた。「オレ」が墓だと推定する「土のタッチュー」は、もちろん、一帯を捜しても見つからなかったのであるが、そこは確かに死者たちの饗宴の舞台にふさわしい場所であるように思えた。

中城湾を取り囲むように左手に勝連半島が突き出て、その先に津堅島が浮かんでいる。沖に停泊する黒い艦船は最近とみに寄港が増えてきた原潜だ。右手には知念半島がせり出していて、その先に久高島が、空と海の境界を限どるように細く長く延びている。そこから一望する湾は陸地から沖へと大きく攻め込まれていた。埋め立てられた湾は企業新興地帯として形成され、さらに新たな埋め立て工事が広大な陸地を広げつつ、海を浸食し続けている。沖に目をやると、湾を切り裂くように、右端から突堤が延びて干潟の埋め立て工事が進んでいる。あちこちに巨大クレーンの腕が、天空から海面に突き立てられた銛のように聳えている。海は穏やかだが、死に瀕しているように喘いでいた。その海から海風が丘陵の荒地に吹き上げてくるのだった。

頭の中で陰と陽が反転する。海が陸と化し、そのたびに無数の小さな生命がつぶされていく。「あのネェネーあの後どうなったんだろう」

二項対立の止揚

「オレ」は、クジャの淵にたどり着き、そこで墓とおぼしき土のタッチューに魅入られているうちに、ユンクイという奇妙な饗宴に遭遇する。おそらくそれは、土のタッチューから這い出てきた死者たちの饗宴である。

ホッホッホッのリズムに合わせ、アワ踊り風に体を前後左右に激しく揺らして踊りつつ、各自が閉ざされた己の記憶と向き合い、告白を始める。ホッホ踊りは、シンカ一族が、抑圧され、奪われたコトバを取り戻し、闇の記憶を甦らせるための儀式であり、ホッホッホッは内面を告白するためのリズムなのである。

ある者は親の手で殺された記憶、ある者は強制連行され閉じ込められた記憶、ある者はジェット機の墜落で焼き殺された記憶……。ただ一人、ホッホ踊りの輪に加わらず、座して記憶を語る者がいる。いわゆる「集団自決（強制集団死）」を強制した日本兵であろう。

あれらは、鶏のように首を突かれ、黒く細い腕をブッタ切られ、魚のように目ン玉をえぐられ、赤くただれたハラワタをむきだしにしておった。（略）あれらをあんな目に遭わせた張本人が、ワシだった。（略）自分で手を下したかって？『関与』しただけかって？　そんなのはどうでもいい、そんな議論なんかに意味はない、殺ったのは、ワシだ。

だが、「寸詰まりのこの淵に追い込まれた彼らの身に」さらに新たな災難が襲いかかる。迷彩色の巨人が運転するブルドーザーが、闇を裂いて突き進んできたのだ。しかもブルを先導しているのはこの島の人間である。ナイチャー（本土出身者）カメラマンの「オレ」はシンカ一族の先頭に立ち、ブルの隊列に立ち向かう。

奇抜な発想と日本語の韻律を突き崩すがごとき沖縄語と「崎山語」の連射にミークラガン（目眩）するばかりであるが、加害者の日本兵が自らの闇を語りだし、ヤマトンチューの「オレ」が、襲いかかるブルの隊列に立ち向かう姿を描くとき、崎山多美は明らかに、今日の沖縄を根源から規定する戦争と基地の問題と正面から向き合いつつ、ヤマトンチュー対ウチナーンチュといった二項対立の構図をアウフヘーベン（止揚）する地平に、おのれの視座を置いている。

（3月27日掲載）

沖縄現代詩の現在

佐々木薫「耳塚異聞」／川満信一「言葉の発色」／沖野裕美「セクション15」ほか

四月四日、沖尚が全国制覇をを成し遂げた。沖縄中が歓喜し、興奮も冷めやらぬ午後四時ごろ、愛媛の俳人から一本の電話が入った。

「沖縄が優勝したね。おめでとう」。受話器をとるや、その友人は開口一番沖尚の優勝をたたえ次のように続けた。「うちは娘が埼玉に嫁いでいるのだが、皆、決勝戦は沖尚の応援をしたのよ。うちの人の話だと大半は沖縄を応援したはずだと言うのよ。やはり、沖縄に対してすまないという気持ちがあるからじゃないかね」と。

「本土」においてこのような気持ちで沖縄球児の活躍を応援している方々がいるのだ。しかもそれは、決して特異な例ではないように思える。四月九日付けの他紙の声欄に埼玉県の杉浦公昭さんという方が、次のような投書を寄せている。

「私は、二年前まで東洋大で教員をしていたので準決勝戦では東洋大姫路を、埼玉県在住なので決勝戦では聖望学園を応援すべきでしたが、二戦とも沖縄尚学を応援させてもらいました。／なぜかと言いますと、われわれ日本人は、近代史の中で沖縄の人々を犠牲にし、その歴史も改ざん美化しようとし、将来にわたって巨大な米軍基地を押し付けようとしているからです」

スポーツの話題でもそれだけでは終わらないのが沖縄だ。「シタイヒャー」という歓呼の裏で、日米政府に差別され抑圧された過去現在が去来する。

そして、昨年九月二十九日の教科書改ざんに抗議する県民の怒り、辺野古の新基地反対の声は、見えないところで確実に心ある日本人の中に届いているのだということを、今回の沖尚応援の構図は見せてくれた。

なぜ長いのか

さて今回は、手元にある詩誌から、沖縄現代詩の現在についてみていきたい。

目を通したのは、『あすら』十一号、『カオスの貌』三号、『ＫＡＮＡ』十五号、『アブ』三号、『ＥＫＥ』31号、『非世界』十六号、そして『沖縄文芸年鑑』二〇〇七年版である。

これらの詩誌の詩を内容的に大別すると、「状況の詩」と「修辞の詩」に分類できる。もっとも、両方を含んだ詩もある。また詩形式でみると、ほぼ例外なく、「長い」というのを特徴としている。このことは、多様化する価値観、時代の激変と不透明性といったことと対応している。なぜ沖縄の現代詩は長いのか、おそらく、この一点の質疑の中に、沖縄の現代詩の抱える困難と詩の本質が隠されていると思えるが、時には次のような上原紀善の短い詩を味わいつつ、詩の未来について考えてみるのもよいことだ。

公民館のグラウンドゴルフ会場に
字代表の方々が集まっている
「くぬめーや　御馳走様でした」
「エッ　エー」
それだけ
二人は離れて各チームに加わった

（「お互いさま」『非世界』）

沖縄の詩人たちは、閉塞する時代にあって、それぞれの方法意識で、時代と格闘している。沖縄口・琉球語や民謡・古謡を詩に導入することで、詩のリズムと言葉の広がりを取り戻そうとしているのが、松原敏夫、真久田正、ムイフユキらである。これら「修辞の詩」は、琉球・沖縄の言葉とリズムを排除してなりたってきた中央詩壇への反旗ともいえるわけで、俳句に万葉調のリズムと主観を導入し、虚子の花鳥諷詠・客観写生に対抗した昭和初期の水原秋桜子を彷彿とさせるものがあり注目すべきである。が、ここでは、「状況の詩」を取りあげることにする。

『あすら』詩群

『あすら』は年四回発行の季刊詩誌。県内でもっとも精力的に詩の表現活動を展開しているグループといえる。

『あすら』十一号の佐々木薫「耳塚異聞」は衝撃的な詩だ。

秀吉公は耳の蒐集家としてつとに名高い
朝鮮出兵のみやげは塩漬けの耳だった
耳の数に応じて戦功がきめられるので
逃げまわる子供やひたすら助けを乞う母
成仏寸前の老人の耳まで切り取られる悲惨
半島を生きのびるには
耳のない民族となってただ喚くしかなかったのだ

豊臣秀吉が朝鮮出兵時に、十二万六千の朝鮮の人々の耳や鼻を削いで持ち帰ったというのも衝撃であるが、ひるがえって、それは過去の出来事ではないという、痛烈な指摘も衝撃的だ。

いまでも耳狩りはさかんに行われている
この島には巨大飛行場が出現して以来

耳のない人間が急速に増えていく

土砂降りの雨をついて開かれた三月二十三日の「米兵によるあらゆる事件・事故に抗議する県民大会」。少女の悲鳴に耳そばだてたのはどれだけいたか。この島の県知事と多数派政党は参加すらしなかった。聞く耳を持たないというわけだ。すでに耳を削ぎ落とされていたのかも知れない。
『カオスの貌』三号で川満信一は次のように詠む。

少女よ！　陵辱されたムンクの『叫び』
だが、耳をなくした亡霊たちには聞こえなかった
（「言葉の発色」）

『あすら』の「セクション15」で沖野裕美は次のように書く。

迷彩服を着こんだ白色牛馬の種族が
戦闘機のマッハ音をあげて　ウランをまき散らし
島嶼のすみずみに蔓延させる破壊力こそ
見えないわざわいからわたしたちを防御する
日常茶飯事だと極論ぬかすかけひき国家は

全引導を白痴めく依嘱細胞に売り渡した
がってん　ならん
たたなう椎緑の連山は　灰になるまで踏み荒らされ
機関銃をぶっ放す殺人予備演習にあけくれる

憤怒で神経と言葉がけばだつがごとくだ。

49人の詩を掲載

『沖縄文芸年鑑』は、沖縄・奄美の詩人四十九人の詩を一挙掲載していて、これらの詩に目を通せば、沖縄現代詩の現状が、ほぼ鳥瞰できるといった具合である。編集部の思い切った企画に拍手を送りたくなるところであるが、しかし、本号をもって廃刊になることを考えると、にわかに喜べるものではない。

四十九人の詩人の詩で、異彩を放って屹立していると思えたのは、新城兵一の詩「こだまのゆくえ」である。

だが　わたしは決して叫ばない
幾十万の民びとの　秋の青を突き刺す弾劾の声にも

同調しない　寄り添わない　たとえ
（略）
柔らかく尖る正義の口や　高くかざすこぶしのおらびを
かたわらには　すべてを飲み込み　いまなお
口を開いて　押し黙ったままの巨大な空洞があり……

新城は民びとの弾劾の声に異を唱え、ことさら逆説的に語っているのではない。もちろん「軍命」はなかったなどと、自らは生きのびて開き直る軍人らの精神の腐敗に加担しているわけでもない。絶体絶命の極限状況下で「軍命」を受け、肉親を危めるしかなかった人間の阿修羅と空洞に鋭い質疑の矢を放つのである。

どんなおこないも　いつ　いかなるときであれ
その責任は　手を下したにんげんが負わねばならぬ
それが　戦後六十余年の苦き寡黙と自責の意味ではないか

と結ぶ詩人の言葉は、いわゆる「集団自決（強制集団死）」問題を政治的にプロパガンダする際の一瞬の間隙に潜む、極限状況下の人間主体の倫理と思想の陥穽を問うものとして鋭く重い。

それはまた、『ＫＡＮＡ』十五号の高良勉「激痛が走るとき」の詩句。「弾丸と炎と焼けた破片が／飛び散る戦場の中を／逃げ延びるほどの／勇気はないが／激痛が走るとき／あの体験と記憶は／手放すまい」の、沖縄戦の地獄の体験者の追体験を肉体の痛みにおいて刻み込もうとする姿勢と共振する。また、仲本螢「やもりと談合する」(『沖縄文芸年鑑』)の、「シュプレヒコールといって奮い立つ希求も／インタナショナルという痺れる概念も／僕らは共有しつつ無化し続けてきた」とする現実への苦い認識とも底通する時代への痛ましい感受性である。

(4月25日掲載)

沖縄問題　核心詠む短歌

『くれない』第十七集／『花ゆうな』十四集　ほか

ドキュメンタリー映画「靖国」の上映を予定していた東京と大阪の五つの映画館が、右翼の嫌がらせを受けて上映を中止した。この右翼の嫌がらせを誘導したのが稲田朋美ら「靖国」派の自民党国会議員である。検閲まがいの試写会を実施させ、文化庁に助成金の削除を迫り、登場人物の刀匠に、映像削除を要求させる「圧力」を加えたといわれる（この件は『論座』六月号が詳しい）。二月にはプリンスホテルが日教組の教研集会の会場借用を、右翼の脅迫で拒否している。半年前から予約したのを開催直前に契約破棄したのだ。

幸い映画の方は、この上映中止騒ぎで話題を呼び、逆に、当初の予定以上の映画館が上映を表明しているといわれ、七月には沖縄の映画館でも上映される運びとのこと。

知のざわめき

こうしたファシズム的様相が深まる中で、道州制導入問題ともからんで沖縄をめぐる論議が活発化している。

本紙が「沖縄をめぐる対話」として知識人らの往復書簡形式の論議を特集し、『情況』五月号が特集「来るべき自己決定権のために―沖縄・憲法・アジア」を組んでいる。十八日にはこれらの集約として「マーカラワジーガ・来るべき自己決定権のために」と題するシンポジウムが開催された。会場となった県立博物館・美術館講堂は満席で、久々に「知の前衛」たちによる「知のざわめき」とでも呼ぶべき刺激的状況が現出された。

ただ、傾聴すべき問題提起もあったとはいえ、これら一連の企画で見た言説に共通しているのは、軍隊、警察などを含む現国家体制を、だれがどうするかといった、実践主体の成熟・組織化への不問と革命実践論の欠如である。国際情勢に規定された今日の国家体制の政治経済的分析と国家権力の支配構造のからくりおよび既成イデオロギーとの対決を抜きに、あたかも気概をもってのぞめば、沖縄の民衆の意志で沖縄の将来が「自己決定」できるチャンスが到来したかのような言説がまかり通っている。オメデタイ「知の遊戯」に堕することがないように願いたい。

活発な文芸活動

沖縄発の文芸誌、単行本の発刊が相次いでいる。手元にあるだけでも『合同歌集　花ゆうな』第十四集（三月）、『合同歌集　くれない』第十七集（四月）、『天荒』三十号（五月）、『文化の窓』三十号（三月）、『うらそえ文藝』第十三号（五月）、『南涛文学』第二十三号（五月）、『物語散文詩　風の神話』（勝連繁雄・

四月)、『中里友豪詩集』(四月)、『詩集　無限光年の夢』(小橋啓生・四月)、『G米軍野戦病院跡辺り』(大城貞俊・四月)。また、『詩人会議』六月号が「特集　沖縄は、いま」を組んでいる。

これらすべてを限られた紙面で一度に時評するのは無理なので、今回は短歌文学を中心に取り上げ、残りは次回以降に回すことにする。

若夏の風に吹かれて九条を守る集いに歩み速める　伊志嶺節子

危うきはきりぎしに咲く白百合の九条われら声あげ守らむ　玉城寛子

掲歌は、一人六十首、二十三人の歌を掲載した『くれない』第十七集の、最初に掲載された二人の作品である。身辺詠、家族詠、旅行詠、社会詠とさまざまな題材が詠まれている中から、時代の危機に抗する姿勢を詠みこんだ二首を取り上げた。

紅短歌会は月刊で歌誌を発行している。本県でもっとも精力的に活動を繰り広げている短歌グループといっていい。歌誌『くれない』は五月現在、七十一号を数えている。

代表の玉城洋子は前号の十六集の「あとがき」において、「憲法改革に走る大きなうねりに抗して作歌していく」決意を述べ、さらに「(歌を)趣味として甘受する事も一つの生きる方法かも知れないが……表現するものが文学へ近づくこと」を作歌の姿勢としてうちだしている。右傾化する時代の「大きなうねりに抗し」、「文学としての歌」を追求するこうした凛とした姿勢が本十七集にも貫かれている。

「本物」見極める眼

玉城洋子の歌を特徴づけているものの一つは、しなやかな思考と感性に支えられた肉声の批評と抵抗である。

辺野古の海山を死守する人らに会はむ黒砂糖持ちて高速に乗る

この歌には闘う現場へのかぎりない共振と信頼があり、実にさわやかだ。「辺野古を死守する人ら」に会いに行くのだが、しかし、そこに悲壮感や気負いはない。「黒砂糖持ちて」というなんともユーモラスで心なごむ詩句が、歌の雰囲気を和らげているのだが、それでいて、今、沖縄の抱えている問題の核心がどこにあるのかをはずすことなく詠いあげている。まだ辺野古に行ったことのない人をも、「辺野古に行ってみよう」という気にさせてくれる。

この肉声は、先に挙げた伊志嶺節子の「九条を守る集いに歩み速める」の歌や、玉城寛子の「九条われら声あげ守らん」にも共通する肉声である。伊志嶺の「若夏の風に吹かれて」という軽やかな詩句、玉城の「きりぎしに咲く白百合」という詩句の清冽なイメージが硬質な題材を和らげる効果を果たしていると言えるが、玉城歌は上句で「危うきは」と強調した分、やや主観が咳込んでいるが、こういう肉声が滲み出す歌は本物だ。
本紙の十二日付文化欄に、辺見庸の「混濁する仮象と本物」と題する文が掲載されている。カフェテラスに飾られたクチナシの鉢植えを、てっきり本物だと思って見ていたら、それが造花だと知った時の恐怖に近い驚きと動揺について書いている。

「いまの造花は見ためだけでなく触感も本物のようにこしらえた〈リアル・タッチ〉加工が主流で、空気清浄、脱臭、抗菌効果のある〈光触媒〉機能をほどこしたものも多い」のだという。「バーチャルなものや仮象が日ましに『リアル』にとってかわり、ニセが本物をしめだしつつある。

夥《おびただ》しい数の詩句が日々生産されている。沖縄の風俗や基地、戦争を題材に「触感も本物のようにこしらえた」作品も多い。他人の作品を剽窃し、本物以上に本物らしく仕立て上げた「見事」な作品もある。ニセと本物、それを見極める批評眼の質が問われているというわけだ。
「花ゆうな」十四集。三十九人が二十四首ずつ出詠している。

潦《にわたずみ》　水玉模様の画布のごと地上遍く弾痕光る
ふた色の青海原と白砂に彩を加へて咲く浜日傘

二首とも、比嘉美智子主宰の歌。一首目。「潦」とは雨後にできた水溜りのこと。画布に描いた水玉模様のようなまぶしいほどきれいな水溜りの点在する光景が、実は弾痕跡だという反転の残酷と痛み。二首目に見る青海原と白砂を巧みに配置した豊かな色彩感。パラソルとせず「浜日傘」と詠むシックな感性。こうした主宰の品格と指導理念が歌集全体を落ち着いた風格に仕上げていると思えた。沖縄の今を詠うことに徹する永吉京子の作品や他の歌もそれぞれ味わい深いが、この二、三年めきめき力をつけてきたと思える當間實光と湧稲国操の歌に注目した。

青春の幻想ゆえに唄わざる「ワルシャワ蜂起」を深夜に聴けり　當間實光
ひとすじの靴紐垂るる古靴を描きて夜の悲しみのゴッホ　湧稲国操

「蜂起」という言葉の栄光と痛み。「古靴」の象徴する闘いの痕跡。閉塞を深める時代の深夜、悲しみの底で、咳込むしかないのか。青春の夢と挫折が胸奥に燠の如く燻っている。両者に共通するのはおのれの足跡への深い省察と自己凝視。新たな思想歌の誕生を予感させるものがある。

（5月29日掲載）

沖縄戦の記憶を書き継ぐ

大城貞俊『G米軍野戦病院跡辺り』／下地芳子「父の自画像」

慰霊の日を控えた六月二十日、宜野湾市立志真志小で、「集団自決（強制集団死）」を扱った平和劇が上演され、好評を博した。翌日の地元二紙は児童生徒らの熱演の様子と感動した観客の様子を大きく報じている。

ところで、この上演が報じられた先月あたりから、学校や市教育委員会を訪れて、脚本の確認や練習の見学を再三迫ったり、偏向教育だとして脚本の変更、上演中止を求めるメールなどが県外から寄せられたという。児童生徒らによる平和劇はこれまでも幾度となく上演されたし、昨年は南風原小学校が平和劇「対馬丸」を全校生徒で演じて大きな反響を呼んだが、中止要請や抗議の声は聞いたことがない。

今回の動きは明らかに軍の強制による「集団自決（強制集団死）」の史実の抹消を狙う者らの卑劣な圧力である。これは、映画『靖国』の上映を中止させたのと同質の、表現活動への妨害であり、沖縄戦の史実の継承を好まぬ勢力が、今度は「沖縄」に攻撃の的を絞ってきたことを示しているのではないか。

　去る九・二九県民大会であれだけの県民が立ち上がったのは、沖縄戦の史実の歪曲を許さず、これを次世代に伝えねばとの切迫した思いが県民を突き動かしたからだ。志真志小の平和劇はその思いを受け止め、率先して実践したことを意味するわけで、讃えられこそすれ、抗議される筋合いのものではない。したがって、県議会、全市町村議会の決議を受けて九・二九県民大会に参加した県知事や教育長はこうした学校現場への圧力に対しては、真っ先に抗議すべきである。平和劇を熱演した子どもたちを卑劣な誹謗中傷の圧力にさらし、これに一言も言及しないのは沖縄戦の歪曲・風化に手を貸すものであり、無責任というべきである。沖縄県がなぜ「慰霊の日」を設定したか。沖縄戦を風化させないためであるはずだ。

記録されない死者

　沖縄戦の風化に抗し、沖縄戦の記憶を小説で書き継いでいるのが、大城貞俊である。このほど発刊された新著『G米軍野戦病院跡辺り』（人文書館）には、表題の作品を含め四篇が収められている。表題作の第一話は、遺骨収集にまつわる話。第二話「ヌジファ」は、戦地パラオで死んだ身内のマブイをユタと同行して持ち帰る話。第三話「サナカ・カサナ・サカナ」は、米兵と結婚する一人娘を抱えた父親の葛藤を扱った作品。第四話「K共同墓地死亡者名簿」は、野戦病院で死んでいった人々の死の意味を追求した作品。いずれも戦争の意味を問い、戦争に翻弄《ほんろう》されて生きる人々の姿を描いた内容となっていて心に深く滲みいる好編となっている。ここでは第一話と第三話を取り上げることにする。

第一話は、沖縄戦当時、米軍野戦病院で死亡し、周辺に埋葬された人々の遺骨を収集する話。沖縄戦を題材にした作品は数多く書かれてきたが、遺骨収集、それも米軍野戦病院を題材にした作品はこれまでにない。その点でも沖縄戦に新しい視点から切り込んだ作品といえる。

主人公和恵は、戦後三十八年たって、村の行う米軍野戦病院跡周辺の遺骨収集作業に加わる。戦時中砲弾を浴びて病院に収容され、そこで死んだ母と妹はその周辺に埋葬されたままだった。遺骨が掘り出されると共に、戦時中の記憶もまた、次々と掘り起こされていく。

当時、和恵も全身に砲弾の破片が食い込んで瀕死の状態のまま野戦病院に搬送されたが一命を取り留めた。病院で和恵を励まし、助けてくれたのは二世のヨナミネであったが、その命の恩人ともいえるヨナミネがある夜、患者に紛れ込んだ日本兵らによってスパイ容疑で殺害される。ヨナミネが和恵はじめ郷里の人々に親切に振る舞っていることを「病人からいろいろな情報を収集している」ときめつけてのことだ。闇で消されたヨナミネの名は死亡者名簿にも見当たらない。遺骨収集の場で、その時の日本兵に遭遇し、問い詰めるのだが知らぬと否定する。

無残の死を遂げつつ死亡者名簿にも記録されてない死者がおり、スパイ容疑で善意の人間を殺害した者たちが生き延びている。沖縄戦には、なお多くの記憶が、未収集遺骨と同様に掘り出されることなく闇に埋もれていることを、作品は示している。

一家の危うい幸福

紀和子が、ジョージと結婚したいと言ったときは、さすがに我慢が出来なかった。娘に手を出すことなど滅多にない徹雄が、紀和子の言葉を聞き終わらぬうちに頬を叩いていた。

このような書き出しで始まる第三話。書き出しでいきなり主題が提示されている。戦争をくぐった人間とそれを知らない娘との角逐を描いているのだ。父と弟と叔父を戦争で失った徹雄は、一人娘の紀和子が米兵と結婚するのがどうしても許せない。「アメリカー」はたくさんの同胞を殺した敵国の人であり、それを許すことは「父や、弟たちの記憶を消し去ることに繋がるように思われる」からだ。だが、徹雄の前に、娘の同棲、妊娠、出産という既成事実が積み重ねられていく。妻や叔父、弟も結婚を許してはどうかと、徹雄を説得する。

周囲の説得を頑なに拒否していた徹雄も、やがて軟化していく。戦地で父親の殺害を命令したとする元米兵が、来沖し、徹雄一家に心から謝罪するに及んで、徹雄の米兵へのわだかまりは氷解し、やがて可愛い盛りの孫、ジョージ・ジュニアにめろめろになっていく。

このようにハッピーエンドで終わる作品になっているが、後半がいかにも明るすぎるように思えた。米兵嫌いがどのようにそれを受け入れるに至るかを扱った作品として読めば、これは戦争の記憶がどのようにして風化されていくのかを扱った作品であり、庶民における「転向」の一形態を扱った転向小説として読める。そして、娘の米兵との結婚は、米軍による新たな装いによる沖縄支配を暗示している。それは、愛に国境はないとか、結婚は両性の合意のみによってとか、いかにも正当な顔をして侵入してくる。だが、ジョージは中東に出撃する米軍の最新鋭ジェット機のパイロットである。たとえ兵役を退くつもりでいるとしても、中東で罪のない民を殺戮している事実に変わりはない。だから、徹雄は娘に言うべきだったのだ。結婚を許さないのは、ジョージがアメリカ人だからではない。米国軍人だからだ、と。この肝心な点を避けたところで、徹雄一家の危うい幸福は成り立っている。後半がやけに明るいのはその危うさの暗示である。

行き場のない怒り

大城作品の主人公の対極にある人物像を描いたのが、下地芳子の「父の自画像」(『南涛文学』二〇〇八年五月号)である。

効率化が進み、アメリカナイズされていく時代の流れになじめず、いつまでも「父の自画像」に象徴される昔の記憶と生活スタイルにすがって生きようとする庶民の半生を鮮やかに描きあげている。書き出しと結びもよく呼応していてみごとである。

主人公鉄男は野球少年。その野球の最中、草むらで拾った薬莢が爆発して左手の人さし指と中指を吹き飛ばされる。終戦後六年、鉄男が小学四年のときだ。それ以来、鉄男の人生はがらりと変わる。快活な少年は何事にも自信を失い、陰鬱になっていく。野球ができず、左手はポケットにいれたまま。

恋に破れ、時代に取り残される。持って行き場のない怒りの的は、いつしか薬莢を落としたアメリカに向かっていく。

鉄男は母が基地を有り難がってアメリカ兵の服を洗う洗濯婦であることにいら立ちを覚え、「アメリカーの仕事なんか辞めれ！」と叫ぶ。指を吹き飛ばしたアメリカへの憎しみは消えず、戦禍は、今も続いているのだ。

（6月29日掲載）

多様化する同人誌の表現

『南涛文学』二十三号／『非世界』十七号／『天荒』三十号　ほか

今回は、県内同人雑誌の作品をとりあげることにする。まず『南涛文学』二十三号。松原栄「クリスマスの記憶」。父はベトナム戦争で戦死した米兵。母は大島の出身。その両親を幼くして亡くし、孤児となった二人の兄妹の数奇な足跡を綴った作品。両親に先立たれ、しかも顔は米国人、髪は金髪で外貌と言葉が一致しないハンディを背負って、辛い運命をたどることになる。

ここにもまた、確かにありえたであろう沖縄の戦後を生きた一つの人生の模様が描き込まれている。ややドラマの進行に捉われすぎる嫌いがあり、登場人物自身に語ってほしいところ。アメリカの養父母と暮らした主人公が、妹マリエの死を契機に、「母の実像をもとめて沖縄に行く」というのも、母との濃密な体験の記憶が希薄なだけに切実さが足りないという印象を受けたが、一度は書かれねばならないテーマであることはたしかだ。

暁月璃雲の「クロがくれた贈り物」。夫に先立たれ、娘はアメリカに嫁ぎ、一人暮らしになった初老の婦人が主人公。何事にも引っ込み思案で、隣近所からも疎まれ、彼女を唯一癒やしてくれるのが愛犬のクロだった。そのクロがある日突然逝ってしまう。悲しみに打ちのめされているとき、門先に捨てられていた仔犬を衝動的に拾って育てるのだが、実はそれはクロの落とし子であった。

女子高校生との交流で生き方が前向きに変わっていくところなど、話の運びが短絡的な面があるが、比較的よく書き込まれていて欠点の少ない文章である。ただ、物語としてはありふれている。とはいえ、四月に十五年連れ添ったクロという同名の愛犬を喪った私には、主人公の悲しみが身に染みて、涙なしでは読めなかった。ありふれた題材でも人の心を揺さぶることがあるということだ。

戦禍の格差

久貝徳三の「呪われた集落」は、ドキュメンタリーとなっているが、荒削りながら短編小説としても読める。日本軍の飛行場設置のために土地を接収され、強制移動によって袖山という地域に新しい集落を形成せざるをえなかった村人の悲惨な顛末が語られている。日本軍の命令によって乞食小屋のような掘っ立て小屋に住むことを強制された集落の人々は、敵機の空襲に無防備に晒されただけでなく、戦後も悪性マラリアの猛威に遭い、次々と命を絶たれていくことになる。

戦争の犠牲とは戦闘による戦禍だけではない。また、戦禍は皆が等しく蒙るわけではない。「戦禍の格差」という問題を、新たな視点として提示しつつ、戦後の混乱のなか、マラリアと食糧難に苦しみつつ地獄を生き、死んでいった宮古島の人々の姿が描かれていて、貴重な作品となっている。

津波信雄「清明祭」は、別の個所（『天荒』三十一号）で述べたので詳しくはふれないが、自己中心的な殺伐とした世相が、思わぬ犯罪を引き起こすことを内側から描いた好短編。秋葉原の無差別殺傷事件等、昨今の了解不能な犯罪の背景をも考えさせる、きわめて今日的なテーマ。ただ書き出しは工夫が必要と感じた。内間家の門中の系譜から書き出しているがそれでは冒頭から解説的になる。「朝から空を埋めていた厚い雲は」を先にもってきてはどうだろう。

『うらそえ文藝』第13号垣花咲子の「リセット」は、普通の人がいかにしてストレスを溜め込み、落ち込んでいくかを、主に職場での人間関係の軋みに焦点を当てて描いた作品である。

市役所に勤める一人の女性の生活と日々の心理が、達意な文章で克明に描かれている。ストレスの原因は、窓口に訪れる市民の陰湿な嫌がらせであり、それを眺めているだけの同僚の好奇の目やねたみ、無神経さ、時には善意からくるおせっかいである。同棲している男性との冷めた愛のやりとりもストレスの原因となる。彼女がストレスの暴発から免れ、リセットできたのは、その冷めた愛をもう一度見つめなおそうと心の向きを変えたときである、としているのはきわめて示唆的である。

時代との格闘を

樹乃タルオの「大女の角」が、このほど発刊（七月十五日）された『非世界』十七号で完結をみた。一九六五年に実際に起こった事件―。演習で空から投下された米軍のトレーラーに圧殺されて死んだ少女の惨劇を作品の中に幻想的に取り込みつつ、奇談風に仕上げている。米軍基地として接収された集落の戦前戦後の風習や風俗を浮かび上がらせると同時に、集落に住む少年の畏怖と夢魔と、基地に囲繞された心のざわめきを詩的な文体で絶妙に描きだしている。文中に散りばめられた絵画論も味わい深い。

次は主人公の少年が夢魔に襲われる場面。じっくり味わいたい文章である。

> 案の定、ヤツは僕の首に迫ってきた。薄いシルクの布が前歯の上下の間をスルスルと入ってきたのだ。口中の唾液や喉の奥の粘液が一瞬の内に吸いとられて僕の中で膨らむ。僕はカラカラに乾いたまま意識の懸崖を落ちていった。

琉球大学が主催する「びぶりお文学賞」の受賞作及び佳作三篇を読んだ。作品に特徴的なことの一つは、受賞作を除く三篇が、窓から外を覗く光景から書き出していることであり、(受賞作にも子供たちが他人の家を覗く場面がある)、もう一つはなんらかの形で病んだ人物を主人公にしていることである。閉塞する時代への若者としての文学的感応と言えないこともない。

四篇は甲乙併せ持ちつつ作品としてそれなりの水準を保っているとはいえるが、窓から他人の生活や自己の内面を覗くとき、なんのためにそのようなことをするのかという根本の問いを欠いているように思える。沖国大に米軍ヘリが墜落したとき、抗議をするのではなく、デジカメやケイタイで写真を撮りまくっている学生たちに違和感を覚えたものだが、それに似た感情を今回の作品に覚えたことである。

宮城公子氏は『國文學』〇八年七月号で、目取真俊の暴力を扱った一連の作品をとりあげながら、それは「なお沖縄で集中的に顕在化される『本土』の暴力を問う」ものであり、「その『政治』を不問にして『現在』の『文学』を生産し批評することしかないのであれば結局、日本に『沖縄文学』は要らないのかもしれない」と鋭く指摘しているが、同感である。もっと沖縄や時代と正面から格闘する骨太の作品があってもいいというのが、正直な感想だ。

俳句の系譜

俳句同人誌『天荒』が三十号を発刊。「三十号記念特集」を組んでいる。代表の野ざらし延男氏が、俳句同人誌『無冠』の結成と挫折から『天荒』再生に至る三十年の苦難の足跡を綴っている。氏の論考「新しい俳句の地平を拓く」はきわめて貴重だ。同論考には、俳句を花鳥諷詠の枠に閉じ込め、生きている現実に目を向けず、季語に呪縛された伝統俳句に反旗をひるがえし、「新しい俳句の地平を拓く」俳句の足跡が克明に綴られている。私たちはこの論考によって、これまで知られなかった「超季」の立場に立つ、沖縄におけるもう一つの俳句の系譜の過酷な足取りと栄光を知ることができる。

七月二十一日付で『宮古島文学』創刊号が発刊された。発行人は市原千佳子さん。会員は他に井川彦造、下地ヒロユキ、ただのかよ、上野文子の四氏。宮古には過去『郷土文学』『八重干瀬』などの同人誌が存在したらしいが、十年前に途絶え、現時点では同誌が「宮古島内では唯一の同人誌」だという。百㌻を越える堂々たる内容であり、意欲にあふれている。

宇宙が回る
地球が回る
海が回る　黒潮が回る
すべてが回り動き　すべてが飛沫き
すべては揺籃され
宮古島は
緑の島にしあげられた
両翼をひろげて
黒潮に放された
翔ぶ島
宮古島
わたしたちは宮古鳥
脇腹にたたんだ羽毛で言葉を紡ぎ
心身たぎっている
翔びたい！
わたしたちは両翼をひろげる

おずおず！
どきどき！

（巻頭言）
（7月29日掲載）

大型新人の誕生

大島孝雄「ガジュマルの家」／岡部伊都子「沖縄のこころ」

四月二十九日、終生沖縄を愛した希代の随筆家、岡部伊都子さんが逝去した。享年八十五歳。去る八月十六日に「岡部伊都子さん追悼コンサート」が摩文仁の沖縄平和祈念堂で開かれた。これに先立って岡部さんを偲ぶ会が竹富島と京都でも開かれていて、その日の追悼コンサートは、これらを受けて、追悼会とコンサートを一緒にした形。前半は追悼会で後半が海勢頭豊のコンサート。

呼びかけ人も百四十人余に及ぶ多彩な顔ぶれで、さまざまな分野で活躍する著名人が名を連ねている。それだけ、岡部さんの活動領域の広さを示すものであり、あらゆる領域の人々からこよなく慕われていた方であることを改めて実感させるものであった。

沖縄愛した岡部伊都子

なぜこれほどに岡部伊都子は、沖縄を愛し、沖縄の人々から慕われてきたのであろうか。

岡部さんは沖縄戦で終生癒えない傷を負った人である。許婚者を沖縄戦で喪ったからだけではない。

その人が、出征の間際、「この戦争は間違っている。こんな戦争で死ぬのはいやや」と彼女だけに告白した際、「私やったら喜んで死ぬ」と、叱咤して送り出した「加害の女」としての自分を知ることによってである。以来、岡部さんは、沖縄に対し終生贖罪意識を持ちつつ、反戦、反差別の姿勢を貫いて戦後を生きてきた方であった。

岡部さんに「沖縄のこころ」と題する次のような文章がある。

> 沖縄ほど、深く平和を渇仰する地はあるまいと思う。それは、十四世紀以来、禁武政策をとって刀を棄て、かわりに歌や踊りを士の表芸として貿易立国をはかった時からすでに明らかな土地自身の体質である。その「文治」の沖縄へ、「武断」の薩摩藩が侵攻(一六〇九年)して以来、沖縄は大和《やまと》の一方的な都合によって不幸な運命に歪められた。
>
> 明治の「琉球処分」による王国の廃止と沖縄県の設立。本来は小ながらも独立国として自由な貿易国であった沖縄の歴史が、十七世紀以来悲惨な色彩を濃くしていくのを、加害大和の側にいる者のひとりとして、胸痛くかえりみずにはいられない。(略)
>
> 言語も、古代日本の「万葉ぶり」をのこす沖縄口《うちなーぐち》を禁じ、「標準語」の習得が要求された。小学校、中学校で「方言札」の屈辱を味わった住民は、歌も踊りも誇るべき土着の文化をいやしめられるという、おそるべき差別のなかで暮らさねばならなかった　(『こころ　花あかり』所収・海竜社)

この文から、琉球王国を美化しすぎる、沖縄内の支配構造と内部矛盾を不問にしている、といったことを指摘することはたやすい。だが、大事なことは、岡部さんが自分のことを「加害大和の側にいる者のひとり」として自問し、ポストコロニアリズムの視点で沖縄に向き合ってきたということであり、沖縄に生きる私たちが、その自問に拮抗しうる生き方をしているかを主体的に問い直してみるということである。

このことに関連して佐喜眞道夫氏は、『環』34号の「追悼・岡部伊都子」に寄せた追悼文の中で次のように述べている。

丸木伊里・丸木俊さんの「沖縄戦の図」の前で、沖縄への分断差別の構造を怒り、その事に全く無知である故に、支えてしまっている日本国民。その中の一人である自分のことを、絶唱する様な熱弁で語られました。しかしそれは、「差別される沖縄」に対する厳しい注文でもある様な、ふしぎな講演です。

と。

海勢頭豊の歌の中で、「喜瀬武原」がわけても好きだったという岡部さん。この歌は、沖縄の労働者がもっともラディカルに米軍基地と対峙した様をしっとりと歌い上げた歌である。沖縄をまるごと知る、強靭でたおやかな良心を、沖縄は、また一人喪った。

薩摩侵攻400年

来年は一六〇九年の薩摩の沖縄侵攻から四百周年をむかえる。ここら辺で、小説界においても琉球王統滅亡以降の歴史を背景にした沖縄近代の長編小説が構想されてもいい。

その場合の小説技法として注目されるのが、「マジックリアリズム」である。ガルシア・マルケスに代表されるラテンアメリカ文学が発祥とされる文章技法がそれであるが、目取真俊がその影響を受けていたということを知ったときは驚きであった（『文學界』一九九七年九月号）。ある日突然足が膨れて、指先からしたたり落ちる水滴を兵隊の亡霊が夜毎飲みにくるという奇抜な話で始まる、芥川賞受賞作品「水滴」もまた、その技法を巧みに取り込んでいるわけだ。池上永一の「ぼくのキャノン」なども、同技法を用いて沖縄戦を若い世代なりに捉え返そうとした作品といえる。

歴史見据える眼力

同技法を用いて、十五世紀近代から沖縄返還までの歴史を取り込んで、沖縄の埋もれた歴史を浮かび上がらせようという、壮大な構想で書かれたのが、「第十九回　朝日新人文学賞」を受賞した大島孝雄の「ガジュマルの家」（『小説トリッパー』二〇〇八年夏季号）である。

「ぼくが人間に生まれ変わって、もうすぐ二十四年になる」という書き出しで始まる同作品は、「一九五九年にイシャナギ島でガジュマルを父として、人間を母として生まれ」、「人間として生まれる前のぼくはキジムナーだった」という「ぼく」が語る壮大な幻想的歴史小説である。最初はキジムナーの出生の秘密と十五世紀以後の石垣島の歴史と風土を背景に語りが進行する。いつまでも歳をとらないキジムナーは、数百年の歴史の語り手としては、うってつけのキャラクターだといっていい。次はキジムナー誕生の場面。

雲がとぎれて月の光が差すと、ガジュマルの梢に唐突にぼくはいたのである。得体のしれない衝動が体の底から湧いてきて、幹を駆け降り、地面に並ぶ二つの魚の目玉を見つけるとためらうことなく口に含み、両頬を膨らませながら村の白い道を走った。急かされるように手近な樹に駆け上がり、勢い余って枝の先から空中に踊り出ると、あたりの樹木がいっせいにざわめき、時間の狭間の中にぼくは飲み込まれていった。

アカハチ伝説が語られ、明和の大津波のことが語られ、沖縄戦と復帰運動がキジムナーの口を通して語られる。その中で四十人以上の人物が登場し、いくつもの物語が複雑に交差し、幻想と現実が時空間を越えて入れ替わる。民話があり、伝説があり、歴史上の事件がある。

一九七二年、ぼくは中学二年生だったが、五月十五日に日付が変わった瞬間、サイレンや警笛や汽笛がいっせいに鳴り響き、沖縄が日本に復帰したことを告げた。日本政府から莫大なお金が島に注ぎ込まれ、アスファルトの匂いとともに白い道路がみるみる黒くなって島をぐるりと一周した。押し寄せるであろう観光客たちが思い描く楽園のイメージに合わせるために、仏桑華はハイビスカスに、イカダカズラもブーゲンビリアと改名した。白いホテルが次々と建設され、砂浜には白いデッキチェアが並んだ。

語りという地の文に頼る嫌いはあるが、風刺があり、歴史を見据える冷徹な眼力があり、文明批評の精神がある。そして何より想像力と筆力がある。沖縄文学は、本格的な長編小説を構想しうる大型新人を誕生させたといえる。

（8月27日掲載）

「文学」に突きつけられたもの

楊逸「時が滲む朝」

今年後半期の第百三十九回芥川賞に、楊逸著の「時が滲む朝」が選ばれた。楊氏は中国人女性。中国出身の作家としては、はじめての芥川賞受賞だということで、「新しい越境文学の登場」(『週刊読書人』)と反響を呼んでいる。だが、それと関係なく、久々に読み応えのある上質な作品として、読むことができた。

人間実存にかかわるモチーフ

作品は、一九八九年の天安門事件の前後からその後二十年を時代背景に書かれている。天安門事件とは、自由と民主化を要求して天安門広場に集まった百万に及ぶ学生・市民に対し、中国解放軍が武力で攻撃し、大量の死傷者をだした虐殺事件である。

学生・市民の、それ自体は即時的な要求に過ぎない民主化要求を、国家への叛乱と判断した北京官僚が、共産党専制支配体制の維持・強化のために武力弾圧で乗り切ろうとしたというのが事件の本質である。背景には共産党内の根強い路線対立と、汚職にまみれた北京官僚の腐敗政治がある。

作品はこうした激動する時代の史実を背景に、学生運動に真摯に打ち込む青春群像とその挫折後の二十年のそれぞれが綴られている。集会、デモ、座り込み、ハンスト、演説、討論、当局との団交、そして血の弾圧と逮捕。これらのことが、正面からとりあげられ、その坩堝にいる青春群像の葛藤が生き生きと描きこまれている。

ただ、作品の後半、大学を退学になり、日本に逃亡してあとの主人公の生き方は躍動感を欠いている。日本に移住し家庭を築いて後も、中国民主化の志を持続し、香港返還反対の署名運動をほそぼそと行ったりする。しかし、場当たり的で確たる見通しがあるわけではない。この姿は、闘いに挫折して目標を失い、一介の生活人になった元全共闘世代のリーダーとどこか重なってみえる。

また、彼の理想とする国が、「偉大なる自由民主の国アメリカ」であることを思うと、その無知と無自覚な変質ぶりがいたましい。それはまた、「社会主義」を標榜しつつ、上からの資本主義をすすめる国家資本主義国、中国に対する幻滅の大きさを逆照射するものであると言えるが、しかし、現に連日繰り広げられているアメリカ軍のアフガン、イラクへの殺戮攻撃がみえないのか、といいたいのである。また、「昔のことを思い出し、涙を堪えられなかった」、「まぶしい光が四人の顔に注いだ」といったおかしな表現があったりする。

だが、それでも、ここにはまぎれもなく、日本の小説が忘れかけて久しい課題が書き込まれている。国家とは何か、社会変革にかかわるとはどういうことか、人は何のために生きるか、在日中国人の抱えている課題とは何かといった人間実存にかかわる骨太のモチーフが取り上げられているのである。

的外れの評評

ところで、選考委員の評価は真っ二つに割れたという。

宮本輝は「類型的な風俗小説」だと否定する。また、「文章の力というものが評価の重要な基準と考えている」として、「唾を飲み込んで『ゴックン』などと書かれると、もうそれだけで拒否反応を起こしてしまう」と、楊氏の文章力に疑問を呈している。

だが、「文章の力が重要」であるということはそうだとしても、それを重視するあまり、何のために書くかという根本を軽視しているとしか思えない。「ゴクリ」とすべきを、「ゴックン」としたぐらいで拒否反応を起こし他のもっと重視すべき点を無視されたのではたまったものではない。文の達人を誇示したい大家の奢りがぷんぷんする。「荒削りではあっても、そこには書きたいこと、書かれねばならぬものが充満している」と評する、黒井千次の言葉に耳を傾けてはどうか、と感じたことである。

石原慎太郎は「人生を左右する政治の不条理さ無慈悲さという根源的な主題についての書き込みが乏しく、単なる風俗小説の域を出ていない」と切り捨てているが、この評も、作品を読み損ねたとしか思えない。

主人公の青年は厳しい受験をくぐって、大学に入学する。学問への意欲にあふれ、家族の期待を一身に受けての進学である。特に、父親は、北京大学哲学専攻のエリート学生として将来を嘱望されていながら、当局から「走資派」と見なされて辺鄙な農村に「下放」され、学問への道を断念させられた経緯があり、その父が成し遂げられなかったことへの期待がかかっている。それが、学生運動に熱中して弾圧され、政治に裏切られる。自暴自棄になって暴れ、傷害罪で逮捕され、退学になる。親子二代が、政治に翻弄されて、運命を狂わされたわけである。

それは主人公だけではない。民主化運動にかかわった多くの学生がそうであり、彼らに多大な影響を与えた大学の教授も、大学を追放され、亡命を余儀なくされるわけで、まさに「政治の不条理さ無慈悲さを」描いた内容になっているはずなのである。

「大きな物語」への挑戦

選評として一番ひどいのが、村上龍である。さんざん酷評したうえで、「『時が滲む朝』の受賞によって、たとえば国家の民主化とか、いろいろな意味で胡散臭い政治的・文化的背景を持つ『大きな物語』のほうが、どこにでもいる個人の内面や人間関係を描く『小さな物語』よりも文学的価値があるなどという、すでに何度も暴かれた嘘が、復活して欲しくないと思っている」と。

おそらくこれは、「主題の積極性」とか、日本の文学は社会性を失って私小説に転落したといったような、ひところ交わされた論議の再燃へのアレルギー反応からくる予防線のつもりかも知れない。あるいは、最近、ワーキングプア、プレカリアートと呼ばれる新たな貧困層の間で小林多喜二の『蟹工船』、葉山嘉樹の『海に生くる人々』などプロレタリア文学がブームを呼んでいることへのけん制の意図があるのかも知れない。

これらは「政治的・文化的背景を持つ」作品であり、虐げられた労働者と過酷な労働の実態が書き込まれている。そして、今では「死語」になりつつある、労働者階級のストライキや連帯の可能性が描きこまれている。これら戦前の作品がブーム（東京上野の一つの本屋だけで週二百三十冊、五十万部近くが売れており、また、今も、新潮文庫売り上げの上位を占めているという。『文藝春秋』九月号）を呼ぶというのは、それだけ今の作品にこれに匹敵する作品が出てないということを意味するわけで、現代作家は「大きな物語」に、大いに挑戦すべきなのである。

ただし、これらプレタリア文学のブームをおのれの党の右翼的変節を省みずに、組織拡大の眼から、我田引水的にぬか喜びする動きがあるがそれはあたらない。なぜなら、これらの作品は、資本主義そのものの矛盾にあえぐ貧困の実態を抉っているのであり、「よりましな資本主義」を願望しているわけではないからである。

村上龍の、現実と乖離し、倒錯した批評に比して、この作品を絶賛し、もっとも適切な評を展開しているのが、高樹のぶ子である。


久しぶりに人生という言葉を文学の中に見出し、高揚した。四十年前、このように必死で社会や国について考え議論し、闘い挫折し変節した青春があった。それを描く文学風土があった。（略）今、『カラマーゾフの兄弟』や『蟹工船』が読まれているのだとか。プレカリアートの増加に伴い、文学が実存の切実さに向かってやがて大きく流れを変えていく可能性もある。（略）今回の受賞が日本文学に突きつけているものは大きい。

無論それは、沖縄の文学にもより大きく突きつけられている。

（9月30日掲載）

沖縄の共同体意識問う

照井裕『さまよえる沖縄人』／与並岳生『舟浮の娘』

道州制問題が具体性を帯びて論議されるなか、沖縄人のアイデンティティー、共同体意識ということについて、改めて考えさせられる体験をした。

八重山の文学仲間と交流し、さらに竹富島まで足を延ばして、種子取祭《タナドゥイ》を見学することができた。

種子取祭は九日間にわたって行われるらしいのだが、もっとも祭りとして沸き立つのは七日目と八日目の奉納芸能が催される日の二日間である。

今年は十七、十八日がそれにあたる。島に着いて驚いたのは、島全体が祭りに彩られて、祭りに関係する以外の島の機能が全部ストップしていることである。

祭り会場となった御嶽の広場だけが祭り一色で一日中沸き立っている。八十種目余の演目があり、祭りに合わせて島人や島を離れた郷友が全国各地から参集し、いずれかの演目を演じて祭りに参列する。

打算のない温かみ

太宰治の「津軽」に次のような光景がある。

私は呆然とした。こんな気持をこそ、夢見る気持というのであろう。本州の北端の漁村で、昔と少しも変わらぬ悲しいほど美しくにぎやかな祭礼が、いま目の前で行われているのだ。（中略）本州の北端の寒村で、このように明るい不思議な大宴会が催されている。古代の神々の豪放な笑いと闊達をこの本州の僻村に於いて直接に見聞する思いであった。

太宰の文は、戦争のさなかにあってなお、津軽の寒村で催された運動会を観ての感嘆の様を綴ったものであるが、種子取祭に接した私たちは、首里王府の圧政に耐え、地獄の沖縄戦を潜ってなお、島の伝統芸能を絶やさず演じる島びとのエネルギーに、ただただ、呆れるほどに感動し、圧倒されたのである。

祭りの全体をリードしているのは島のお年寄りである。種々の演目の重要な核をお年寄りが担い、当日の見物席の上座を長老たちが占めている。御嶽に祈願する神司も、ユークイ（世乞う）の先頭でドラを打ち鳴らすのも古老たちであり、ユークイの道歌を先導するのも男女の古老たちである。お年寄りが輝き、敬われているのだということが他所からきた者にもひしひしと伝わってくる。古老を中心に、島の子どもたちや若者たちが、一体となって祭りを盛り上げているのである。

祭りに訪れた見学者が祭りを通して実感するのは、打算のない、祭りという非日常に注ぐ底知れぬエネルギーへの驚嘆であり、都会人が忘れて久しい、よそ者をも無差別に歓迎する島人の人間的ぬくもりであろうか。それに対し、島びとが体感するのは、島の文化への誇りと共同体としての一体感であるに違いないと思えたことである。

琉球王府の圧政と貧困であえいできたこの南島の縁に位置する集落で、なぜ、これほどの芸能文化が隆盛を極め、今日まで伝承されているのであろうか。

豊穣を祈願するのが種子取祭の趣旨なのであるが、そこには、逆境にありつつも、いやだからこそ、その趣旨を超えて、島びとの共同体意識を強め、それを芸能を習熟するエネルギーへと反転させてやまない島びとのしたたかな知恵が、島中に放射されていると感じたことである。

戦前移住民の精神

沖縄人の共同体意識ということに照準をあてて奇想天外な物語を展開して見せたのが、照井裕の『さまよえる沖縄人』(文進印刷出版部)である。

物語は、三人のタクシー運転手の身代金誘拐計画から始まる。

長期にわたる緻密な計画と用意周到な準備の結果、完璧に落手するはずだった六億円の身代金。だが、犯行成就の間際、首謀者の金子は何者かに拉致される。拉致したのは、南米大陸のど真ん中に位置するボロビア共和国の中で、「ボロビアうちなあんちゅ会」を結成しているグループである。彼らはうちなぁんちゅの同胞としての共同体意識を紐帯にして、全世界に散らばっている沖縄からの移住者を束ね、協力しあう〈うちなぁ村〉を構想し、実現しようとしている。彼らが依拠しているのが、戦前からボロビアに移住してきた、戦前移住民の基本精神である。

我らボロビア在住の沖縄出身者は、（略）信頼に欠く大和民族の言葉によって自らを呼称することはやめ、自らを自らの母語によって沖縄人《うちなあんちゅ》と呼び改めることとした。（略）日本から捨てられてアメリカ軍の蛮行に泣き暮らす沖縄《うちなあ》の同胞を救うべく、このボロビアの地に彼らを呼び寄せ、沖縄民族の理想郷〈うちなぁ村〉の建設に全てを注ぐ決意をした。

と。

このような構想の下に、彼らは具体的に、日米両政府を巧みに利用しつつ、うちなぁんちゅ独自の財政基盤をつくり、うちなぁ村建設を進めているのである。アメリカ大陸の都市区域はもちろん、南米奥地の密林地帯にまで網の目のように連絡網を形成している。この奇想天外ともいえる構想は、南米移民の過酷な史実を叙述し、密林風景のリアルな描写が克明に描きこまれることによってリアリティーをもって読者に迫ってくる。

ここで展開される物語はパロディーではない。政治も経済も日常生活もすべてが米軍基地にまみれ、軍事基地と日米両政府のくびきにつながれることなしに沖縄の未来はないと思い込んでいる私たちの怠惰な精神に、ボディーブローを叩き込み、その痛撃によって、読者に、沖縄の未来を豊かに描く想像力を喚起してくれるはずである。

ただ、作品は、身代金誘拐事件と移民の歴史や沖縄独自社会建設の問題が接木され、つながりに無理がある感を受ける。別個の作品として独立させた方がいい。

永遠の思い出胸に

秘境西表島の自然豊かな舟浮村を背景に、薄幸の少女とのはかなくも哀しい出会いと別れを、抒情あふれる美しい文体で書き上げたのが、与並岳生の『舟浮の娘』（新星出版）である。ふとしたきっかけで西表島の舟浮を訪れることになった大学生の「彼」は、そこで、老人とひっそりと暮らす少女「玉乃」と出会うことになる。

ちょっと入ると、清水が湧き出しており、大きな岩の水受けがある。

玉乃は彼を振り返ってから、チョロチョロと涼やかな音を立てて湧き出てくる水を両掌に受けて飲んで見せ、

「おいしいよ、飲んで見て」

というように、彼に会釈を送った。

彼は玉乃の側に寄って、両掌に湧き水を受け、冷たく澄んだそれを、しゃがんで飲んだ。キュッ

と引き締まるような冷たさ。ごくんと飲み下すと、はらわたに冷たさがしみ通る。
「うまい!」
彼は叫んで、しゃがんだまま玉乃を振り返った。

少女は目が見えず、耳も聞けなかった。文字も知らない。幼児のころ熱病を患い、薬もなく、医者もいない秘境の地の宿命を背負って生きていた。母もマラリアに罹患して白痴となり、戦争のどさくさの避難先で何者かに孕まされ、玉乃を産んで凄惨な死を遂げたのだという。

戦死だけが戦争犠牲者ではない。戦争は、こんな置き去りにされた秘境の地をも、見逃すことなく犠牲者をつくっていく。

二十歳を迎えた年、はやり病に罹った少女は、「彼」とのひとときの、しかし、永遠の思い出を胸に秘めて、ひっそりと死んでいったという。

照井の作品がさまよえる沖縄人を描いた〈動〉であり〈面〉であるとすれば、与並の作品は秘境の少女のはかない生を扱った〈静〉であり〈点〉である。そして、両作品とも、沖縄人のアイデンティティーを扱い、その来し方と行く末を問いかけているといえる。

（10月30日掲載）

首里城舞台に王朝絵巻

池上永一『テンペスト』

十月三十一日、航空自衛隊の田母神俊雄航空幕僚長（当時）が「わが国が侵略国家だったなどというのはまさにぬれぎぬ」と、日本の過去の戦争を肯定し、政府の見解にも反する論文を発表して更迭された。こうした旧日本軍将校の亡霊かと見まがうようなファシスト的妄言が自衛隊最高幹部の口から発せられるのを聞くにつけ、時代は危険な曲がり角を曲がりきった、と戦慄を覚える。だが、驚くべきなのは、この妄言に対し、政府が懲戒処分を下すどころか、六千万円の退職金を支払って無事定年退職させ、それが許されているという事態である。

記憶の謀殺を指摘

『記憶と沈黙』（毎日新聞社刊）『言葉と死』（同）などを相次いで刊行してきた辺見庸は次のように述べていた。

「われわれの現代史はアジアへの侵略と不可分なのに、その記憶が引きはがされる。南京虐殺も従軍慰安婦もなかったことにされる」（本紙〇七年六月四日）と。田母神氏の強弁は、その典型。この厚顔無恥の手法を用いて、軍命による沖縄戦の「集団自決（強制集団死）」が歴史教科書から削除され、住民のスパイ視虐殺が隠蔽され、歴史が偽造されていく。まさに記憶の謀殺であり、「記憶を受け継ぐ子どもたちにとって、これほど無残なことはない」のだ。

十月三十一日の「集団自決」訴訟に対する大阪高裁の判決は、歴史の改ざんに一定の歯止めをかけたといえるが、沖縄戦を体験した多くの生存者が記憶を語り継ぎ、証言しているにもかかわらずこれを無視し、なかったかのように歴史を捏造する国家的詐欺が公然とまかり通るこの国にあっては、長い歳月が経ち、歴史の証言者も絶え果てるとき、「記憶」は永遠に葬られるしかないのであろうか。

来年は、薩摩の琉球侵略から四百周年にあたる。もはや誰も薩摩による琉球武力侵略を記憶にとどめている者はいないし、琉球・沖縄がかつて王国として五百年の栄華を築いていたという歴史を実感をもって語る人もいない。だから、生まれてこの方、当たり前のように米軍基地と同居させられ、日本に「復帰」して以降の沖縄県しか知らない若い世代にとっては、琉球王国が存在したということ自体、おとぎ話の世界としか感じられないことであろう。

一大スペクタクル

池上永一の長編『テンペスト』（上・下巻。角川書店）は、こうした琉球王朝の埋もれた歴史と記憶を掘り起こし、豪華絢爛、荒唐無稽、驚天動地、疾風怒濤のど迫力で、琉球王朝の一大スペクタクルを現代に呼び込んだエンターテインメント作品である。

本人は「沖縄を意識して書いたわけではない」としているが、どうしてどうして、沖縄をこよなく愛する熱源から生まれた傑作である。本著は発売と同時に各方面から絶賛され、十万部を突破するベストセラーを続けているのは周知の事実。作品に触れた人はいやがうえにも、琉球人の誇り高い生き方と文化に圧倒され、誇らかな気分に浸るはずである。

琉球王国の栄華と悲惨、愛と憎しみ、渦巻く陰謀と奇策、栄光と転落。躍動する青春群像を登場させつつ、韓国ドラマにも劣らぬ巧みなドラマ展開で息もつかせぬ場面が荒れ狂う嵐のごとく次々と繰り出され、物語は、最後まで波乱万丈のまま進行する。それはあたかも、テンペスト（＝嵐）にのたうつ龍のごとき迫真性を帯びて読者に迫ってくる。その感動に促迫されるままに筆を進めたいところであるが、ここでは、いくぶん角度を変えて、この作品のもつ意義について論評してみることにする。

誇り高い国を描く

一つは、琉球王朝末期の首里城を舞台に設定することによって、琉球・沖縄がかつてはまぎれもなく、一つの独立した王国であり、高い教養と優れた文化を持つ誇り高い国であったことを史実を織り込みつつ浮かびあがらせていることである。

王がおり、王妃がいる。王国の頭脳としての政治・外交の中枢たる評定所があり、絢爛たる側室らの伏魔殿の御内原（大奥）があり、王宮のノロを束ねる聞得大君を中心とした神事の世界が存在する。

これら三つの世界の攪拌を抱えつつ、他方、清国と薩摩の二重支配と対峙し、加えて近代化を背景とした列強の強圧に立ち向かう琉球王朝末期に生きる人物らの生きざまが、生き生きと描き抜かれている。

彼らは、清国、日本、アメリカ等、大国の支配欲望にさらされながらも、それに屈せず、美と英知と優れた外交術を駆使して、琉球・沖縄独自の歩むべき道を模索し続けたのである。

そのことによって、薩摩の琉球侵略とその後のヤマト政府の沖縄統合の不当性をあぶりだすだけでなく、今日の日米政府による米軍再編の不当性をもまた、照らし出しているのである。

このことと関連して二つは、全編に配置された「候文」と「琉歌」の放つ高度な知性と情感の豊饒についてである。漢文でしたためられた候文は、当時のヤマトの学問文化の最先端の象徴としてあり、琉歌は屹立する琉球文化の象徴として配置されている。主人公寧温が、ヤマトの候文を自在にこなすとき、それを極めた高い教養の持ち主であることを示しており、琉歌を自在に詠みあげるとき、詩情豊かな琉球文化のすぐれた担い手であることを示している。

ひときわ目立つ太文字で、全編にくまなく配置された百首にも及ぶ琉歌は、作品に豊かな詩情を醸し出しているだけではない。短歌や俳句に代表される五七調ないし七五調のリズムと美意識に、琉歌八八八六のリズムと美意識を昂然と提示し、そうすることで、天皇制に通じる日本ヤマトの文化と伝統的美意識を相対化し、それに与しない琉球文化の存在を誇示して見せているのである。

また、幼少年期を八重山で過ごした作者は、第十章「流刑地に咲いた花」を導入することで、八重山の歴史と首里王府への独自の位置を設定し、王朝支配の負の側面を照射することも忘れていない。

気になる点がないわけではない。一つは、御内原を描く際の女性の戯画化。評定所における男の世界がギャグなしで描かれているのに比して、女性の世界があまりに見栄や嫉妬で張り合うというレベルで戯画化されている。

最近はひと頃と違って、「水戸黄門」やサスペンスドラマにもギャグが挿入されている。大学祭などでもお笑いとセットで基地問題が扱われている。お笑い全盛の時代にあっては、国の在り方を問い、人の生き方を糺す重いテーマを内包した小説においても、ギャグ抜きでは成り立たないということであろうか。

時代に翻弄される琉球王朝のために全身的に生き、その独自の未来を切り開こうとした孫寧温＝真鶴の純愛の相手が、琉球処分を執行した薩摩武士・雅博である点が示唆的だが、では寧温のめざしたのはなんだったのか、と考えたとき、にわかに納得できない設定である。

戦争も日常の延長

『新潮』十二月号に掲載された大城立裕の「あれが久米大通りか」は、戦場を彷徨う被災者の一週間ほどの出来事を描いた好短編である。戦場で出会った男女が、砲弾の中、足の踏み場もないほど死体が転がる戦場を、摩文仁から西原を経て那覇の久米までたどる。

このように書くと、戦争被災小説の一つと思えるのであるが、そうではない。男と女は男が金貸しの債権者であり、女が債務者の妻であって、男は、砲弾飛び交う戦場にあって、戦争以前に貸した金をどのように取り立てるかを思案し、女は、どのように返済するかを苦慮している。二人は、借用証の入った金庫の無事を確かめるために男の家のある那覇へ命がけで向かうのであるが、ここには、庶民にとって、戦争も日常の延長でしかないという恐るべき事実が、内側から描き出されている。

「テンペスト」にも「国は滅んでも民は生きる」と主人公が言い放つ場面が終章にあるが、国の存亡と関係なく、日常の延長のように、戦後を生きていかんとする民の姿は脅威である。

「テンペスト」では琉球王国消滅後、社交界の花として生きる真美那と、女として母として生きる決意をする真鶴が、それを示している。

（11月30日掲載）

大城立裕氏の「テンペスト」評

厄介なことになった。先月の文芸時評で池上永一の小説「テンペスト」を取り上げて、作品の出来栄えを称賛し、その意義について評したばかりだというのに、芥川賞作家の大城立裕氏が、十二月八日付本紙文化面でその作品の全面否定とも取れる酷評をしているからである。それだけではない。大城氏の評を読んだ佐藤優氏が、「専門家の立場からの真摯な問題提起だ」と、大城氏の評を推奨しているのである（十二月十三日「琉球新報」）。佐藤氏は、「大城氏は厳しい言葉を用いているが」「若い世代への愛情だ」としているが、大城氏の評は、そのような生ぬるいものではない。著者の表現活動をこきおろし、作品そのものを全面否定しているのである。

沖縄の知識人にも批判

借用の旨をことわった「あとがき」もないから、盗用とも言われかねない。（略）著作権侵害の問題がないとはいえ、琉歌美学の尊厳と先行歌人の名誉を侮っている。

なのに、これがヤマトでも沖縄でも褒めちぎられている。情けなくなった。著者は半端な知識で欺瞞的に背伸びをしている。それをヤマトの人が褒めるのは、(略) 可愛いけれども、正直なところ、知ったふりで間違った情報を流さないでと言いたい。が、最大の問題は沖縄の知識人である。

「いま、八八八六(サンパチロク) 文化の危機に直面していると、訴えざるをえない」等々。沖縄の文学と文化を担う第一人者として自他ともに認ずる氏の頑強な自負からくる発言であり、思わず襟を正したくなるのだが、どうも、違和感が残る。

この作品のドラマ構成の出来栄えや読み応え、ベストセラーとして読まれ続けている秘密、キャラクターと発想の斬新さや沖縄文学に占める位置はといったようなことを、大家の立場から批評してくれてもよさそうであるが、そのような発言は一言もない。

「いま評判の池上永一著『テンペスト』を読んだ。評判どおり、琉球王朝末期の歴史を題材にした話の筋立ては面白いものの、(略)」。

評価らしいことと言えば「話の筋立ては面白い」とつけたし的に述べて、ただそれだけ。あとは、すべて否定している。

大城氏の批判の視点は二点である。一つは作中の琉歌に分かち書きの誤りがあるということであり、あと一つは、琉歌に無断借用があるということである。このことは、「琉歌美学の尊厳と先行歌人の名誉を侮っている」ことであり、このような誤った情報を流すことはサンパチロク文化の危機をもたらすものだと容赦なく断じている。

意図的な分かち書きの可能性

まず、一つ目の、分かち書きの誤りについてである。

「この著者は琉歌をよくは知らずに真似事で書いている」「古典琉歌集の琉歌表記はみな歴史的仮名遣いになっているので、（八八八六の）韻律を読みとりかねて分かち書きを誤ったと見える」と。

指摘された作品は二首であるが、たしかに、サンパチロクの韻律に合わない歌がほかにもある。ただ問題は、この分かち書きの誤りが、琉歌韻律への無知からきたのか、ということである。百首近くの歌の中で該当すると思えるのは十首足らずであって、後は、サンパチロクの韻律に即した分かち書きになっているわけで、「琉歌をよく知らずに真似事で書いている」と決め付けるには抵抗がある。

というのは、分かち書きのおかしい歌のなかには、《つながらぬ里と知りなげな／朝夕恋の糸縄の我肝せめて》のように、意図的に意味性で切ったと思える歌がいくつかあるからである。それに、もともと分かち書きというのは、作者の主観にゆだねられている面がある。詩歌において意味性とリズムが緊密に結びついていることは確かだが、主観で自由に区切っていいし、読む人が、分かち書きに惑わされずにサンパチロクの韻律で読めばいいのである。

現代詩などにおいても、意味性や韻律を無視した分かち書きを行う例はよくあることである。これらは、破調によって、固定化したリズムを揺さぶり、変化を与え、言葉に既成の意味性以外のふくらみをもたらす効果をねらってのことである。

あるいは、次の学校唱歌はどうであろう。

卯の花の　匂う垣根に
ほととぎす　早も来鳴きて
忍び音もらす　夏は来ぬ

有名な佐々木信綱作詞・小山作之助作曲の「夏は来ぬ」の歌詞である。これは「卯の花の匂う　垣根に」と八四書きしたのもある。私たちの世代なら小学校の音楽の時間に習い、歌詞と共に今でも口ずさむことのできるお馴染みの歌である。意味の上から分かち書きすれば、右のように五七五七七五になろう。

しかし、歌うときは、分かち書きを無視して、「う～のはな～、のにおうかきねに～、ほ～ととぎ～、すはやもきなきて～、しの～び～、ねも～ら～す、なつ～は～きぬ」となり、意味も分からずに覚えて歌っていた。「のにおうかきねに」「すはやもきなきて」「ねもらす」などと、詩の内容を無視して曲の韻律に沿って歌っていたわけだ。

この歌の意味が「卯の花の匂う垣根に…」というように、本土の関東・近畿地方の夏の到来の季節を詠んだ歌だと知ったのは、ずいぶん後のことである。このような唱法は、最近の若い人たちの歌う流行歌にもよく見受けられるわけで、むしろ、その歌詞と韻律の跛行性を楽しんでいる感さえ受けるほどである。

要するに、分かち書きのあり方によって、琉歌の韻律そのものが破壊されるわけではないということであり、「サンパチロク文化の危機」というのは、ちと、大袈裟ではないか、ということである。サンパチロク文化の危機をいうのであれば、現象的なリズムの乱れではなく、リズムを生む生活基盤の変質をこそ見るべきで、戦後六十余年このかた、居座り続けている米軍基地と基地を容認する沖縄人の基地依存体質こそが、琉球文化の危機を招く最大要因にほかならないのだというべきであろう。

揺るがない価値

二つ目の、作中の琉歌に古典琉歌集からの無断借用があるということについてである。これについて大城氏は、著者の池永氏だけでなく、それを見抜けずに褒めちぎってばかりいる地元知識人のふがいなさにも言及している。

無断借用を看破した大城氏の眼力はさすがだが、琉歌に通暁してない者にまでそれを求めるのは酷なことである。私自身について言えば、作品の問題点についても論及したつもりであり、褒めちぎったただけではない、とはいえ、おのれの未熟を恥じいるしかない。また、「候文」についても同様の無断借用がありはしないかと疑念を抱いてしまうのだが、いちいち指摘できるほどの余裕も素養もない。

もし指摘されるような「無断借用」が他にもあるのであれば、著者はすみやかにその出典を明らかにし、釈明すべきである。

一般的に「無断借用」とは即ち、剽窃であり、盗作である。今回も盗作となれば、「先行歌人の名誉を侮る」行為であって、他人の表現を盗むことで相手の魂を汚し、おのれの魂をも卑しめる行為だということになるが、そうではあるまい。今回の場合、作中人物の詠む琉歌の中に無断借用があるということであって、作者が他人の作品を剽窃し自作として発表しているわけではない。

佐藤優氏も説くように、『『テンペスト』が沖縄と内地の相互理解を深化させる役割を果たしていることは間違いない」わけで、日本の王統文化を冶金し、圧倒的構想力と筆力で琉球人と琉球文化の気高さを世に問うた著者の業績と本書の価値は、盗用云々によっていささかも揺らぐものではない。

（12月25日掲載）

2009年

又吉栄喜「テント集落奇譚」 ル・クレジオ「逆説の森のなかで」 あさきゆめみし「アンナへの手紙」 渡久地美樹子氏「黒い星」 山城正夫「野ざらし延男小論」 野ざらし延男「米軍統治下27年と俳句①」 三浦加代子「碧梧桐を通して見た沖縄」 納富香織「50年代沖縄における文学と抵抗の『裾野』」 仲宗根將二「戦後初期宮古の文芸活動」 吉本隆明『貧困と思想』 美里敏則「ペダルを踏み込んで」 シリル・ネザマフィ「白い紙」 又吉栄喜『猟師と歌姫』 宮城松隆「避難」 トーマ・ヒロコ「6・23×4」 栄野川安邦『小説 太陽と瓦礫』 安仁屋弘子「濤華の涯」 下地芳子「マニキュア」 美里敏則「遺された家族」 比嘉野枝「ウオーキングシューズ」 垣花咲子「これからの町へ」 永吉京子『若葉萌ゆ』 又吉栄喜「風の御言」 神矢みさ『大地の孵化』 松永朋哉「ゴーヤーチャンプルー」 山原みどり「緑の扉」 田中眞人「島尾敏雄論」 名護宏英「らぶれたー」 池澤夏樹『カデナ』 三浦加代子「俳句と趣味」 岡井隆『私の戦後短歌史』 村上呂里「『オキナワの少年』を探る」 宮城公子「『沖縄文学』とはどういう問いか」 小野里敬裕「戦後沖縄小説概観」 野ざらし延男「季語と俳句文学の自立」 野ざらし延男「米軍統治下二十七年と俳句②」

閉塞状況　現代と二重写し

又吉栄喜「テント集落奇譚」ほか

今世紀ホタルは声を出しますよ　谷口慎也

右の句は、福岡で『連衆』という短詩型文学誌を発行し、俳句文学の未来を追求する谷口慎也の句集『俳諧ぶるーす』（文學の森）の中の一句である。

年末年始の首都東京の日比谷公園は、「派遣切り」「雇い止め」で職と住居を失った人々が、食事と寝場所を求めて長蛇の列をつくった。寒空に放り出された人々は、ボランティア団体や労組が急造したテントの派遣村で新年を迎えた。戦後いかなる不況にあっても現出したことのないこの悲惨な光景は、今日の日本がいかなる事態にあるかを示す象徴的光景であり、終戦直後の避難民収容所か大災害の避難所以外には目撃できない衝撃的光景である。

プレカリアート運動を推進する作家の雨宮処凛は、『國文學』一月号で、「なぜいまプロレタリア文学か」と題する巻頭インタビューの中で、「生きられないから連帯しよう、団結しよう、声をあげようということをしています」「高度経済成長期以降、ありえなかった運動がはじまっていると思うんです」と述べている。

顔出した日本の危機

また、『中央公論』八月号で「秋葉原事件を生み出した時代――〝非正規〟の怒りは臨界点に達した」と題する対談を雨宮処凛と行った佐藤優は、秋葉原事件について、「日本社会の救いようのない危機が具体的に顔を出したんだという認識を、少なくとも為政者や財界のトップは持つべきです」と述べ、容疑者の書き込みが「『罪と罰』の主人公、ラスコーリニコフの発想にそっくりだということ。格差がものすごく拡大した十九世紀ロシアでは、ニヒリズムが蔓延します」と指摘し、秋葉原事件を単なる刑事事件ではなく、「思想事件」としてとらえている。

一月二十日、アメリカに黒人系の新大統領が誕生した。当日、ワシントンの米連邦議会議事堂前広場は、新大統領の誕生を祝う約百八十万人の民衆で沸き返った。このことは長きにわたって抑圧されてきた黒人層や貧困にあえぐ民衆の声が、自らの希望を託して黒人の大統領を生み出した一面を示しているといえる。

啼かないはずの「ホタル」が声を出したのだ。

だが、「百年に一度」といわれる米国発の経済危機ともあいまって、時代の閉塞状況に鬱屈したエネルギーは、そのあるべき方向性を指し示しえないとき、悲惨な暴動や無差別殺人として反転し、暴発するしかない。イスラエルのガザ攻撃を座視することで容認したオバマ新大統領に対し、パレスチナでは早くも不信と失望が広がっているという。

集落での孤立

『文學界』二月号に、又吉栄喜の短編「テント集落奇譚」が掲載されている。

敗戦後一年目の一九四六年の夏、浦添村仲間の、鉄条網に囲まれたテント集落が、物語の舞台である。戦火を生き残った百人余の住人が、米軍が設営したテント幕舎で窮迫した暮らしを営んでいる。食糧も米軍が配給してくれるのだが、当然にしてそれだけでは足りず、住民はいつも飢えていて、生活環境は劣悪な状態にある。その中に、城間御神と呼ばれるほど顔も姿も美しい十九歳の娘がいる。娘は遊女の子で、体も弱いのだが、門番老人と呼ばれる頑強な男が、守護神のようについていて、娘に近づこうとする者たちを寄せ付けない。ところが、品のいい双子の米兵が娘に近づき、装身具や化粧品を貢ぐようになってから、住民たちの娘への嫌がらせがひどくなっていく。米兵は他の住民や女たちには目もくれず、ひたすら娘にだけプレゼントするのだ。装身具欲しさに体を提供しようとしたり、娘を差し出そうとしたりする女たちは、米兵から見向きもされないと知るや、その恨みは妬みとなって娘に向けられていく。集落長は、装身具を食料と交換してあげようといって親切ごかしに娘にすり寄る。それが断られると、「おまえだけあんなに貰ったらテント集落に亀裂が入る」と迫り、「おまえに配給は止める。餓死させてやる」と脅しまつ。また、「これ以上おまえが装身具を独り占めしたらテント集落の住人が暴動を起こしかねない」ともいう。顔にケロイド状の戦傷を受けている友人のK子には「あなたはうちの顔をそっちのけにして、自分の耳や首を飾って、心が痛まないの」と、問い詰められる。娘のテントの周りでは「遊女の子だから、米兵をたぶらかすのがうまいんだよ」と、女たちが毎晩聞こえよがしに嫌味を言う。

娘は日々孤立し衰弱していく。だが病死を待つまでもなく、ある日、住人らによって、ガソリンタンクでできた水溜めの中に、頭を押さえつけられ、顔をつっ込まれて死んでいく。門番老人が埋葬した死体は住人に暴かれ、装身具も略奪される。

ホタルは声を出す

この作品は何を描き出しているのであろうか。もちろん、直接には、終戦直後の、テント幕舎で避難民生活を余儀なくされた住民らの悲惨なありさまを描いた作品といえる。それは、決して、苦境の中で住民同士が助け合い、支えあって生きぬくといった美談ものではない。ここには、極限状況下に露呈する庶民の醜い側面が描きだされている。また、鉄条網で囲まれた閉塞状況下にあっては、ある特定の個所にだけ恩恵を注げば、集落の和がいとも簡単に崩壊し、内部から理不尽な形で亀裂を深めることをも知らせてくれる。

先ごろ、沖縄の大衆運動をけん引してきた全駐労が平和センターを脱退するという衝撃的ニュースがあったが、基地に働きつつも本当は基地を容認するものではないという生きることの苦渋すらかなぐり捨てるとすれば、地域振興のためと称しては、新基地建設を誘導し、美しい自然を破壊して恥じない政治家や財界人と同列に転落するしかない。

生活のため、住人の手で米軍のガソリンタンクに頭を押さえ込まれて溺死させられた美しい娘は、米軍基地建設で辺野古の海で溺死させられようとしているジュゴンなのかもしれない。だが、この作品が問いかけているのはそれだけではない。

私には、作品の「テント集落」が、日比谷公園のテント村＝派遣村とダブって見える。作品の中の鉄条網とそれに囲まれたテント集落はいろんな象徴性を帯びているように思えるのだ。鉄条網に囲まれ、閉じ込められた空間で生活を余儀なくされている住人は行き場を失った派遣労働者にほかならない。明日をも知れぬ極限状況下の鬱憤は、住人同士が助け合って米軍に向けられるのではなく、無力な一人の娘に向けられた。同様に、何の希望も見いだせない派遣労働者の閉じ込められた鬱憤は、派遣会社や資本家・政治家にではなく、歩行者天国で楽しそうにしている一般人に向けられたのだ。

「蟹工船」がブームを呼ぶなかで、プレカリアート運動が組織化され、派遣労働者による労組結成が進んでいるという。このような動きに対し、そこに、時代の大きなうねりを見ることができずに、「蟹工船」のブームは、何らかの商品が突発的に売れるのと同じで、文学の復活にも、政治実践の復活にもならないと笑い飛ばす、柄谷行人のようなオメデタイ大家もいる（『文學界』十一月号の座談会・「『蟹工船』では文学は復活しない」）。

だが、これらの胎動の背後に社会の構造的歪みと軋みを洞察する努力をすれば、殺人を正当化するラスコーリニコフ的思想の発生する土壌を根絶する思想と運動の構築が切に問われているのだということに気づくはずであり、新しい文学の誕生が待たれていると実感するはずである。

今世紀、ホタルは声をだしますよ。

（1月29日掲載）

書かずにおれぬ切実さ

ル・クレジオにノーベル賞／あさきゆめみし「アンナへの手紙」

二〇〇八年のノーベル文学賞は、フランスの作家、ル・クレジオが受賞した。スウェーデン・アカデミーは受賞理由として「圧倒的な文明化の波が押し寄せる中で、新しい出発と詩的冒険、官能的悦楽の書き手であり、支配文明を超えた人間性とその裏側を探求した」と述べている。

効率化や物質的豊かさを追い求めてきた西欧文明が、地球温暖化、環境破壊として露出し、終わることのない戦争がなお繰り返されているなかで、先進国中心の西欧文明にたえず警鐘を鳴らし、植民地主義と戦争犯罪を憎んできたル・クレジオが受賞したというのは、文学による文明への最終警告の意味を持つというべきであろうか。

ル・クレジオといえば沖縄の団塊世代前後の文学青年にとっても懐かしい。一九六〇年代後半、ベトナム反戦、教公二法闘争、B52墜落抗議・ゼネスト闘争と続く政治の季節に、鋭いヌーボーロマンの矢が突き刺さり、政治と文学を論じる青年たちを撹乱した。

ノーベル賞作家の初期作品

激発する事件と政治課題に大衆運動として政治実践が迫られているなか、他方、文学への傾斜が青年を引き裂く。政治が集団を求め実践を追求するのに対し、文学とは個の営為であり、書くとは実践を断念することではないか。「政治とはついに他人の言葉を語ることである」（埴谷雄高）という箴言を苦く飲み下し、政治も文学もといった無謀ともいえる逆説を背負いつつ、翻訳出版された処女作「調書」が衝撃的に読まれ、熱っぽく語られた。

二月に発刊されたばかりの文学同人誌『非世界』で、小説「青首」の執筆を始めた樹乃タルオが、巻頭エッセーでその辺の事情についてふれている。

久しぶりにル・クレジオの名前が脚光を浴びているようだ。懐かしく思ったのは僕だけではあるまい。60年代後半のころだったろうか。それとも70年代に入っていたか。『調書』・『発熱』・『大洪水』・『物質的恍惚』等が文学仲間たちの間で熱く議論されていたものである。

あれから40年。振り子は再び戻って来るか…。書店から、純文学が徹底的に排除されていったのは昨日今日のことではない。今じゃ、そこのけそこのけ商品が通る。……これだけ、文学が俗化された時代に、果たしてル・クレジオの、それも初期作品たちは書架に並ぶことがあるのだろうか。

絶版になった初期作品がノーベル文学賞受賞を機に再版され、さすが首都圏あたりの書店では店頭に平積みされているらしい。私も県内で買い求めようとしたのだが、どの書店もさっぱり。県内書店はノーベル文学賞なんてまったく無縁だ。それではと、近隣図書館を捜したのだが件の初期作品はどこも皆無。

私の住む沖縄市の市立図書館などは詩や短歌、俳句などの月刊誌はもちろん、『文學界』『群像』『すばる』といった月刊文芸誌すらおいてない。純文学が排除されているのは書店だけではないようだ。

人はなぜ書くのか

『すばる』三月号に、ル・クレジオのノーベル賞講演「逆説の森のなかで」が全文掲載されている。作家は「人はなぜ書くのでしょうか」という問いから講演を始めている。

作家はこの中で、飢えた人々のためにこそ書きたいと思うのに、充分に食べ物のある人々しか文学を読まないという逆説についてふれ、この「逆説の森」（スティーグ・ダーゲルマン）の領域こそが文学の領域であり、芸術の領域なのだと述べている。

証言・記録としての文学もあれば、現実に介入し状況と人々の精神を変えることを志向するアンガージュマンとしての文学もある。『言語にとって美とはなにか』は著名な作品だが、これを文字通りに受け止めて言語に美があると信ずる人は、文学作品ではなく辞書でもめくればいい。

語彙としての言語そのものに美が存在するのであれば、表現主体としての作家はいらない。作家という書く切実さを保持した主体があればこそ作品は書かれる。ル・クレジオは、作家は何よりも言語によって美を、思想を、イメージを創造するためにこそ書く、と力強く主張する。

文学を支配階級の贅沢に供してはならない。ル・クレジオは、言語によって創造された美は人々に等しく享受されるべきであり、そのためには人類史の二つの急務として、飢餓（食べ物と知の）の根絶と識字教育を徹底する必要を説いて講演を締めくくっている。

庶民の過酷な生涯

「おきなわ文学賞」の小説部門の審査評で大城立裕氏が「なぜ書くか」について、ふれている。世界的ノーベル賞作家と沖縄の芥川賞作家が偶然にも時を同じくして、「なぜ書くか」という視点で論評しているのは興味深い。

大城氏は小説の審査で、佳作に甘んじた、あさきゆめみし氏の「アンナへの手紙」を強力に推したという。その理由は、「文章の拙さをこえて迫るものがある」からであり、「作者には、どうしてもこれを書いて、自分の母や姉たちへの思いを伝えたい気持ちを、抑えかねたのであろう／小説を書く理由の原点が、ここにはある」と述べている。

大城氏は『那覇文藝　あやもどろ』十五号（一月発行）にも「やむを得ず書くという功徳」と題するエッセーで、「内面から書きたい衝動をもたない人は無理して書くに及ばない」と同趣旨の論を述べていて、深く共感できる姿勢だと思えた。

ただ、大城氏が、一席受賞作の渡久地美樹子氏の「黒い星」について、「一見軽薄な現代学生の生態を書いたように見えるが、ここには、彼らなりに生き甲斐探しをした様子が見える」と評していることには疑問が残る。

宝クジで一山当てようという学生たちの安易な発想と軽薄さだけが目立ち、書くことの切実さが伝わってこない。それは、なぜ書くか、何を訴えたいかといったテーマ性の希薄さに起因しているように思える。達意の文を綴るすぐれた才能の保持者と思えるだけに、もっと切実な課題と格闘してもいい。

「アンナへの手紙」という作品は、六人きょうだいの末っ子として生まれ還暦を終えた男が、生涯を振り返り、今は亡き母親に当てて書いた私信形式の小説である。母アンナは因習と島チャビの宮古島で農耕に従事し、苦労して子どもたちを育てるが、夫婦げんかは絶えず、子どもたちも仲が悪く、家出をし、離婚し、さらに孫たちも家出と離婚を繰り返しながら子どもをつくるという具合だ。母は夫と六人の子どもたちにかき回され、我慢強く八十七年の人生を終える。

ここには、たしかに、そのように生きるしかなかった庶民の過酷な人生を克明にたどることを通して、生きるとは何かといった普遍的課題が描きこまれている。小説の形式をも無視した粗雑な出来映えだというのに、読後、不思議な感動を覚えた。それはおそらく、書かずにはおれない切実さがこの作品を支えているからである。

（2月27日掲載）

文学史の空白埋める好論

三浦加代子「碧梧桐を通して見た沖縄」／仲宗根將二「戦後初期宮古の文芸活動」ほか

あやまちは繰り返します秋の暮れ　三橋敏雄

3月14日、NHKの昼のニュースを観ていると、「福岡市で桜が開花しました。全国で最も早い開花です」と、登坂淳一アナウンサーが報じている。はてな？　では、1月21日から開かれた第46回「名護さくら祭」は何だったわけ？　たしか「日本の春はここから始まる」というのが、同祭のキャッチフレーズになっていた。多くの日本人観光客が名護のさくら見学に訪れたし、第46回ということは、復帰前の46年前から行われてきたということだ。1972年の施政権返還で沖縄が日本の一県に再編入されてからでも37年になる。それでも、「本土」に桜が咲かなければ咲いたことにはならないらしい。堂々たる沖縄無視の報道が公器のメディアを通して平然と許されているというわけだ。「あやまちは繰り返します」なのである。

桜の開花を報じる同日、政府は自衛艦のソマリア沖派遣を発表した。海賊対策が名目だ。翌日には国会審議すらなされずに広島の呉市から400人の自衛隊が自衛艦2隻で出港。法律は後で作って追認するという。またしてもあやまちが堂々と繰り返されている。筆者には、三橋敏雄の冒頭の句の下句「秋の暮れ」が「悪気の呉」に見えた。

桜滅ぶさてどの闇から身を抜くか　野ざらし延男

空白を埋める論考

このほど、沖縄文学史の空白を埋めると思える論考を相次いで読むことができた。俳句同人誌『天荒』32号掲載の山城正夫氏の「野ざらし延男小論」(前編)、野ざらし延男氏執筆の「米軍統治下27年と俳句(1)」、俳人協会の『俳句文学館紀要』15号掲載の三浦加代子氏の「碧梧桐を通して見た沖縄」、『反復帰と反国家』(社会評論社)所収の納富香織氏の「50年代沖縄における文学と抵抗の『裾野』—『琉大文学』と高校文芸」、そして、『宮古島文学』2号の仲宗根將二氏による「戦後初期宮古の文芸活動」である。

山城氏の論考は、沖縄における「新しい俳句」の地平を追求してきた俳句革新の旗手、野ざらし延男について、その出自と高校時代の文芸活動までたどり、氏の芭蕉俳句との出会いを跡付けつつ野ざらし延男の全体像に迫ろうとする意欲作である。

野ざらし氏の論考は、戦時中および米軍統治下において活躍した俳人とその作品を具体的に挙げながら暗黒の時代を照射し、沖縄の俳句史を検査した文である。時代の暗部を詠みこんだ作品を通して、排除され空白にされてきた時期の俳句活動を知りうるだけでなく、花鳥諷詠の俳句思想が過酷な米軍統治下でいかなる俳句を詠み、時代と無縁でありえたかを逆照射することで、文学とは何かについて改めて考えさせる論考ともなっている。

高校文芸に焦点

三浦氏の論考は、1910（明治43）年の5月、「沖縄観光視察記者団」の一員として来島した河東碧梧桐の活動を丹念にたどることを通して、当時の沖縄俳壇の動向や沖縄の世相を詳らかにした労作である。河東碧梧桐と言えば、当時、「ホトトギス」誌にあって、「新傾向俳句」を提唱し、高浜虚子をしのぐ俳人として高名を拝した作家である。新傾向俳句からやがて非定型自由律俳句へと進む碧梧桐の俳論が沖縄の俳人たちにどのように受け止められ、遇されていたか。そして、彼の目に当時の沖縄はどのように映っていたかを明らかにしていて、興味の尽きない刺激的論考となっている。

納富氏のは、米軍の土地接収に「島ぐるみ闘争」として繰り広げられた50年代の米軍統治下の高校文芸誌を丹念に調査し、そこに表現された高校生の文学と抵抗の足跡を明らかにした力作である。コザ高校『緑丘』、首里高校『養秀文藝』、知念高校『知高文芸』、前原高校『黒潮』、読谷高校『若葉』、八重山高校『学途』、そして全県的文芸誌『高校文芸』等の作品が具体的に取り上げられ、それと『琉大文学』との関係についても論じている。高校文芸に焦点を当てて暗黒の時代の文学を論じた貴重なレポートとなっている。

仲宗根氏の論考は、表題が示しているように、戦後初期の宮古における文芸活動を論述している。宮古で発刊された多くの文芸誌を発掘すると共に、平良好児に迫る業績を残した人物として本村武史の多才な文芸活動を浮き彫りにしている。氏の論考を読むと、これまでの沖縄戦後文学史が本島中心にかたより、宮古・八重山が欠落していたことが分かる（八重山の近現代文学については砂川哲雄の『八重山から。八重山へ。』がある）。

右に挙げた5氏の論考に共通する特徴は、大変な時間と労力によって、埋もれた資料を丹念に発掘し、検証している点である。そのことによって、沖縄文学史においてこれまで不問に付され、空白となっていた未開拓の領域が新たに表象されているのである。

沖縄の近代以降の文学作品を掘り起こし、先駆的に近現代の沖縄文学を研究した第一人者として岡本恵徳氏と仲程昌徳氏を挙げることができる。だが、両氏の研究においてもなお、俳句の分野の検証は不十分である。また、宮古、八重山および、高校生の文芸活動についても、沖縄の文学史の中で正しく位置づけられず空白となっていた部分である。その意味でも今回の5氏の論考は貴重である。ここでは、仲宗根氏の論考についてもう少しみていきたい。

宮古の戦後文学

仲宗根氏の論考によると宮古における戦後の文芸活動の出発は沖縄本島や八重山より早い。

「一九四六年三月、平良好児によって『文化創造』が発行されたのを皮切りに、同年十二月には本村武史らの拠る宮古文芸協会が『文芸旬刊』を刊行している」と。

平良好児と本村武史の両者は自ら創作活動に精進しつつ、文芸の普及のために「生涯を全力疾走した」としている。率先して句会や歌会を組織し、新聞や文芸誌の編集発行に心血を注いだのが両者であった。

平良好児は1973年10月に『郷土文学』を創刊し、死去によって停刊する96年2月の90号まで発行を続けた。8冊の歌集を発刊し、宮古の戦後文学に多大な業績を残した。公園に歌碑が建立され、没後もその功績を称え「平良好児賞」が創設されている。

仲宗根氏はしかし、本稿において、平良好児ではなく、本村武史の歩みに焦点を当てて宮古における戦後の文芸活動を跡付けようとしている。それは氏が、武史について「その苦闘の割には報い薄き生涯ではなかったろうか」と考えてのことである。

「武史は地元紙誌に拠って同好の士を集めて、コツコツと詩、エッセイ、創作に精進していたが、病に倒れ、一九六八（昭和四十三）年十二月、入院先の那覇の病院で死去、多彩だが社会的には余り恵まれない一生を終えている。五十三歳八ヶ月の働き盛りであった」と、痛恨の思いで記している。

給料をはたいてかつお節を買い、それを本島に渡って紙と交換しガリ刷りの文芸誌『文芸旬刊』を創刊したという。武史は創刊号で「文芸人の使命」と題する創刊の辞を次のように高らかに謳っている。

我々は我等文芸人の進むべき方途をここに誤りなく思ひ出して文化島宮古建設のため、文学なんて生活の口質ではないと嘲笑する原始リアリズムと原始マンモニズムに新文化の名に於て闘争せんとする。この意味に於てのみ本誌の創刊は祝福されるべきである。

（3月26日掲載）

生存脅かす〝近代〟

吉本隆明『貧困と思想』／美里敏則「ペダルを踏み込んで」

定額給付金が各地で配布され始めている。65歳以上と18歳以下は2万円、それ以外は1万2千円。総額で2兆円という巨額の資金。国籍に関係なく、2月1日現在で住民基本台帳に登録されている者すべてに支給されるという。大不況の折、まことに有り難い施策、と言いたいところだが、ちょっと待て。うまい話には裏がある。いったいそのように放出できる財源はどこから捻出するのか。百年に一度と言われるほどの世界的大不況のなか、国はどうしてそのような財源を確保できるというのか。国の財源は国民の税金が大半である。朝三暮四。不況のあおりを受けて生活苦にあえぐ国民の声を聞くふりをして、金をばらまき、その分、いや、それ以上の巨費を後で回収するというワナの構図が透けて見えるではないか。それに、「住民基本台帳に記録されている者」というのがクセモノ。どこやらの高級クラブで一晩数百万円の豪遊をする億万長者にも支給される半面、住所のないホームレスや、派遣切りで住居を失った失業者には支給されないという。また、受取人は世帯主なので、夫の暴力から避難するため別居を余儀なくされているDV被害の女性には支給されず、加害の夫が着服することになるとかで、早くも異議申し立てが出ているとのこと。最も困窮している者が支給対象から除外されるというわけだ。1万円前後の収入なんてどうでもいいし、受け取るのは「さもしい」としか思わない者にも等しく税金をばら撒く「平成の愚策」への共犯を、私たちは迫られている。

「本物の言葉」と希望

吉本隆明が『貧困と思想』（青土社）という近著の冒頭でいきなり次のように繰り出している。

この四、五年で、日本の「戦後」が終わり、新しく「第二の敗戦期」とも呼ぶべき段階に入ったのではないか（略）。ですから、今年に入って小林多喜二の『蟹工船』がベストセラーになっていると聞くと、なるほど、とわかるような気がします。（略）

敗戦直後とは要するに、多くの家庭でものを食べること自体が不自由だった時代です。（略）

今の日本はまた、そんな貧しい時代に近づいてきたんじゃないか、と思えるんですね。格差社会、と言われ、給食費や高校の授業料が支払えない家庭が増えてきたことが報じられています。

と。

1924年生まれの吉本は今年85歳の高齢。しかし、ここの発言で見る限り、思想家吉本の眼は健在とみなしていい。いまだ、不発弾被害が頻発し、米軍基地が君臨する沖縄の現実を除外して、〈日本の戦後が終わり〉とする認識には首肯できないが、日本の庶民の貧困の現在と時代の核を、的をはずすことなく捉えていることは確かだ。吉本はさらに続けて述べている。

『蟹工船』を読む若者たちは、貧困だけがつらいのではないでしょう。貧困だけなら、敗戦直後の方がもっとひどかった。（略）

ネットや携帯を使っていくらコミュニケーションをとったって、本物の言葉をつかまえたという実感が持てないんじゃないか。（略）その苦しさが、彼らを『蟹工船』に向かわせたのかもしれません。

日本を敗戦期のような貧困が襲っている。だが貧困だけが、若者を苦しめているわけではない。本物の言葉を持てないことが、若者を苦しめているというのだ。ここで言う「本物の言葉」を「希望」と置き換えてもいい。将来の見通せない不安や、さまざまな重圧からくる時代の生きにくさ、つまり、近代のシステムが若者（若者だけではない）を苦しめているというのだ。

又吉栄喜は、22日付の本紙のインタビュー記事において（聞き手・友利仁）、「最新刊の著者プロフィルには『沖縄の自然・風習を〝近代〟から守りたい』とある」、という質問にたいし、「自然がどんどん壊されていく。その壊していくものを〝近代〟と表現している。そこには人間の越権や欲といったものが詰まって」おり、それと対峙する小説を書くと述べている。

老人と心病む娘

第34回新沖縄文学賞を受賞した美里敏則の「ペダルを踏み込んで」が、4月7日で32回にわたる連載を終了した。8日からは、もう一つの受賞作、森田たもつの「蓬莱の彼方」の連載がはじまっている。

美里の作品は、宮古の寒村で細々とサトウキビを栽培して生計を立てる老人が、精神を病む娘とその娘の子＝孫を抱えて日々を生きる姿を描いた短編である。

一人娘の弘美は高校卒業後、東京に就職するのだが、妊娠して帰ってくる。何があったのか、父親は誰かと質しても頑として明かさず、源一爺さんの反対を押し切って子どもを生む。子どもが生まれると一人で必死に育児にあたっていた弘美であったが、子どものユカリが2歳になった頃から心身を患い、育児を放棄するようになる。

ところで源一爺さんには、原爆が投下された広島に学徒動員された過去がある。その後遺症なのか、島に引き揚げて後も嘔吐や下痢を繰り返し、今でも体に変調を抱えている。広島で行動を共にした友人は、体の不調を訴えつつ肝臓癌ですでに亡くなっている。孫のユカリが自家中毒の症状で嘔吐したり、娘が心身を患っているのも、原爆の毒のせいではないか、という不安をたえず抱いている。

そうしたなかで、源一爺さんは、ユカリの面倒を一手に引き受けて日々を送ることになる。首に抱きつかれ、おもちゃ買ってとねだられると、つい財布のひもがゆるんでしまう源一爺さんであるが、育児はスムーズにいったわけではない。「お爺は臭いさいがよ」と添い寝を拒絶されたりする。それでも、幼稚園に自転車で送り迎えをし、入学式に向けて、市街地まででかけ、ランドセルや学用品を準備する。また、ときどき、市街地の病院に入院している母親を見舞いにユカリとでかける。

生きにくい時代に立ち向かう

さて、この作品は、何を語りかけているのであろうか。

サトウキビの代金でランドセルを買ってあげたり、孫と戯れ、孫の成長に目をほそめたりといった、庶民のささやかな幸福がていねいに描きこまれている。宮古方言を繰り込んだユカリと源一爺さんとのやりとりや所作が実に生き生きと伝わる。ここには、上昇を志向せず、娘や孫に背かれつつも、日々を平穏に生きることで充足しようとする庶民の姿がありありと描きこまれている。しかし、その平穏を脅かす毒がある。広島体験であり、それが娘や孫にまで及んでいるのではないかという恐怖である。東京から戻った娘は精神を病んでしまう。東京で何があったか一切語らない。原因がわからないぶん、娘の病は、時代の生きにくさの象徴として提示されているとみるしかない。源一老人を脅かす変調と不安は、直接には「広島の後遺症」である。それは日常の思いがけない場面に〈不意の痣〉として現出する。だが、源一老人を脅かすのは過去だけではない。ゴーヤーチャンプルーを拒絶してハンバーガーを好み、ゲーム機に熱中する孫の現在が確実に源一老人の現在を脅かしている。孫を乗せて自転車で出かけた市街地では何度も大型ダンプカーに脅かされる。こうした、作品に現出する東京、原爆、ハンバーガー、ゲーム機そしてダンプカーは「近代」の象徴にほかならない。源一老人は、近代によって過去と現在から挟撃され、生存を脅かされているのである。

精神を病む娘と、父親を知らず自家中毒の症状を繰り返す幼い孫、そして原爆の後遺症を抱えた老人。近代に脅かされつつも、生きにくい時代に立ち向かおうとする庶民の必死の姿を、庶民の内側から描いた好短編である。

(4月30日掲載)

時代の危機への感受性

シリン・ネザマフィ「白い紙」／又吉栄喜『猟師と歌姫』

ある朝、目ざめたとき、自分がベッドの上で一匹の巨大な毒虫に変身していた、というくだりで始まるのは、有名なカフカの小説「変身」。

世の中、一瞬先は闇。何が起こるか分からない。これは、突如政権を放り投げたこの国の二人の首相や、隣国の元大統領の「自殺」とか、政権交代が現実みを帯びてくる中で党首辞任を強いられた政治家、といったような変転めまぐるしい政界の現実を指していうのではない。

突然、未曾有の金融危機が全世界を襲い、巨大企業が倒産。派遣切りで失業者があふれ、自殺者が三万人を超す。繰り返される「対テロ戦争」による殺戮と破壊の横行。従来の価値観や理念が一夜にして通用しなくなる、といったような今日的世情全体が「変身」の夢魔に晒されている現状に当てはまることなのである。

乳母車夏の怒濤によこむきに　橋本多佳子

襲いくる怒涛の前に置かれた乳母車というのはいかにも危うい。しかも横向きというから、無防備そのもの。ひとたまりもなく波に飲み込まれるしかない。中の赤ちゃんはどうなる。

この句が詠まれたのは、１９４９年。日本の社会が大きく暗転した年である。その年の七月、八月には三大謀略事件と言われる下山事件、三鷹事件、松川事件が相次いで発生し、レッドパージが吹き荒れる。これによって旧共産党及び労働運動など戦争に反対する勢力は壊滅的打撃を受け、翌年は朝鮮戦争が勃発し、日本の再軍備が急速に進められていった。

今、また、時代は、襲いかかる怒涛に、なすすべなく呑み込まれていくかに見える。

インフルエンザの猛威

加えて、新型インフルエンザの猛威―。二十四日現在、世界全体で感染者は一万二千人を突破、日本だけでもその感染人数は３４２人に膨れ上がり、なお広がり続けている。国内最初の発生地域となった大阪、兵庫では、一時、幼稚園から大学にいたるまで、全域に休校措置がとられ、各種イベントや修学旅行・出張も中止。街にはマスク着用者があふれ、薬局のマスクが品切れになった。感染者は、拘束され、隔離され、その足取りや家族・接触者に至るまで逐一追跡調査される。

何やらカミュの小説「ペスト」を想起させるものがある。

アルジェリアのある港町にペストが発生する。当初楽観的だった町も死者の数が増えるに及んでパニックになり、感染拡大を恐れた市は、町を閉鎖し、人々の往来を全面禁止する。外部と遮断され、閉じ込められた人々の運命は…。

感染拡大の影響は沖縄にももろにあらわれている。特に観光業界は、修学旅行等のキャンセルが相次いで大打撃を受けている。政府は対処策を打ち出しているが、感染拡大に追いつかず、対処方針も日替わりメニューのようにくるくる変わる始末。混乱の原因は新型ウイルスの性格がいまだ解明できてないことと行き交う情報に振り回されていることにもあるが、根本の原因は、緊急時に備える医療体制の不備にある。医療・福祉を切り捨ててきたツケが、今になって露呈しているのである。

対処策の一つに、感染が確認された者は指定医療機関に入院し治療を受けるというのがある。早期発見すれば、大方は軽症で済むが、妊婦や病人、身体の弱っている者は重症になりやすいとのこと。メキシコでも医療態勢の整わない貧困地域を中心に感染が拡大しているという。

ところで入院し治療を受けるには保険料を完納し保険証を保持していることが前提。解雇や派遣切りで保険料を払えない人やホームレスなど保険証がないのはどうするのか、それへの方策は聞こえてこない。定額給付金の支給の時もそうであったが、今回ももっとも困窮している貧困層や社会的弱者が置き去りにされている。

もう一つ、政府の対策であいまいにされているのが米軍基地まみれの沖縄。米軍基地の存在しない他府県と同レベルの対策で済むはずがない。水際で日本側のチェックを受けない米軍は、軍用機や軍艦で空も海もフリーパス。もしも米軍人に感染者がいれば、基地の集中する沖縄は新型ウイルスが島中にばら撒かれる。

「文學界」新人賞にイラン女性

『文學界』新人賞にイラン人女性作家シリン・ネザマフィの「白い紙」が受賞した。応募総数1594篇の中から、堂々選出された。イラン・イラク戦争の戦時下で出会った少女と少年の淡い恋。それが戦争で無慈悲に引き裂かれる清澄なドラマを描くことで、戦争の理不尽と悲惨を丁寧に切り取った清新な作品といえる。

主人公は、父を兵隊にとられ、苦学しながら医学部をめざす少年。合格すれば兵役を免れるはずであった。だが、合格通知が届いたその日、戦意昂揚を図る軍人らの煽動に耐えきれずに、少年は国を救うために自らの意思で、兵役に志願する。その志願書が白い紙なのだが、「白い紙」はここではいろんなことを象徴させられている。戦場への志願を書き込む「勇気」の紙であり、大学の医学部通知を伝える希望の紙であり、戦場に散っていく若い命の象徴である。母親と少女と先生が「ハサン、頼む、下りて！」と叫ぶ中、少年が戦場に向かうトラックの上で軍歌を力強く唱和して消え去る別れのシーンは圧巻である。

もっとも、日本語の文章に難がないわけではない。「町中の人たちが一堂にここに集まったと思うほどに、混雑している」とか、「本気で轢かれそうになる」といった怪しげな表現があったりする。だが、作者には、この物語を書かねばならない内的必然があった。その内的必然性に較べれば、表現上の問題は些細なことにすぎない、ということだ。このような戦争に押しつぶされた切ない物語を内部に宿す人が日本に在住するということは、戦争の問題が極めて今日的テーマなのだということを告知している。戦争の問題はなお、内的必然をもったテーマとして、存在するのだということだ。にもかかわらず、そのことが、日本人の書き手によってではなく、在日イラン人によって書かれたというところに、今日の日本の小説界の抱える問題の核心がある。

この点「第2回琉球大学　びぶりお文学賞」受賞作四篇の一つに、イラク戦争を扱った作品があることに注目した（「縫い目のないシャツ」・小山響平）。大賞を獲得した作品も台湾を舞台にしている異色作で、その抜群の構成力に感心したのであるが、テーマの深刻性と切り込みの視点という点でより小山作品にひかれた。イラクの戦場で無抵抗な子どもを射殺した米兵の苦悩が、確かな想像力と筆力で描かれていて、注目した。

ところで文學界新人賞の選者たちの選評を読むと、選者らの「高飛車な驕り」と「擦れた感覚」というのが鼻につく。松浦理英子は「戦争や政治的動乱を背景にした小説が、平和時の日常を背景にした小説よりも、常に重く切実な問題を孕み深い読後感を残すとは決まったものではない。（略）だから、『白い紙』に注目したのは戦争という深刻な題材ゆえではない」と言わずもがなのことをいい、花村萬月は、「アホか、おまえらは。ほんとに頭、悪いな。だいじょうぶかよ。一応は文学の新人賞だぜ」とやくざみたいにすごんでみせ、受賞作に対しても「読んでいて『なんだ、大東亜戦争当時の日本といっしょじゃねえか』といった感想をもった」と述べている。花村にとって戦争は外部にある。また、花村がいうように戦争は過去の出来事ではない。

遺品あり岩波文庫『阿部一族』　鈴木六林男

今なお戦争の傷に苦しみ、その地獄を生きる人々がいる現実がある。肉親を失った無念、原爆の被爆者、集団自決を語れない遺族の存在等々を指していうのではない。

あやまちはくりかえします秋の暮れ　三橋敏雄

「戦争とテロの世紀」と称され、イラクに自衛隊を派兵し、沖縄から戦場に出撃を繰り返す日本の現実がある。ちょっと目を凝らせば、沖縄でなくても、全国各地で戦時を想定した「実動訓練」が実施され、有事体制が敷かれつつあることは普通の感覚でもわかる。戦争を外側から傍観視するのではなく、内側から理解する想像力が欠落しているとき、戦争を題材にした作品など批評できるはずがない。花村らアホな選者に欠けているのは、こうした時代の危機を目撃する感受性と想像力であり、なぜ、日本の書き手にとって、「戦争や基地」は切実な内的モチーフになりえないのか、と問う視点である。いや、それだけではない。本欄の二月時評においても、ル・クレジオのノーベル文学賞の受賞講演や大城立裕の「おきなわ文学賞」の審査評をとりあげながら、「人はなぜ書くのか」について言及し、書くことの内的必然ということについて述べたが、これら選者にあっては、この内的必然を問う視点が、擦れた感覚と奢りによって完全に欠落しているようなのである。

又吉栄喜の新作

又吉栄喜が新作『猟師と歌姫』の出版を機に、「何のために小説を書くか」という、記者のインタビューに答えている。

「わたしの中には子どものころの美しい風景がある。その風景への深い愛着と、失われていくことへの無念さ。それが小説を書かせている」。「もう一つは報恩のような気持ち。美しい自然が自分の精神に多大な影響を与えてくれている。それが失われていくことを考えると、いても立ってもいられなくなって書かざるを得なくなる」と。

新作『漁師と歌姫』を読むと、確かに、又吉のこの思いは、書くことへの内的必然として、作品のなかによく昇華されていると納得できる。作品は次のような書き出しではじまる。

> 小舟は藍色の外海から広い環礁に入り、滑るように進んだ。屹立した岩が小舟に迫ってきた。断崖の岩肌にしがみつくように生えた灌木がくっきりと見えだした。
> 正雄は父親から受け継いだ小舟に強い愛着を覚えながら漕ぎ続けた。

これは、主人公の漁師（正雄）が鮫漁から帰港する場面であるが、一隻の小船が、入り江の美しい風景の中に滑り込む様が、一幅の絵のように鮮やかに写し取られている。それはまた、物語の始まりをも告げている。正雄が女主人公の歌姫（和子）と、礁湖の縁に立って釣りに興じる場面も幻想的なまでに美しい。

少年たちのひと夏の生態を描いた「夏休みの狩り」にも、海浜で遊ぶ少年と少女の詩情豊かな光景がメルヘン風に描かれた場面があり、絶品だと思ったのだが、人が海に溶け込む海物語を描くときの又吉の筆は実に冴え渡っている。又吉がもっとも得意とする領域とみなしていい。

ところで、陸地のドラマを展開すると、物語はにわかにリアリティーを失って戯画化され、作り話めいてくるから不思議だ。作家の悪い癖だ。この作品でも世話役（巫い女）が神憑り的に詩を朗読するというのがそうだし、世話役（シャーマン）に選出されて村人の羨望を集めたはずの和子が、海中運動会や綱引きを開催して村人を宣撫するのはいいとして、その和子が誘拐される顛末や、正雄に横恋慕した余所村の娘（美佐子）が、馬を乗りつけて、和子の家を踏み荒らし崖から馬ごと転落してやがて死亡するといったことなどは、話がマンガめいてくる。若い和子が祝詞ではなく詩を詠むというのも奇妙だが、その和子を歌姫と呼ぶのもチグハグ。歌姫という呼称からは、美しい声の歌い手というイメージしか浮かばない。芥川賞受賞作の「豚の報い」というタイトルを目にしたときも、もっとましなタイトルはないか、と違和感を覚えたが、今度の「漁師と歌姫」も首を傾げたくなる。作品中の登場人物の、猪老人、剥製おばさん、世話役ばあさんという呼び方もしっくりしない。ウチナーグチ（沖縄語）を無理に、日本語に直訳することによって生じる違和感である。

インタビューで見てきたように、又吉がある切実な衝動に突き動かされて小説を書いているのは確かだ。先述のインタビューで「書きたいことを書いても結果的にそれが人に伝わる、ということを信じているのか」という記者の質問に対し、「それを信じなければ小説をかくことはできない。書きたいことと伝えることのバランス、これがないと私の小説は成り立たない」と力強く述べている。

だが、作者にとって切実であるそのことが、リアリティーをもって読者に迫ってないところに、小説を書くことの困難がある。おそらくそれは文章力というより、作家の想像力と表現過程に関わる問題なのであろう。

（5月28日掲載に大幅加筆した）

記憶の風化・俗化に抵抗

『宮城松隆詩集』／トーマ・ヒロコ『詩集　ひとりカレンダー』　ほか

那覇から北へ何千里
逃亡の先に待ちうけていたのは
防空壕
艦砲射撃におびえ
焼夷弾の燃える夜に
幼年の記憶が燃えていく

股間を撃ちぬかれ
もんどりうった爺が
帰らぬ人となろうと
悲しい叫びをあげる者もいない

地獄を見てしまった者たちの悲しみは
決して涙にはならず
涙さえもすでに涸れはてて
まんじりともしない夜が襲ってくる

（『宮城松隆詩集』「避難」より）

「擦れた感覚」との対峙

右の詩に刻まれているのは、戦後64年たってなお詩人の胸奥に張り付いて離れない惨劇の記憶である。沖縄戦の地獄をくぐった人たちは皆、消えない記憶と癒えない悲しみを抱えている。だが、戦争体験者の死没・高齢化に伴い、記憶の耐用期限が迫っている。風化し俗化しゆく記憶に抗し、「消してはいけない戦争の記憶」を継承する手だてはあるのであろうか。

曇りのない目で祖母の戦争の傷に向き合った次の詩を見てみよう。戦没者追悼式で朗読された比屋根憲太君の詩である。

石に刻まれた家族の名に
涙を落とす祖母
なんの形見も残っていない石に

声にならない声で
石をさすり
石をだきしめる
小さな声でとても小さな声で
(略)
祖母は傷の手当てをするために
水くみに行った
防空ごうに姉を残し　母と二人で
そのあとすごい光と音が…
そのまま姉はもどらなかった
「いっしょに連れて行けばよかった」
「ごめんね　ごめんね」と何度も何度も
きたときよりも
石を強くさすり
石を強くだきしめる
ぼくはもう声を上げて泣いていた
そして祖母の背中をずっとさすった(略)

だが、こうした祖母の傷を受け止めようとする悲しみの抒情も、〈擦れた感覚〉から見ればどうか。そのような風化する感覚への違和感を詠んだのがトーマ・ヒロコの次の詩だ。

島を離れて初めて迎えた6・23
海のない町のテレビに映る摩文仁の丘
男の子が平和の詩を読んでいる
「小学生がこんなこと言っても説得力がない」
「言わされている感じがする」
「戦争体験者が読むならわかるけど」
テレビの前のしらけた空気
言葉の槍が胸を刺す
これが正しいと思っていた
あぁ、わからなくなる
なぜ小学生が詩を読むのか
(略)
今ならわかる

なぜ小学生が詩を読むのか
おじいちゃんおばあちゃんから
お父さんお母さんへ
子どもへ　孫へ
語り継ぐ記憶　平和への思い
僕は確かに受け止めた

（『詩集　ひとりカレンダー』「6・23×4」より）

喪の月 短歌朗読で訴え

沖縄の6月は喪の月。各地で慰霊祭や平和を祈る催しが実施された。

『慰霊の日』が近づいて沖縄の戦跡をはじめとする、至る所で、香を焚き、鎮魂の祈りを捧げる人々の姿をみかけるようになった。私は今年も、ギーザバンタへ出かけたいと思っている。そこは、糸満市摩文仁の岬に近いハンタ（断崖）で、日本兵によって洞穴を追い出された住民が、弾雨降る中を彷徨い、断崖まで追い詰められ、ついに飛び降りるしか方法のなかった人々の残骸が埋まっている場所。

『くれない』6月号に、このように書き記すのは歌人の玉城洋子氏。「紅短歌会」と「すみれ短歌会」

を中心に、6月13日、「第5回短歌で訴える平和・朗読」を、県平和資料館で開催した。今年は、オカリナサークル「詩音」とのコラボであった。オカリナの奏でる清澄な音色に乗って、朗読の歌が人々の胸に染み渡るように響いた。

近付けば廃村なりき誰の名も忘れたやうに風の鳴る空　北久保まりこ・東京
戦跡地の道の清《ちゅ》らさよ地獄より泄《む》れくるこゑもかそけくなりぬ　喜屋武盛市
悲しみの底より生るる島言葉「イチカランイチチ」戦世《いくさゆ》の果て　仲村致彦
丸木さんの「沖縄戦の図」の前に腕白坊主が涙して立つ　金城榮子
うりずんは非戦の声高まりて平和行進にひとり加わる　喜納勝代
怒りあり悲しみありて証言の声に聞き入る集団自決《じけつ》の実相　池原初子
半減期は二万年とぞ「微量」なる毒垂らしつつ原潜寄港す　湧稲国操
戦闘機発つ基地の島鳳凰木の赤き骸か　雨に濡れいる　伊志嶺節子
慰安婦の住みし島にも幾たびの春過ぎゆくや野牡丹の咲く　宮城伸子
足首の傷は赤子の私の洞穴《ガマ》に潜みし三月の証　玉城洋子

「真実」無視の異様な放言

沖縄忌をめぐって、看過できない動きがある。『うらそえ文藝』第14号の「特集　集団自決」である。

特集では、集団自決をめぐる「対談」で星雅彦氏と上原正稔氏が対談し、さらに上原氏の「人間の尊厳を取り戻す時」と題する論考が掲載されている。それらにおいて上原氏は、集団自決で軍命はなかった、遺族年金をもらうために軍命ということにしたのだと主張している。

「集団自決」の体験者や目撃者、元日本兵らの相次ぐ新証言にも耳を貸さず、ひたすら「赤松さんと梅澤さんを、窮地から救い出すこと」に情熱を注ぐ氏の姿は異様に映る。

最愛の肉親をあやめる凄惨な「集団自決」はなぜ発生したのか、その無念の死の意味を問うのではなく、住民を「集団自殺」に追いやり、自らは自決もせず、米軍の捕虜となって生き延びた梅澤隊長らの「汚名を晴らす」ことに心血を注ぐ真意は何か。「これを発表して…世の中を騒がしく動揺させるわけだから、これが僕の楽しみとなっているんです」とはしゃぐ氏は、証言者の粗探しや揚げ足とりの類を「真実の追究」と思い込んでいる節があるが、氏のような言動がどれだけ遺族を痛めつけることになるか、については無関心のようである。

「岩波・大江裁判」は、「靖国応援団」のメンバーらが、歴史を塗り替え、日本軍の汚名を晴らすために起こした政治的狙いを持ったものだということは裁判の中でも明らかにされた。にもかかわらず、そうした背景には目をつぶり、岩波も大江さんもきちんと謝るべき、「『沖縄ノート』も書き替えるべき」と毒づいている。

「日本軍の命令・強制で『集団自決』が起こったことについて、訂正する必要はない」と法廷で明言した大江健三郎に対し、「彼には幼稚園生程度の知識しかないですよ」と放言する始末。復帰後最大の規模でもたれた一昨年の「教科書検定意見撤回を求める9・29県民大会」についても、「僕は五分間でちゃんと計算しましたけれど、あれは一万五千人足らずです」と妄言する氏には、もはや真実を見る目を求めることはできない。

だが、問題の本質は数ではない。千歩ゆずって上原氏がいうように、その数が1万5千であってもいい。1万5千も集まったのだ。その県民が何のために集まり、何を訴えていたかということだ。その日の広場の内外を埋め尽くした群集の張り詰めた熱気と清澄。今話さねばとの思いに促迫されて壇上に立つ集団自決体験者の切迫した声。その声に耳を傾けようとはしないで、集まった人の数を机上の報道写真で数え、「あれは大ボラです」とうそぶくところに、このドキュメンタリー作家の品性のほどが示されている。〈擦れた感覚〉だけが口開き、一片の真実も切実さも感じられない。同調し指嗾する星氏の責任も重い。

諸悪の根源とされる米軍基地だって、視点をずらせば、米軍基地様さまである。基地のおかげで道路が整備され、基地整備資金がもらえ、何よりも莫大な軍用地料という不労収入ががっぽり入る。軍事基地に反対する理由などない。その基地は銃剣とブルドーザーで強制収用したものであり、60年余も居座って基地被害をばらまき、今も他国の民衆を殺戮しているということに目をつぶりさえすれば。

さて、今回は、県内文芸誌の短編小説を取り上げるはずであった。『うらそえ文藝』第14号、『南涛文学』第24号等が寄せられている。また、6月に発刊されたばかりの榮野川安邦氏の長編『小説　太陽と瓦礫』も、読み応え充分の力作である。これらは次回ということにする。

（6月30日掲載）

差別への抵抗　骨太に

榮野川安邦『小説　太陽と瓦礫』／垣花咲子「これからの町へ」　ほか

7月21日、麻生太郎首相によって衆議院がようやく解散となった。粗雑な「失言」を繰り返して物議をかもし、定額給付金のばら撒きなどで不評を買い支持率が急低下、東京都都議選で惨敗した挙句の解散である。見るべき成果を何一つ残さずに政権を降りた感があるが、負の功績は大きい。「海賊法」で自衛隊の海外派兵・武器使用の道を開き、11年余も棚上げにされていた脳死法案を、どさくさにまぎれて、ろくに論議すらせずにあっさり成立させている。

脳死法とは、「脳死＝人の死」とする重大なこと。賛成の声がメディアを賑わしているが、「脳死を人の死とする科学的根拠はない」「尊厳死容認に道を開く」「臓器移植に代わる医療の開発普及がなおざりにされる」等々、さまざまな問題が指摘されている（『世界』8月号「臓器移植法改定A案の本質は何か」・小松美彦）。

何よりはっきりしているのは、病気になっても病院にさえいけない貧困層にとって、この法の恩恵を受けることはありえないということだ。何しろ臓器、とりわけ心臓移植のためには数千万円以上の手術費を必要とする。生きたまま臓器を摘出されることを知らされず、人買いに連れ添われていく映画「闇の子供たち」の少女の、さびしげな顔が脳裏にこびりついて仕方がない。

新境地開く作品

榮野川安邦氏が『小説　太陽と瓦礫』を出版した。処女出版だというから驚く。氏は高教組委員長の経歴があり、また、近年は、「普天間爆音訴訟団」の幹事等、住民運動のリーダーとして活躍しているが、教職在任中から、小説の書き手としても知られ、多くの作品を発表しているからである。

今回の著書は、350ページに及ぶ長編。敗戦直後の関西の地で、必死に生き抜いた沖縄人群像が描きこまれている。「食料も生活物資も何もない異郷の地で」、「理不尽な弾圧や差別・排斥に対し」、沖縄人同士が助け合って、それらを撥ね退けていく闘いの様子が、臨場感あふれるタッチで生き生きと描かれている。「理不尽な現実に挑んできた沖縄ん人の姿を描く沖縄抵抗文学の傑作」と帯の文に記されているように、異郷地での闘いと抵抗をテーマにした、沖縄文学の新境地を開いた、骨太の作品である。

物語の舞台は、敗戦直後の大阪市と神戸市とを結ぶ阪神国道の中ほどにあるA市。戦時中、軍需工場があったため、B29爆撃機の猛爆撃を受け一面焼け野原になった地域である。食糧が欠乏し、餓死者が続出する酷薄な時代だ。沖縄人たちはそこで、沖縄人連盟支部を結成する。物語はその支部の子どもたちと大人たちの様子が、同時並行的に描きこまれる形で進行する。その手法は、今、爆発的な売れ行きをみせている村上春樹の『1Q84』を彷彿とさせるものがある。

子どもたちには子どもたちの世界があり、大人たちには大人たちの現実がある。両者は作品の両軸として独立し、交差しながら進行する。苦境の中で、子どもたちも、新聞配達をしたり、饅頭売りをしたりと家計を助けながらたくましく生きていく。朝鮮人少年との友情と交流も清々しい。時代背景や風景、土地の様子や習俗なども丁寧に描きこまれているが、特に会話体が楽しい。

他方、大人たちは、米軍に占領されたと伝え聞く故郷沖縄のことを案じつつ、異郷で生き抜くために闘う。自由市場と称する闇市での商売から沖縄人を追い出そうとする関西人や地元暴力団。彼らの論理は次のような暴力団組員の罵声に集約できる。


「おんどら沖縄人、沖縄へ帰れ」

「スパイの沖縄人」

「お前らのために戦争負けたんや」

「沖縄人は自由市場から叩き出せ」

「そうや、日本から叩き出せ」


こうした理不尽に対し、沖縄人として敢然と立ちあがり、総力戦が展開される。その際、朝鮮人や部落出身者が沖縄を応援し、さらに華僑連合が協力を申し出るなど、興味深い構図である。また、警察とのやりとりや、暴力団丸一組と一歩もひかず交渉する緊張とスリルに満ちた場面など、組合と当局との団交を彷彿とさせる所があり、作者の高教組委員長としての経験が作品の随所に生かされている。

佳品ぞろいの『南涛文学』

『南涛文学』第24号には、7編の短編と、安仁屋弘子の「涛華の涯（最終回）」が掲載されている。これだけ多くの作品を一つの文芸同人誌が掲載していることに敬意を表するところである。作品もそれぞれ、一定の水準を保持している。紙幅の関係で全部にふれることができないのが残念だ。

下地芳子の「マニキュア」。突然父に先立たれ、家計を助けるために進学も恋も断念せざるを得なくなったひとりの女性の半生を描いている。米兵相手のキャバレーで働くなど意に沿わぬ暗夜を歩くことになるが、高校時代に遭遇した純愛の人への思いは片時も忘れたことがない。その切ないまでの聖なる体験への思いが全編を貫いていて、通俗に流れるのを救っている。結びもよくまとまっていて、短編小説の作法をよく心得ていると思えた。ただ、終章の、女性主人公の思いの切なさに比して、初恋の相手の「老いらくの恋はどう？」という誘いの電話は、軽すぎるのではないか。

美里敏則の「遺された家族」。父（実は義父）を交通事故で失った母子のその後の人生が、静かなタッチで描かれている。母子は夫の死後しばらくして、実家のヤンバルから那覇のアパートへ引っ越す。そのことで、那覇と義母のいるヤンバルを行き来することになるわけで、純という少年の目を通して、都会の生活と昔ながらの沖縄の風習の違い、価値観の相違などがよくたどられている。そこに焦点をしぼって書き込めばよかったと思うのだが、やや問題意識を広げすぎた感がする。米兵の酔っ払い運転で夫を失い米軍相手に訴訟を起こすが、結局、高い弁護士料を払ったあげく泣き寝入りするしかない理不尽さや、都会の子どもたちの人間関係の希薄さ、義理の親子間のあり様、田舎の独居老人の問題などいずれも深刻な問題であり、独立して扱ったほうがいい。

比嘉野枝の「ウォーキングシューズ」。夫の浮気が許せなくて離婚した、気性の激しい女性の心境の起伏をたどった作品。横暴な父親への反撥から年老いた両親のいる実家へも足が遠のきがちの「秀美」だが、老いてなお、自分の非は認めず、横暴に振る舞う父への反撥をくすぶらせながらも、家族としての紐帯を断てずにいる女性の姿が良くリアルに描かれているが、短絡的になりがちな会話の部分の工夫が欲しいところ。

2日間の放蕩　丹念に描く

『うらそえ文藝』14号の垣花咲子の「これからの町へ」。3年住んだ町だが、雇い止めで仕事を失った女性。お金がなくなったら田舎へ帰ろうと考えている女性の余生のような2日間の放蕩を丹念に辿っている。

周囲の町並みや雰囲気が心に刻み込むように克明に描かれている。スーパーで缶ビールを買い、たこ焼きを肴にベランダでのったり過ごす。翌日もまた、缶ビールとワンカップを買い込んで河川に出かけ、釣の真似事をする。そこで旅行中だという青年ととりとめのない会話を交わし晴れた気分になって、マンションに帰って寝る。これだけのことで、事件もテーマもない。２日間の放蕩が淡々と綴られているだけである。だが、それでも、異郷の地で突然職を失って放り出された悲哀感、３年過ごした町並みへの愛着はしんみりと伝わってくる。

主人公は、存在自体が溶解し拡散していくしかない自己存在の希薄を、何の変哲もない自己の日常を克明に確かめることで、自らの立ち位置と、その意味をたどっているのである。　（7月31日掲載）

戦争を詠い続ける理由
永吉京子『若葉萌ゆ』／歌誌『くれない』ほか

六十違う孫娘と六十年のひろしま　菊池山芋
征きゆきて六十余年還らざる　徳永義子
沖縄戦の体験者はもう少数にてわが六十代の記憶も茫々　永吉京子

右の作品の1句目は群馬県の俳人の句集『風』の中の1句。2句目は、宮崎県の俳人の句集『山河来て』所収の1句。三つ目の短歌は、「花ゆうな短歌会」に所属する沖縄の歌人の歌集『若葉萌ゆ』掲載の1首である。

戦後64年目の8月。6日は広島忌、9日は長崎忌、15日は終戦日。沖縄ではこれに13日の沖縄国際大学への米軍ヘリ墜落事故が被《かぶ》さる。8月は戦争と基地にまつわる忌まわしい記憶を呼び起こす季節だ。その「忌わしい記憶」が、しかし、今、意図的に塗り込められ、急速に忘れ去られようとしている。本土発の月刊誌などは、ほとんどが無関心である。

「沖縄」欠落した本土誌

こうした中で、『俳句界』8月号が、特集「敗戦忌　戦後、詩歌はどのような道を歩んできたか?」を組んでいるのは、特筆に価する。特集は、阿部宗一郎ら3氏の論考とアンケート「世代を超えて伝えたい戦中戦後俳句」で構成されている。この中で、阿部氏の「もはや戦後ではない…のか?—六十という年月」と題する論考に注目した。冒頭の二つの句は、そこで取り上げられた作品である。1句目は、戦後60年が過ぎて戦争体験者が激減し、広島の風化が進む現実への危機感を詠んでいる。2句目は、一片の召集令状で出征させられ、戦死した者たちと、その家族らの無念。それが、60年もたてば、「もはや戦後ではない」として切り捨てられていく「無情」と「無責任」への憤りが詠い込まれた句である。

『俳句界』8月号は、こうした句を盛り込んで論評している点で注目すべきである。だが、阿部氏を含む3者の論と編集者の問題意識から、「沖縄」が欠落している点が気になる。そのことは、40人におよぶ俳人へのアンケートに、沖縄の俳人が一人も加わってないことにも示されている。本土発の歳時記がそうであるように、中央俳壇なるものの視野から沖縄は排除されているのだ。最大の激戦地となり最大の犠牲を出した沖縄と沖縄戦を抜きに、日本の戦中戦後を語ることなどできるはずはない。

本土のある文人は、沖縄の歌人らが、ひたすら戦争と基地を詠《うた》うことに対し、「今更戦争の事?地球上に戦争の起きなかった日はないのに」と、沖縄の歌人玉城洋子との往復書簡において、哀れんでみせたとのこと（『くれない』8月号）であるが、沖縄から戦場に出撃を繰り返す日本の現実に頬《ほお》被《かむ》りする本土文人らの傲慢《ごうまん》と退廃には、次のような歌を提示するしかない。

暴虐と言ふべし島の慰霊の日カデナの轟音二百六十七　玉城寛子

三つ目の永吉の短歌は、先の二つの句と同様、戦争の記憶の風化への危機意識から詠われている。伊志嶺節子の書評（『くれない』8月号）によると、日本の歌壇をリードする近藤芳美に師事した永吉氏は、《沖縄を詠え沖縄を詠えとぞ近藤芳美の声の聞こゆる》といった歌に示されるように、沖縄を詠み続けているということであるが、沖縄を切り捨てて恥じない中央文壇を見るにつけ、沖縄を詠い続ける今日的理由はますます深まったというべきである。

記憶風化への危機意識

ところで、阿部氏によれば、「もはや戦後ではない」といったフレーズが世で言われだした時期が、2度あるという。1度目は、日本の資本がアメリカの資本を買収するほど、世界第2の経済大国にのしあがったバブル経済の絶頂期の時代。「日本はもう世界の経済大国、もはや戦後なんて古い古いとばかりに……ファシズムの遺伝子が風を起こしたとき」だという。そして2度目が、今日。「もはや戦後ではない、いまこそ敗戦の自虐心をかなぐり捨て、大国の一員としての面子を保つべきだ」というわけだ。

それを示す衝撃的な事件として、阿部氏は、田母神俊雄航空幕僚長（当時）の言動をあげている。しかし、その阿部氏においても、アフガンに出撃を繰り返す沖縄基地の現実や歴史修正主義者らによる「大江・岩波訴訟」についてはふれてない。

ファシズム化の風潮に対し、阿部氏は、「ジャーナリズムが正常に機能する社会に国家犯罪が起こることはない」が、「ペンが権力におもねり、利権に文字と言葉を売り渡し、その催眠術の手先と化したときは、もはやすべては終わる」と警告しているが、記憶の風化は「本土」だけではない。

沖縄国際大学に米軍ヘリが墜落して5年目を迎える13日、同大主催の「普天間基地を使用する航空機の飛行中止を求める学内の集い」が開かれた。5年も経過して初めてということにも驚かされるが、抗議集会とせず、「飛行中止を求める学内の集い」としたところに、この集会の性格が刻印されている。ヘリ墜落事故の根本にある安保条約はおろか保守政治家さえ口にする地位協定にすら言及しない腰砕け。せっかく開いた集会であるが、当日の「集い」は大学人のだらしなさを曝《さら》け出したといえるほどに無残であった。

報道陣の方が多いのではと思えるほど参加者はまばら。５００余の教職員と6千近くの学生らはどうした。２日後に同大で開かれた宜野湾市主催の「普天間基地問題シンポジウム」は講堂があふれんばかりに盛況だったことを思えば、夏期休暇中というのは理由にならない。学長が飛行中止を求める声明文を読み上げ、職員と学生のあいさつが5分ずつあって終了。集会はものの20分ほどであっけなく終わった。大学人がようやく抗議の声を挙げたとの急迫した思いに促迫されて、1時間の途次を駆けつけただけに情けなくて、怒りも湧《わ》いてこない。

こんなアリバイ的やり方で米軍機の飛行中止を訴えても誰も本気にしない。自ら記憶の風化を促進しているようなものだ。「NO FRY ZONE」と大書された横文字も気になる。大学上空は飛ぶなということであろうが、民間地域なら飛んでいいのか、といいたくなる。声明文で「大学の静寂・安寧を脅かし、生命すらも脅かす飛行は認められない」としているが、軍事ヘリが飛び交い墜落していい地域なんて、沖縄の、いや世界のどこにもあろうはずがない。自ら大学を特別視する特権意識が透けて見える。

大学へのヘリ墜落という重大な問題をことさら「学内問題」へと矮小《わいしょう》化し、地域の自治会や市長、住民運動団体のあいさつすらセットしない。「地域に開かれた大学」と提唱しても、これでは地域との連帯などできるはずがない。

歴史修正主義と対峙

『すばる』9月号に、目取真俊『眼の奥の森』(影書房)の書評が掲載されている。沖縄戦の末期、本島北部の村で一人の少女が米兵4人に強姦される事件を起点に、それに関与した人々の当時とその60年後の現実に焦点をあてた作品である。

書評を執筆した梛沢健氏は「いつまでも目をそむけているわけにはいかなくなる、そんな思いにとらわれる瞬間が人間には必ず訪れる…『眼の奥の森』は、60年ものあいだ目をそむけ、やりすごし、誰にも話さず封印してきたことに、あらためて悔恨とともに向き合い、誰かに話してみようと決意する人々の勇気に光をあてている」とし、同作品は、「『集団自決』訴訟を筆頭に、戦争の記憶を個人の責任において解決＝忘却することを強要する歴史修正主義と対峙している」と評している。

『すばる』9月号には、又吉栄喜「夙の御言」が掲載されている。この作品も「戦争の記憶」を扱っている点や、「いつまでも目をそむけているわけにはいかなくなる、そんな思いにとらわれる瞬間」を扱っている点で、『眼の奥の森』とも重なる好短編である。が、すでに紙面も尽きた。次回に譲ることにする。

（8月31日掲載）

噴き出す惨事の記憶

又吉栄喜「凧の御言」／目取真俊『眼の奥の森』

去る衆議院選挙で民主党が大勝し、政権交代が現実のものになった。新政権に対する最大の関心事は米軍再編問題、とりわけ、普天間基地の閉鎖と辺野古基地建設中止についてきちんと打ち出しうるかにあることはいうまでもないが、教科書検定問題も大きな関心事の一つであることを忘れてはならない。

もちろん沖縄からの強力なアクションが必要となるが、果たして、検定意見を撤回し、大江・岩波沖縄戦訴訟にとどめをさすことができるかという問題は、新政権の性格をはかるうえで一つのメルクマールとなる。

何しろ、この問題については、沖縄県議会はじめ全市町村議会が与野党全会一致で決議していることであり、基地問題のように交渉相手があるわけでもない。新政権にとって、躊躇《ちゅうちょ》する理由はないはずだからである。

音を立てる遺骨

『すばる』9月号に又吉栄喜の短編「凧の御言」が掲載されている。

物語の舞台は終戦直後の南部の戦場跡。訪れたそこは木という木が消え、藪《やぶ》が燃え、丘が砕かれ、どこまでも見渡せるほど荒涼とした焼け野原である。まだ、頭蓋骨《ずがい》があちこちに転がり、夥《おびただ》しい数の人骨が散乱し、時に木乃伊《みいら》化した死体が道端に放置されているといった凄惨《せいさん》な光景の場所である。

背中がぞくぞくするような寒風が吹きすさぶなか、17歳の「私」は、夫の弟（義弟）と一緒に、戦死した夫の遺骨を拾うために、義弟が仮埋葬したという最期の場所に訪れたのである。防衛隊として別々の隊に徴用された兄弟二人は戦場で遭遇するが、兄は米軍の猛攻撃のなか、心臓を撃ち抜かれて即死した。弟は米軍の砲撃のなか兄を埋葬し、目印に石を置いて逃げのびたという。

ところで、その義弟から「私」は「一緒に住まないか」と結婚を申し込まれている。かつて結婚をかけた凧《たこ》揚げの勝負に負けて、兄と「私」との結婚を見守るしかなかったとはいえ、義弟もまた「私」に対し、兄に負けないほどの恋情を抱き続けていたのである。

すでに両親を失い、義理の両親も戦死し、天涯孤独の「私」にとって、かつてどちらにしようかと迷うほどに慕っていた人からの申し出を断る理由はない。まして、飢えに苦しみその日を生き延びるのがやっとの時代である。再婚は夫への裏切りになるのではと迷いつつも「夫の収骨をすましたら結婚する」と約束する。

二人はなんとか、埋葬の際においた目印の石らしき場所を探り当て、遺骨を掘り起こし、骨を一片残らず竹籠《かご》に収集して帰途につくのであるが、帰る途中アメリカ兵に遭遇する。アメリカ兵は二人に向かって進み、二人の前に立ちはだかる。「立ち止まるな」と義弟はささやく。アメリカ兵の表情は分からない。竹籠の遺骨がコツコツ音をたてる。

体験がよみがえる瞬間

コツコツ音を立てる遺骨と竹籠は夫と「私」と義弟三人につながる濃密な思い出の詰まった空間の象徴である。遺骨を背負うとは、忘れえぬ過去を背負って生きていくということにほかならない。竹細工の名人と呼ばれた父親の才を受け継いで優れた技能をみせた夫とその家族の記憶があり、「私」を慕う二人と、どちらを結婚相手にするか決めかねて迷う「私」と兄弟二人のせつない恋の交情がある。そして、凧を一番高く揚げた人の嫁になると告げて凧合戦をした濃密な思い出が詰まっている。夫の心臓を打ち抜いて、夫とともにその濃密な記憶を破壊したのが、アメリカ兵である。

目の前にいるアメリカ兵が夫を殺したのかも知れない、という考えが頭の中をよぎったとき、「私」のなかに、自分を抑えきれない殺意がわいてくる。「私」は思わず義弟に向かって「殺して」、と口走る。

物語は、「耳をつんざくような轟音《ごうおん》がし、急に静まり返りました。（略）／遠ざかっていくアメリカ兵の軍靴の音が夢のように聞こえてきました。」という形で終わる。悲劇的結末を告げる轟音であり、この島の未来に及ぶ惨劇の継続を暗示する轟音である。

ところで、義弟がアメリカ兵の殺害を決意する場面に注目したい。

「私」は義弟に向かって「殺して」、「攻撃しないの？」といい、「兄さんを殺した相手が憎くないの」「自分が大事なの」「負け犬になってはいけないわ」と、執拗《しつよう》にけしかけるのであるが、義弟が殺害を決意するのはその言葉に応じたからではなく、アメリカ兵が立ち去り、「アメリカ兵を攻撃しないでよかったね」と言った後だということである。義弟は、「屈辱や恐怖や怒りが入り交じった光をたたえた目を見開いて」いながら、それに耐え、アメリカ兵をやり過ごしたのである。実際その酔ったアメリカ兵に悪意はなく、「私」に果物すら与え、陽気に歌を歌いながら立ち去ったのである。

だが、立ち去ったあと反転する。なぜか。兄が目の前で心臓を撃ち抜かれて死んだ戦場の光景が思い出されたからであり、その惨事を見過ごそうとしている自分に気づいた瞬間、アメリカ兵の「陽気」が許せなくなったからに違いないのである。「いつまでも目をそむけているわけにはいかなくなる、そんな思いにとらわれる瞬間」を意識したのである。「私」と義弟の場合は、その思いが、アメリカ兵との遭遇をきっかけに、半年目に訪れたわけだが、それは60年余の歳月を経て訪れることもある。

一昨年の9・29県民大会で、「集団自決（強制集団死）」について64年間沈黙してきた人々が、次々と新たな証言をした場面が思い出される。国が歴史を偽造し、公然と教科書を改竄《かいざん》するに及んで「いつまでも目をそむけているわけにはいかない」という思いに突き動かされたのである。

「テロ」と報復

文芸評論家の榭沢健が、目取真俊の近刊『眼の奥の森』（影書房）を、「いつまでも目をそむけているわけにはいかなくなる、そんな思いにとらわれる瞬間が人間には必ず訪れる」という視点で、『すばる』9月号の書評をしているということについては、前回の本欄でふれた。

作品の起点は、沖縄戦末期に発生した米兵4人による少女強姦《ごうかん》事件。しかしそれに憤激し復讐《ふくしゅう》に立ちあがったのは、少年ひとりにすぎなかった。事件は闇に葬られ、村人は口をつぐむ。それから60年、同様な強姦事件が発生する。事件を目撃し記憶を閉じ込めてきた人々はどのような態度をとりえたのか。通訳兵として事件の究明にたちあったアメリカ兵の痛恨の言葉がわずかな救いとして聞こえる。

「少女のあの眼差しと悲鳴は、どんな言葉を並べてもそれを突き崩し、私の中に後ろめたさとやりきれない思いを掻《か》き立てるのです」

ところで、両作品は、沖縄人がアメリカ兵をターゲットにしたという点で、共通している。だが、決定的な違いは、目取真作品が犯行者への理由のある報復であるのに対し、又吉作品が不特定のアメリカ人を狙った報復だということである。ここで私たちは、9・11の同時多発「テロ」を思い出してもいい。その点、目取真作品の暴力は古典的であり、又吉のそれは、すぐれて現代的かつ先鋭だといえるのである。

狂女の目に過去なだれ込む花福木

（神矢みさ句集『大地の孵化』より）

評者はこの神矢みさの句を次のように評したことがある。

穏やかな昼下がりのひと時。村の福木並木の下で老婆が、暑い日差しを避けて木の根によりかかって涼んでいる。平和でのどかな田舎の風景である。ところが突然、一陣の風が巻き起こり、老婆の髪を吹き上げる。老婆の顔が歪み、目が皿のように見開かれたまま引きつる。老婆の頭に過去の恐怖の体験が突然よみがえる。それは戦争の記憶なのか。一見平和な日常を生きているように見えても、人は過去の傷を抱えて生きている。巨大な軍事基地を押し付けていて、戦後は終わったなどと、欺瞞に満ちた言辞を弄する者どもに惑わされてはいけないのだ。

(『文学批評は成り立つか』所収)

(9月30日掲載)

ある。

若い書き手の作品と急逝の3氏
松永朋哉「ゴーヤーチャンプルー」／山原みどり「緑の扉」ほか

民主党（中心の）政権がぶれまくっている。23日、岡田克也外相は、普天間基地の県外移設は考えられない、と発表。傲慢《ごうまん》、無礼、不遜《ふそん》。新政権への期待と幻想を自ら断ち切ってみせた。背後に米国の強大な圧力を窺《うかが》わせるが、ここに来て、〈さわやかファシズム〉の本性が露《あら》わになりはじめたということか。県民は幻滅をバネに自らの手で道を切り拓《ひら》くしかない。

同じく23日。本紙文化欄、辺見庸の「水の透視画法」の一文を読んで鈍い衝撃を受けた。ニフ。米国はこの春「国立点火施設」（ＮＩＦ）を完成させ、その巨大装置を用いて、次世代核兵器の開発を進めていて、成功すれば、他の核保有国をはるかにしのぐ力を手にすることになるというのだ。オバマ政権は内でニフを進めつつ外には「核廃絶」を唱えているというわけだ。

詩批評への疑問

今回は沖縄で若い書き手の小説に焦点を絞って論評したいと考えたのだが、市原千佳子の「タイムス詩時評」（10月18日付）で、気になることがあるので先にふれておきたい。「詩の美はビジュアルなものとして創造される」という書き出しの文章にまず違和感を覚えた。「ビジュアル」とは広辞苑によれば「視覚に訴えるさま」とある。とすれば、詩の美は視覚に訴えるものなのか？　という疑問が湧《わ》く、がこのことについては別稿にゆずることにして、ここでは若い詩人たちへの苦言ともいえる提言についてふれることにする。

市原氏は、『アブ』第6号に掲載された松永朋哉の「ゴーヤーチャンプルー」という詩を取り上げて、「個人的な散文的日常の伝達に終始している。（略）散文を行分けしても散文でしかない。詩にはなれない」とばっさり断じている。作品を示さずに一方的に論じるやり方が気にいらない。同作品を読んでみたが、酷評を受けるほど悪くはない。故郷への回想、故郷を報じるニュース、自分の現況の三連で構成され、充分《じゅうぶん》詩たりえている。

私の住んでいた島は
五分遅れでバスが来て
そこには灰色の国境線があって
彼方まで広がる緑の芝生があって
肌の色が違う人たちが住んでいて
（略）

国際通りはいつでも渋滞していて
みやげ物の店には民謡が流れていて
（略）

今日の夕飯はゴーヤーチャンプルー
ゴーヤーは今や根強いファンを獲得し
堂々と店先に並んでいる
街を歩けば沖縄料理の店
（略）
「沖縄」が全国に進出したのは
果して幸か不幸か（略）

「本土」でゴーヤーチャンプルーを料理できる「幸せ」に浸りながら、ふるさと沖縄の雑多な世情に思いを巡らし、沖縄と自己の立ち位置を噛み締めているせつない心象をよく形象化しえているはずである。

宮城隆尋の仕事

もう一つ、宮城隆尋の仕事についての苦言。「今月は宮城隆尋の仕事が旺盛だった」として、詩集『ゆいまーるツアー』の刊行や詩誌『１９９９』７号の発行を挙げている。しかし、その詩誌で「世代間の溝を埋める」目的で「高校や大学の文芸部を紹介」したり、詩の投稿欄を設置して選者になったりしていることに対し、「今、宮城がやることだろうか。やり急ぐことはない。他者を育てる前に、もっと己が育ったほうがいい。」と述べている。宮城を詩人として未熟者といいたいらしい。宮城は文芸部の「紹介」をしているわけではない。高校文芸誌に掲載された詩作品をひとつひとつ取り上げて丁寧に批評している。

こうした切磋琢磨《せっさたくま》しあう雰囲気を背景に才能ある若い詩人が幾人も輩出している。これは、従来の詩人にみられない宮城の美質による。いうまでもないことであるが、他人の作品を批評するとき、「他者を育てる」以上に自分の批評眼が試され鍛えられるのだ。宮城は同世代の作品や高校文芸誌の詩批評を媒介に「己を育てている」ということだ。市原は「余計なお世話か」と自ら自問しているが、まったく余計なお世話である。

市原は12冊の詩誌に目を通して「これら詩の前に立ち、可能な限り、言葉から詩人の人生の肉を剥がして、骨だけの言葉に美を求めたい」としている（これもおかしい）が、そうであればなおさら、宮城のあれこれの仕事＝「詩人の人生の肉」のあれこれに拘泥せずに、宮城の詩集の中の作品をこそ批評すべきであろう。宮城隆尋の、沖縄の理不尽な現実への憤怒を基底にすえた諧謔《かいぎゃく》と風刺の冴《さ》えわたる詩集『ゆいまーるツアー』は優れた詩集であり、私は別の論考（「沖縄戦・記憶の継承」『非世界』

19号所収）で引用したほどだ。市原本人は無自覚かも知れないが、氏の文章の行間から伝わってくるのは、先輩詩人といういわれのない奢《おご》りである。

読み応えある山原みどり作品

『アブ』第6号に山原みどりの「緑の扉」が掲載されている。

画家志望の若い女性が、散歩の途中大学の廃校跡の荒れ果てた敷地に誘い込まれ、そこで遭遇する奇妙な体験を描いている。世間から隔絶され広大な廃墟《はいきょ》と思われていたその敷地には、多くの病んだ人々が影のように住んでいた。そしてその秘密を知るものは一生外に出られないという呪縛《じゅばく》に縛られている。主人公を屋敷内に誘い込んだ青年は、周囲の人から日々自分の存在が視覚的にも記憶からも忘れられていく恐怖とたたかっている。そのため透明人間の薬を、いやそれを解除する薬の研究をしている。

他方、主人公の女性も、絵が描けなくなり、夢魔にうなされる日々の中にいる。透明人間とは何か。それは個が拡散し、存在すら知られずに希薄になっていくことのメタファーにほかならない。主人公らは夢魔をくぐって覚醒《かくせい》し、屋敷を脱出する。病んだ時代からの脱出の方途を探る重いテーマを、緻《ち》密《みつ》な構成としっかりした文章で仕上げていて、読み応えのある作品になっている。なお、同詩誌には、田中眞人のすぐれた長編評論「島尾敏雄論」が連載されており、今回で6回を数えている。

弱者視点からの反骨

10月は、沖縄の文学・思想にかかわってきた惜しい人たちを相次いで失った。3日平敷兼七、4日名護宏英、そして5日に上原生男。平敷氏は伊奈信夫賞を受賞した沖縄写真界の旗手。琉球新報(6日)と本紙(8日)に追悼文が掲載されている。名護氏は直接の面識はないが、戯曲や小説、詩を手がけ、芸能誌『ばらん』を発行。軸のぶれやすい時代にあって評論や新聞論壇でも、原則を崩さない論評がみられ、共感をもって読ませてもらった。『縄』第22号に「らぶれたー」という、実に飄々《ひょうひょう》とした詩を掲載している。

「沖縄ばららんの者ですがその魚
何という魚ですか?」と聞いた
「ラブレターが釣れました」
男はそう言って喜びを隠しきれないふうなのだ
「『ラブレター』とは異な名前であるな」と
言ってあれこれ自分のことに想像をめぐらした(略)

上原氏は詩人で思想家。状況にたいし重厚な思想的論評を展開する論客であった。昨年の暮れだったか、突然電話をよこし、私の文芸時評について、「ずいぶんきつい仕事を、緊張感を手放さずに書いているね」と労《ねぎら》いとも励ましともとれる感想を述べたうえで、中野重治の「村の家」の重要性について語っていた。

「村の家」は特高の拷問に屈して転向した主人公が実家の老父と対峙《たいじ》する作品。あるいは氏は、1970年代のラジカリズムの高揚を頂点とみなし、それの終息した現代において〈還相〉を生きることの意味を言いたかったのであろうか。3氏に共通しているのは、弱者の視点から反骨の精神を貫いたということだ。合掌。

（10月29日掲載）

基地と戦争をめぐる「新たな物語」

池澤夏樹『カデナ』

日本中を詐欺師たちが大手を振って歩き回っている。オレオレ詐欺やら結婚詐欺、介護詐欺といった事件のことではない。これらの事件の被害は当事者に限定されている。だが国家的規模による詐欺師の横行は130万人余に被害をもたらす。

「県外・国外移設実現に向けて政治生命をかけて交渉したい」「最低でも、県外」と発言を繰り返し、期待を煽りたてて支持と信頼をとりつけた揚げ句、政権の座につくや、県内移設を公言し容認するペテン。教科書検定意見撤回の要請についても川端達夫文科相が「(検定は) 適正な経過」と公言。多忙を口実に要請団と会おうとさえしない。10月7日に発生した米兵によるひき逃げ死亡事故に対してすら、地位協定の改定要請はおろか、米軍に容疑者の身柄引き渡しすら求めてない。ことごとく、県民の期待を裏切り続けているのである。

詐欺師の手口として共通しているのが、人の善意や信頼・期待に付け込み、それを平全と裏切って相手を絶望の底に突き落として恥じない点である。被害にあう人が陥るであろう苦境には一顧だにせず、自己の利害だけを優先し、相手をさらに悲嘆のどん底に追い込む。新政権が沖縄に対して見せている態度はまさに詐欺師の手口と同じである。この詐欺行為を許しているのが、日本の大手マスコミ。11月7日には嘉手納統合案に反対する地元集会が開かれ、翌8日の県民大会には2万1千人が結集して県内移設反対を訴えた。県内2紙は号外を発行して報じたが、読売、毎日新聞など全国紙は、写真なし一段扱いの雑記事扱いであった。新政権もメディアもぐるになって、再び沖縄を捨て石にして、日本の将来を描こうとしているのだ。

スパイ組織結成

『新潮』に連載されてきた池澤夏樹の「カデナ」が、このほど単行本として発刊された。カデナ基地内に勤務する女性曹長を登場させ、米兵の側から基地内の動向を描写するなど、発表当時から注目すべき作品であった。突き放すように歌う中島みゆきの歌を想起させるような乾いたタッチの文体や、米兵同士のブラックジョークを連発する会話、べとべとしない男女の性愛のやりとりなど、「アメリカ」をよく描出していると思えた。

舞台は1968年夏から73年春までの沖縄。68年夏はアメリカによるベトナム侵略戦争が激しさを増し、連日嘉手納基地から北爆が繰り返されていた時期である。

B52戦略爆撃機20機が、カデナ基地に降り立ったときから物語は始まる。ひょんなことでつながりを持つようになった4人の人物が、小さな「スパイ組織」を作り、B52による北爆情報を盗んで北べトナムに伝え、米軍の攻撃を妨害し、数万人に及ぶベトナムの人々を救う。また、別のグループが、厭戦《えんせん》気分の蔓延《まんえん》する基地内で脱走を呼びかけ、脱走米兵を国外に出国させる活動が展開される。B52爆発炎上事故やコザ暴動事件等、実在の事件を盛り込みつつ、巨大な米軍への抵抗を繰り広げる人々の勇敢な姿を扱った痛快な作品である。「あまはいくまはい」「かんなじ」など、随所にウチナーグチが上手にちりばめられ、清明祭《しーみー》や旧盆行事など沖縄的な人間関係の紐帯《ちゅうたい》についてもよく描出されている。

4人のスパイ組織の一人「フリーダ」はカデナ空軍基地に勤める女性曹長。北爆攻撃を計画する准将の専任秘書を勤め、その計画を記録し各部署に通達する任務についている。アメリカ国籍を持つが父が米兵、母はフィリピン人である。嘉手苅朝栄は沖縄人。21歳のころサイパンで戦火に見舞われ、両親と兄を戦争で奪われる。天涯孤独となり、戦後沖縄に移り住み結婚する。軍作業で運転手をしたり米軍相手の運送業を手がけたりし、現在は米兵相手に無線操縦の模型飛行機とアマチュア無線の店を開いている。

戦争の悪夢体感

この朝栄夫妻に育てられているのが「タカ」こと平良高広。コザの基地周辺で人気のロックバンドでドラムを叩《たた》いている。スパイの一翼を担う傍ら、大学で反戦平和活動をしている姉に誘われるままに脱走米兵の逃亡を助ける活動にも加わる。

アンナ（安南）はベトナム人。朝栄とはサイパン時代に知り合う。サイパンで戦災に会い、さらにベトナム戦争で家族も親族も村ごと失くしている。ハノイで諜報《ちょうほう》活動の訓練を受けたあと、米軍の北爆攻撃の拠点沖縄に、スパイの目的で滞在し、朝栄にスパイの協力を要請する。

「私にとってはベトナムは祖国です（略）。だがあなたにはまるで無縁の国と人々でしょう。だから私があなたを説得するには、あの時の記憶を持ち出すしかない。今、ベトナム全体がサイパンのようになろうとしている。爆弾と機銃掃射と艦砲射撃にさらされて逃げまどった私たちのあの思いを、世界のどこであれ、自分とは何の縁もない人たちであれ、あの恐怖をまた味わうものがいる」

他に、フリーダの恋人になるＢ52の優秀なパイロット、パトリックなどが登場する。パトリックはハノイに核を落とす役割を担わされるのではないかという悪夢にうなされ、それが原因で不能に陥っている。

これらの人物を結びつけているのは「戦争と基地」である。朝栄と安南はサイパンでの凄惨《せいさん》な戦争体験を共有している。フリーダもまた、マニラで少女期に戦争の悪夢を体験している。

「一九四五年の二月（略）、市民はアメリカの砲撃で死に、日本軍の反撃で死に、日本兵の銃や銃剣でもっとたくさん死んだ。マニラの戦いの一カ月で十万人が殺された」という。タカは少し違うが、母がひめゆり学徒として従軍看護婦に従事し、戦後、戦争の傷を抱えたまま自殺している。母から悲惨な戦争体験を受け継いでいる。パトリックとフリーダに「本当の戦争の場所」としてアブチラガマを紹介するところにそれが示されている。

「爆弾と機銃掃射と艦砲射撃にさらされて逃げまどった私たちのあの思い」を世界のどの人たちにも味わわせてはならない、という戦争体験と追体験に根ざしたこの思いが、4人を結びつけることになる。

「私たちは四人だけの分隊でした。指揮官は安南さんで、フリーダが情報を集め、タカが運び、私が送る。七年近くたった今になって冷静に考えてみると、ずいぶん危ないことをしたと思います。特にフリーダは発覚の瀬戸際で働いていた」と、朝栄が回想する。人種も立場も違うたった4人の分隊が、基地の内と外で連携して数万の人々の命を救う危険を実行する。ここには作家のヒューマニズムと豊かな国際感覚が示されているとみなしていい。

米軍へ抵抗する姿

フリーダの活動は瞠目《どうもく》すべきである。米軍に所属しながら、敵国ベトナムのために軍事機密情報を盗み出す。当然、絶体絶命の危機に直面したりする。米軍基地と戦争の実相を内部から炙《あぶ》り出すというこの新しい視点が、米兵フリーダの叛逆《はんぎゃく》と合わせて、ひと際この作品をインパクトのある新鮮なものにしている。

大江健三郎の「飼育」が芥川賞を受賞したのは1958年。大江はそこで少年らが米軍兵士の首を鎖につないで檻《おり》の中で山羊《やぎ》のように飼育する衝撃的物語を描いてみせた。99年、小説「希望」において沖縄の青年が3歳のアメリカ人を絞殺して後自害する絶望を描いてみせた目取真俊は、今年、「眼の奥の森」で、同僚らによる少女強姦を黙認した米兵が、「いつまでも目をそむけているわけにはいかない」との思いで過去の罪に向き合う物語を提示することで、かすかな希望を描いてみせた。

池澤夏樹は、この作品で、米兵が沖縄人や敵国の人と手を組んで米軍に叛逆するという新たな物語を描いてみせた。作中人物の発想へのいくつかの疑問はあるのだが、私たちはこのような作品を目撃するまでに、64年を要したことになる。

4人の「スパイ組織」は解散し、それぞれの生きる場所に戻る。一つの物語が終わった。だが、沖縄は、物語から36年が経《た》った今でも何ら変わってない。基地沖縄は―。

（11月30日掲載）

短詩型文学軽視の潮流の中で

野ざらし延男「米軍統治下二十七年と俳句」

鳩山政権は、米軍普天間飛行場移設問題について、年内決定を先送りした。ただ、辺野古への移設計画を撤回したわけではなく、移設関連経費の予算も実質計上している。

佐藤優は『中央公論』1月号の「佐藤優の新・帝国主義の時代」の中で、日米同盟と普天間移設問題について興味深い分析を行っている。

「普天間飛行場移設問題で、アメリカに譲歩してもらう場合、自衛隊をより機動的に派遣する形で、対応するという選択がでてくるかもしれない」と。ここでいう「自衛隊をより機動的に派遣する形」というのは、集団的自衛権の行使を禁じた憲法解釈を変更し、自衛隊の海外派兵をスムーズにするということにほかならない。吉田健正氏が本紙の「グアム移転計画の真実」と題する論考で、普天間からグアムへの移転は米軍にとって既定方針であることを暴露しているのも、そのことを裏付けている。移転先論議に明け暮れていると、足掬《すく》われることになる。

趣味の会自足に批判

文芸雑誌『ウェーブ』13号（11月発行）で、三浦加代子が「俳句と趣味」と題する評論を発表している。三浦はその中で、昭和21年に桑原武夫が発表した「第二芸術論」を紹介しながら、俳句会を趣味の会として自足する県内の俳句界を批判している。桑原の提起は「時代を越えて、鋭い切尖を俳句の心臓部に突きつけ続けている」とする大岡信の言葉を引用しながら、「俳句は文学である」ことを再確認している。

桑原武夫が「第二芸術論」で提起した核心的な問いは、〈俳句は近代精神を表現できるか、時代の詩と言えるか〉ということであった。つまり、俳句愛好者だけで趣味的な会をつくり、人間や社会の問題を扱わず、花鳥諷詠《ふうえい》に限定する虚子的な俳句観に呪縛《じゅばく》されているそのことを指して桑原は、それは「老人や病人が余技とし、消閑の具とするにふさわしい」「しいて芸術の名を要求するならば、私は現代俳句を第二芸術と呼んで他と区別する」と提起したのである。

この桑原武夫の繰り出した強烈なアッパーカットのせいなのか、短詩型文学は軽視され、日本で文学と言えば小説のことを差すと考えられている。

歌人の岡井隆が近著『私の戦後短歌史』（9月刊・角川書店）の中で次のように嘆いている。「ジャーナリズム、あるいは新聞、テレビ、みんなそうですけれど、小説家がいちばん上なのです。次は詩人、かなり下がって歌人。詩人は、歌人を問題にもしてなかった」と。格の落ちる歌人の位置に我慢できなくなったせいでもあるまいが、かつての前衛歌人岡井隆は、現在では宮廷歌会始の選者に就任し、さらに一昨年9月からは皇室に奉仕する「御用掛」として、宮仕えの身になっている。そのことを同書でも、「やっぱり僕は転向したのだと思う、明らかに。しかも、それはゆっくりと転向したのだ」と、臆面《おくめん》もなく語っている。

時代密接の作句

さて、こうした短詩型文学軽視といった事情は、沖縄の文学においても変わらない。『國文學』(2008年7月号)には、特集「地方の文学」が組まれている。沖縄編には「『オキナワの少年』を探る」(村上呂里)、「『沖縄文学とは?』とはどういう問いか」(宮城公子)、「戦後沖縄小説概観」(小野里敬裕)ら3氏の沖縄文学についての論考が掲載されている。

独自の視点から切り込んだ3氏の論考は、言語学や「琉歌」「おもろそうし」など、古典文学が沖縄文学研究の主流を形成するなかで、近現代沖縄文学研究の新たな書き手の登場として大いに期待させるものがある。しかし、そこでも扱われているのはすべて、小説だけである。

『うらそえ文藝』9号の「季語と俳句文学の自立」という論考の中で野ざらし延男は次のように述べている。

『うらそえ文藝』八号では鼎談『沖縄文学の現在と課題』(又吉栄喜・新城郁夫・星雅彦)が掲載されている。タイトルは『沖縄文学』と冠しているが『小説』のジャンルだけを論議している。

今日の識者の認識は文学イコール小説なのである。

さて、こうした中で、野ざらし延男が俳句誌『天荒』で書き進めている俳句論考は未開拓の領域に切り込んだ俳句批評として注目すべきである。『天荒』34号には「米軍統治下二十七年と俳句（2）」と題し、「五十年代の沖縄の俳句活動」という副題がついた評論文が掲載されている。

同論考の特徴は、俳句活動を年史的にたどるのではなく、時代との密接な関連において俳句活動を捉《とら》え返していることである。それはたとえば、次のような文の中にみることができる。

「一九五〇年代は島ぐるみ土地闘争の時代である。米民政府の発する布令や『プライス勧告』によって沖縄の土地を強奪し、強制収用した。これに対して住民は銃剣とブルドーザーの前に立ちはだかり抵抗した」

このように述べたうえで土地闘争作品を挙げている。

土地取られ眠れぬ夜の守宮きく　久高日車
赤い杭打って花野は基地となる　有銘白州
土を噛むブル炎天にデモの旗　松本翠果
接収地野の対空砲にブリックスはない　桑江常青
有刺鉄線で二分してゴキブリ模様の島　浦崎楚郷

市原氏への補足

先の文芸時評に対し、市原千佳子氏から、補足反論があった。市原氏の「表現という言語への考え方はご理解いただけると思う」という提言については丁重に受け止めたうえで、こちらも紙幅の許す範囲で補足することにする。私の詩についての考えは、本欄以外の別稿（『非世界』20号）で展開する。

一つは、松永朋哉「ゴーヤーチャンプルー」の詩の何処がいいかについて。「せつない心情をよく表出しえている」としたのが舌足らずだったようだ。まず、タイトル。「ゴーヤーチャンプルー」はせつなさの象徴として表出されているということだ。

次に、この詩が3連構成になっていることに注目しよう。1連で故郷を回想しているが、単なる回想ではない。「彼方まで広がる緑の芝生」のなかで「肌の色が違う人たちが住んでいる」矛盾渦巻く島として故郷を見つめている。2連ではしかし、そうした島の暗部にはふれず、「地方は快晴」「洗濯物はよく乾くでしょう」としか島を放送しない本土メディアへの違和感を「あぁここは沖縄ではないのだ」として、自己の立ち位置を噛み締めている。3連で「ゴーヤー」や「沖縄料理」が本土で「根強いファンを獲得し」「沖縄」が全国に進出していることを「果たして幸か不幸か」と、自問している。

なぜ、作者はゴーヤーが全国化していくことを素直に喜ばないのだろうか。基地が居座っているといった暗部には頬《ほお》かむりし、ゴーヤーや沖縄料理といった無害なことはたちまち全国化してしまう本土人の要領のいい〈ずるさ〉をそこに嗅《か》ぎ取っているからである。内部に増幅しようとする不信と違和感をなだめながら、一人異郷でゴーヤチャンプルーを食べることを「幸せ」だと思うことで自己を納得させようとする心象が、読む人に「せつなく」伝わるということなのである。

今日の基地問題に対する本土人の対応を日常の側から照射し、苦く噛み締めてもいるのだ。ゴーヤーでなければばならない理由がここにある。市原氏言うところの「世界の秘密や真実を読者の心や感性に届けている」わけで、この辺を読み取るかどうかで、詩の評価が分かれる。この詩が「個人的な散文的日常の伝達に終始している」のではないことが分かるはずである。

もう一つ。私が「奢《おご》り」といったのは、「ゴーヤーチャンプルー」評に対してではない。宮城隆尋の作品にはふれず、その活動に対し、「他者を育てる前に、もっと己が育ったほうがいい」と述べる苦言のあり方に対してである。岸本マチ子の詩の剽窃《ひょうせつ》問題とか、表現者の根幹にかかわるような問題の時は沈黙していながら、若い詩人たちの活動について陰であれこれ苦言を言う詩の世界への苦い思いが込み上げてくるというものだ。

（12月31日掲載）

2010年

屋嘉比収『沖縄戦、米軍占領史を学びなおす』 後田多敦『琉球の国家祭祀制度』
赤兎時雨「しろがね奏話」 魚衣ツキジ「スプラッシュダウン」 平岡禎之「急変」
塩屋二朗「榴弾砲の綱引き」 大嶺則子「回転木馬」 樹乃タルオ「青首」 仲宗根将二『戦後宮古の文芸活動』 仲程昌徳『沖縄文学の諸相』 田仲康博『風景の裂け目』 長堂英吉「通詞・牧志朝忠の生涯」 国梓としひで「とぅばらーま哀歌」 下地芳子「鯉とイペー」 前田よし子「街にふる夕立」 寺島夕紗子「クワディーサーと父」 崇野川安邦『千鳥の歌』 鈴木次郎「西銘郁和論」 垣花咲子「親が来る」 大城立裕「幻影のゆくえ」 仲里効「いとしのトットロー」 加藤宏・武山梅乗編『戦後・小説・沖縄 文学が語る島の現実』 池上永一『トロイメライ』 比嘉加津夫「『死の棘』の夫婦」 比嘉加津夫「『死の棘』の愛人」 比嘉加津夫「『死の棘』[illegible]真人「皆既日食の憂愁」 松島浄「『死の棘』ノート」 樹乃タルオ『二月の砂嘴へ』 比嘉美智子「自選五十首」

体験を基にテーマを追求

屋嘉比収『沖縄戦、米軍占領史を学びなおす』／後田多敦『琉球の国家祭祀制度』ほか

鳩山政権が激震に見舞われている。小沢一郎幹事長の元秘書で現職国会議員を務める人物ら3人が政治資金規正法違反容疑で逮捕され、本人まで東京地検に事情聴取を受けるにおよび、世論から幹事長退任・議員辞職を突きつけられて、最大のピンチを迎えている。小沢幹事長が辺野古はだめだと示唆した直後のタイミングであり、国会開会直前の現職国会議員の逮捕劇である。佐藤優は「東京の政治エリート間の権力闘争だ」（1月23日・琉球新報）としているが、背後に国内の権力抗争以上のもっと大きな力が動いていることは明らかだ。

新政権の一大ピンチのなか、24日の名護市長選で、米軍普天間基地の辺野古移設反対を訴えた候補者が当選した意味は大きい。

県外移設を主張

雑誌『世界』2月号は「普天間移設問題の真実」と題する特集を組んでいる。翁長雄志那覇市長、

宮城篤実嘉手納町長、伊波洋一宜野湾市長らを含む保革13人の論者が普天間基地問題を論じている。驚くのは保革の論者が共通して、普天間基地の県外移設を主張していることである。気になるのは、タイトルでも明らかなように、普天間基地の問題を普天間移設問題としていることである。県外か国外かというが、いつから安保条約を是とし米軍基地の存続を前提とした移転先論議になったのであろうか。

特集の巻頭を飾っている寺島実郎の「常識に還る意思と構想」と題する論考は注目すべきである。氏はここで、「日米の軍事同盟を変更できない与件として固定化し、それに変更を加える議論に極端な拒否反応を示す人たちの知的怠惰」を論難したうえで、日本の「自立自尊」のために日米同盟の再構築を提言している。「日本人に求められるのは国際社会での常識に還って『独立国に外国の軍隊が長期間にわたり駐留し続けることは不自然なことだ』という認識を取り戻すことである」として、「戦後六五年目を迎え、冷戦の終焉《しゅうえん》から二〇年が経過しようとしている日本に、約四万人の米軍兵力と約一〇一〇平方㎞の米軍基地が存在していること」を不自然だと指摘している。氏の指摘はまさにその通りであるが、しかし、その米軍基地の75%は、「日本に」ではなく、「沖縄に」集中しているのだということを忘れている。

寺島実郎と言えば鳩山首相の外交安全保障政策のブレーンであり（最近代わったと言われているが）、本人自身「鳩山首相が小生の長年の友人で、時に意見交換の機会もある」と同論考で述べているように、影の外交顧問と目されてきた。寺島の提言は、米国および対米追従に終始した歴代政権批判としては有効だが、しかし、外国の軍隊に代わる自衛隊の国軍化を提唱する布石となる危険を孕《はら》んでいることを見逃すべきではない。

自己体験　重ねる方法論

今月は小説以外の、注目すべき優れた著作について、ふれることにする。

一つは、屋嘉比収著の『沖縄戦、米軍占領史を学びなおす』(世織書房)であり、あと一冊は後田多敦著の『琉球の国家祭祀制度』(出版舎Ｍｕｇｅｎ)である。この研究領域の違う2冊の労作を読了して、その圧倒的分量もさることながら、テーマの考察を進める方法意識において、両者が共通していることに驚かされ共感したのである。その方法意識とは、テーマ研究の端緒において、自己の体験に重ねて追求する方法を選びとっていることである。この方法を選びとることによって両著は「なぜ本書のようなテーマに関心を持つようになったか」という、優れて主体的な方法を獲得しているのである。

さて、屋嘉比収の著書にはすでに、本紙などでの目取真俊の書評(12月5日)がある。目取真俊はそこで、全体的な内容を紹介したうえで、本書の問いかける核心的な考察点と、本書が出た今日的意義の大きさについて述べている。表題でも明らかなように、本書は「沖縄戦を学びなおす」と、「米軍占領史を学びなおす」の二つから構成されている。本書の核は「註」として示され解説されている膨大な史資料や参考文献でも窺《うかが》い知ることができるように、沖縄戦や米軍占領史について、先行する研究成果をふまえたうえで、それらを「学びなおし」、「新たな枠組みや視点から考察して論じた」点にある。が、ここでは、少し、違った角度から、見ていきたい。

冒頭、長文からなる「はじめに」を、慰霊の日に、戦没者の名前が刻銘された平和の礎の前の、遺族らの情景から書き起こしている。一つは〈戦没者の名前を指でなぞり、祈り泣きくずれる老婆の姿〉であり、あと一つは、その周りで、線香をあげながら親、子、孫の3世代が手をあわせている姿である。筆者は、礎の前に泣きくずれる老婆に感銘を受けながらも他方で、老婆らの世代の亡き後、その戦争体験がどのように子や孫に受け継がれるかについて懸念している。そこから筆者の〈記憶をいかに継承するか〉という主体的な問いかけが提起されている。本書は、全編がそのような〈当事者性〉を獲得せんとする熱源に突き動かされて書かれたものだとも言える本である。

筆者が〈当事者性〉を獲得する手だてとして挙げているのが、沖縄戦や米軍占領という〈大きな物語〉に対して個人史や私的記憶といった〈小さな物語〉を重ねて記憶するという方法である。その一つとして、父が沖縄独特の名（名乗頭）がついているために軍隊で散々殴られたという体験から、その息子（筆者）の命名にあたって士族を表象するアイデンティティーとしての名乗頭を付けてないことをあげている。また、「コザ暴動」に対しては、その要因ともなった糸満での轢殺《れきさつ》事件を想起し、その被害者が、自分の同級生の母親であったことと繋《つな》げて記憶している。

詩人の魂が熱く脈動

後田多敦の著書については、京都大学大学院教授・伊従勉の書評（1月23日・沖縄タイムス）がある。氏も指摘しているように本書の重点は第2章にある。1章において国家祭祀が琉球社会を結びつける重要な役割を帯びていたことを立証した著者は、2章において、明治以降の歴代の日本政府がそれを解体していく過程を跡付けている。が、ここでは終章とあとがきに注目した。そこには筆者の個人史と重ねたテーマ研究への切り口が鮮やかに書きとめられている。

> キファオン（浜崎御嶽）の神司をしていた母親はオンヤーの奥にいて、その弁当を直接手渡しできなかった。（略）静かな、しかし、確たる秩序とその厳かな雰囲気は不思議と皮膚感覚としていまも残っている。

歴史研究をおのれの個人史との関連で追求しようとするこの主体的姿勢こそが、凡百の実証主義的研究を退ける優位性を本書に与えている。

盛り込まれた「まゆんがなしの由来1、2」も興味深く読めた。特に、由来2で祖父が語ったというマユンガナシ外伝とでも言える話。オヤケアカハチに謀殺された八重山の有力者満慶山の残党が、将来の決起に備えて地域の儀式を偽装しながら仲間の家々をひそかに訪問したのがマユンガナシの始まりと話す祖父の語りは、どこか「五木の子守唄」の隠れキリシタンの秘話と似た感じがあって興味深いものがあった。

後田多敦は詩人だ。その詩の優れている点については、鈴木次郎が『裁詩』1号〜4号の後田多敦論「南島における優しさとは何か?」で熱く論じていて、優れた詩人論となっている。そのなかで鈴木は「音」という作品を取り上げ、村の祭で「マユンガナシ」に扮《ふん》した時の亡き父を回顧する詩に流れる詩人後田多の無上の優しさと温かさについてふれている。

本書は、後田多敦の歴史学徒としての側面を遺憾なく顕彰した著であるわけだが、その核には詩人の魂が熱く脈動していると思えたのである。


(1月31日掲載)

継承の有り様について一石

赤兎時雨「しろがね奏話」／大嶺則子「回転木馬」

『情況』1・2月合併号が「民主党政権の試練」と題する特集を組んでいて、川満信一の「『沖縄』から見る新政権」という論考が冒頭を飾っている。利権がらみで沖縄に基地を存続させようとする者たちの背後にある沖縄差別と悪行を暴き出す筆鋒《ひっぽう》は痛快だ。が、政界の動向や識者らの発言へのシニカルな論断にとどまっているのは物足りない。

この文の日付は昨年の12月18日。その時点で「(ゼネコンに群がる利権層は）恐らく公共事業関係でも深い亀裂が生じているだろう」から、「名護市長選ではもちろん『基地を造らせない』という側が勝つ」と予測しているのは卓見。とはいえ、県民の期待をことごとく裏切り、詐欺師集団と化しつつある新政権が県内移設を虎視眈々《たんたん》と窺《うかが》っているわけで、正念場はこれからだ。

おきなわ文学賞の作品と選評

第5回「おきなわ文学賞」が発表され、2月7日に表彰式が行われた。小説一席に赤兎時雨の「しろがね奏話」、二席に魚衣ツキジの「スプラッシュダウン」、佳作に平岡禎之の「急変」と塩屋二朗の「榴弾砲の綱引き」が選ばれた。『はなうる』２００９年版（1月29日発行）掲載の選考講評を読むと選者それぞれの視点があっておもしろく感じたが、一席の講評では玉木一兵氏の評がもっとも的を射た評になり得ていると思えた。

沖縄出身の若い女性三線奏者の自分探しの物語。その核心部分に風化していく戦争体験の世代間継承のもう一つの課題が巧みに重ねられて展開していく。

主人公は沖縄戦で祖母を愛し愛するが故に傷つけたという元兵士の老人との出会いと告白がきっかけとなり、傷ついた祖母の後半生の述懐に共振し、その「赦す心」を受け入れていく。

戦争が引き裂いた人間の心の時間の射程をしっかり捉えていて、声高でない戦争体験の継承に一石投じた感のある秀作である。

ほとんど同感なのだが、ただ、「祖母の述懐に共振し、その「赦す心」を受け入れていく」主人公の姿勢は甘いのでは。元日本兵の罪を安易に許すのではなく、もっと突き詰めてほしいと思えたのだ。今は老人ホームで余命を送る元日本兵は、沖縄戦の最中、軍の命令とはいえ、これまで親切に世話してくれた住民に対し銃を突きつけて脅し農場から追い出したという罪意識を抱えていた。それだけではなく、愛し合っていた村の娘（主人公の祖母）を、米兵に暴行させないためにという理由から、顔面を刃物で切り裂き、生涯拭《ぬぐ》えない傷を刻んだ人物であるのだ。孫に当たる主人公は老人に対面したとき、「歪んだ愛を唱え、女性を自分の所有物のように考え、その尊厳を踏みにじった」として、元兵士を厳しく追及する。「貴方の行いの為にオバァは女性としての幸せを掴むことなく、最後は静かに生涯を終えました。その事について国沢さん、貴方はどう申し開きするおつもりですか」と。

だが、地面にひれ伏して「許してくれ…許してくれっ」と「罪を悔いて泣きむせぶ《ママ》」老人の姿を見て、「もういいですから、泣くのはやめて」と、簡単に許してしまう。そこが物足りないのである。とはいえ、この作品は、若い世代による戦争体験の継承の有り様について「一石投じた」作品である。さらにもう一つは、軍命で仕方なかったと戦争中の罪に口をつぐみ、あるいは「集団自決」に軍命はなかったとして開き直る元日本兵らが大半を占めるなかで、元兵士が、戦時中の罪に苦しみそれと向き合うという問題を扱っている点で、鋭い問題提起をしている作品である。

ただ、文章については、おかしな表現が随所にある。それを選者の誰も指摘してないのも気になる。たとえば次の文。「貴女にお会いしてなかったら、とても遠い沖縄で就職なんて思い切ることはできなかったでしょうから。感謝してます」。「思い切る」はあきらめること。ここでは沖縄で就職を決めることだから逆になってしまう。

二席の「スプラッシュダウン」は祖父・祖母の死と立ち会い、その死の意味を考えていこうとする若者の姿勢に注目した。文章も勢いがありしっかりしている。中村喬次氏が指摘するように「フレッシュな新人の出現を予感」させるものがある。

大野隆之氏が入選作品にはふれず、落選した作品だけを取り上げて評しているが、解せない。作者には有り難いと思うが、作品を目にすることもできない読者は講評だけ示されても戸惑うばかりだ。

「狂気」から見る

第37回琉球新報短編小説賞の受賞作に大嶺則子の「回転木馬」が決まった。1月26日の琉球新報に選考評と一緒に作品が掲載されている。

海難事故で恋人を失い、さらに赤ちゃんまで流産してしまい、そのショックで精神を病んでしまった女性の話である。「狂気」の側から見た現実の世界が描きだされることで、現実に横たわる社会的弱者への酷薄な側面が浮き彫りにされる。それは例えば、精神を病んだ女性を見るや一斉に逃げ出す子どもたちであり、会社に復職しようとする彼女を気味悪がって冷たく追い出す元同僚たちである。その他、精神を病んでいると知るや、かかわり合いになるのを恐れてあたりさわりのない対応で逃れようとする周りの人すべてがそうである。

現代は狂気の時代と言われる。戦争があり、テロがあり、日常的に無差別殺人が連日のように発生している。貧困層が増加し、自殺者もここ数年年間3万人を超えている。地球規模の温暖化が進み異常気象が発生。各地で大規模な自然災害が激発し、人々が次々と命を失っている。こうした病んだ社会が人々に「狂気」の種を植え込んでいるのは確かである。

だが、作者は主人公の「狂気」の原因をそうした人災や社会的要因に求めない。ひたすら恋人の死と流産という個人的要因に限定しているように思える。愛の不在が指摘される現在、「名高い恋」は狂気を選ぶしかないのか。社会的要因に還元できない根源的不幸。惨劇はいつも個人的に訪れる。ここに、この作品の問いかける純粋性と制約性がある。

樹乃タルオ「青首」完結

2月に発刊されたばかりの『非世界』20号で樹乃タルオの小説「青首」が完結した。18号からの連載である。

表題の「青首」はオークビーと読む。オークビーとはマガモの雄のことであるが、ここでは鴨猟の名人として知られる猟師の渾名《あだな》である。「独り身で身寄りもなく所も定めたことがない。そのせいで戸籍が作られることはなかった。クシチネーランヌー（無国籍者）というのがもう一つの呼ばれ方であった」

国の有用植物の分布を調べるため山中を踏査する男（園原）が、秘樹とされるヤンムチギー（鳥もちの木）の在りかを唯一知っているオークビーと呼ばれる猟師を捜し歩く話。山を踏査するとは島の古層を探索することでもあるわけで、山村に潜む古い生業と自然の気配を書き込む情景描写が絶妙で見事だ。巧みな喩《ゆ》法とマシュマロのようなきめ細かい文の流れが、文章を読む醍醐《だいご》味《み》を堪能させてくれる。

フム。園原は足を止めてあたりを見回した。河は先刻から深く息を潜めている。ということは潮と淡水がこの先で出会っていて、嵩を増して戻りはじめているということであろうか。この気配はまるで四肢を屈して潮を飲む獣の咽喉のようだ。さしずめ頭部の河口では海水と淡水の競合と相姦が謀られているのであろう。

連載2回目の西銘郁和の平敷屋朝敏論はいよいよ佳境。今回は「眉唾の池宮論文」と題して、「手水の縁」は朝敏の作ではないと主張する著名な国文学者池宮正治氏の論への重要な論駁《ろんばく》を行っている。説得力のある興味深い論考であり、池宮氏および識者らの見解を知りたいところである。

なお、同誌には、本紙の文芸欄紙上で市原千佳子氏と筆者の間で交わされた「詩の批評」をめぐる論争についても、二つの論考が掲載されている。

（2月25日掲載）

困難続いた離島文芸活動を概観
仲宗根將二「戦後宮古の文芸活動」

3月11日付本紙1面トップにとんでもない記事が載っている。「勝連沖埋め立て検討」という大見出し。普天間のヘリ部隊を移設するために名護市のキャンプ・シュワブに加え、勝連沖に1800メートル級の滑走路を建設する案を検討しているというのだ。名護市辺野古の現行案を上回る大規模な埋め立て案である。23日にはこの案を軸に鳩山由紀夫首相、平野博文官房長官、岡田克也外相、北沢俊美防衛相らが最終調整、さらに普天間基地の存続の可能性まで示唆しているという。

いったい思考回路のどこを押せば、このようなとんでもない発想が出てくるのであろうか。1月に新基地建設反対を掲げた名護市長が誕生し、2月には県議会が全会一致で県内移設反対を決議、各種世論調査も圧倒的に県内移設を拒否していることを嘲弄《ちょうろう》するかのごとき言説。地元うるま市議会は3月19日に全会一致で反対決議、25日には市民総決起大会が開催された。緊急集会にもかかわらず、会場のきむたかホールは通路まで埋め尽くされた。

蔑視と差別意識

17日に結成された「与勝海上基地建設計画反対うるま市民協議会」の兼城賢次共同代表は「辺野古沖がだめなら与勝海上にというふざけた話はない。他県が受け入れられないのに、なぜ沖縄だけが押しつけられるか」（本紙3月20日付）と憤る。政府閣僚らの言動の根底にあるのは、骨の髄まで染みついた沖縄蔑視《べっし》と差別意識である。新政権もまた歴代の自公政権同様、沖縄の犠牲の上に日本の未来図を描こうとしているのだ。

この案を平野氏に持ち出したのは県内の経済人だということであるが、これら基地建設で目先の利権を得ようとする経済人や県内移設を臆面《おくめん》もなく提唱する沖縄選出の国会議員らを活用しつつ、「県内移設は沖縄側から提案されたのだ」という一大ペテン劇を演じようというのである。民意を裏切り沖縄差別政策に手を貸す経済人および議員らの大罪をも県民は目に濃く深く焼き付けておくべきである。

八重山には「野底マーペー」と称される奇峰があり、その山頂に岩石がある。岩石には、首里王府の命令で黒島から強制移住させられたマーペーという娘が、山頂に登って、引き裂かれた恋人を恋い慕って黒島を眺め、悲しみのあまり石になったという伝説がある。石になるとは、理不尽な権力への抗議であり、ぎりぎりの抵抗である。声が届かず、なすすべのない人間にとって最後の声は「沈黙」であり、「沈黙の叫び」が胸を打つ。だが、今、沖縄県民に求められているのは「沈黙の叫び」ではなく「怒りの叫び」であろう。４月25日には県内移設反対の県民大会が開かれる。

平良好児の決意

第27回東恩納寛惇賞は仲宗根將二氏が受賞した。仲宗根氏は宮古島市史編纂《へんさん》委員長。「宮古の歴史・文化研究」で顕著な業績が認められたことによる受賞である。『宮古島文学』第4号に仲宗根氏の論考「戦後宮古の文芸活動」(3)が掲載されている。同論考は、『八重干瀬』3号(1983年7月)、4号(同年12月)に発表したのを再録したもので、46年平良好児の個人誌『文化創造』の発刊以降80年代までの宮古における文芸活動全般が詳細にたどられている。

時代背景を分析しつつ小説、詩歌、俳句、エッセー等文芸活動全領域におよぶ活動と書き手が掘り起こされていて、それだけでも貴重な資料的価値を有している。『文芸』『あざみ』『カオス』『宮古文学』『群』『郷土文学』等の同人誌が何度も発刊されては立ち消えになるといったことが繰り返されている。こうした浮き沈みを見るにつけ、離島において文芸活動を持続することの困難を思わずにはおれない。それは単に書き手の意欲や力量、資金上の問題だけではない。米国民政府の布令の壁が立ちはだかる。

雑誌発刊にあたっては和英両文8通の発行許可申請書を作成、それが琉球政府宮古地方庁総務課を通じて行政主席官房に送られ、さらに琉球列島米国民政府が最終的に許可の可否を決定し、その逆の工程をたどって申請者の手元に届くわけで、許可書が届くのに50日近くを要したという。発刊したらその都度8部ずつの納本が義務づけられ検閲を受ける。55年『琉大文学』が反米的な作品を書いてあるという理由で発行停止され、さらに学生7人が退学・停学処分を受けた事件に顕著なごとく、米軍にとって内容に問題があると判断されれば発行停止を食らうことになる。

さまざまな困難の中で、73年平良好児が発刊した季刊の総合文芸誌『郷土文学』が96年2月までに90号を発刊し続けたのは、特筆に値する業績である。平良氏は創刊号に向けて次のようにしたためている。

私達の郷土は文学不毛の地とよくいわれます。(略)

しかし最近になって、短歌会、俳句会、随筆青潮クラブ等、が結成されて中央文壇に特選、入選が相次ぎその価値を高めています。(略)

このたび郷土文学を育成し、土着文化を止揚する種まく人としての自覚と意欲に燃えて「郷土文学」誌を発刊計画致しました。

仲程氏発掘の新資料

3年前、那覇で「日本現代詩人会西日本ゼミナール」が開催されたとき、松原敏夫と中里友豪が自作の方言詩を朗読した折、その言葉の響きに強烈な印象を受けたことがある。とりわけ中里氏の「チャタンターブックヮ」という詩の朗読はその名調子の声の響きに加えて、繰り出される方言の響きが新鮮に聞こえ、胸深く共振したのを覚えている。

今日、詩、短歌、俳句、小説の中に、沖縄口（方言）を取り込む作家は多い。小説作品では大城立裕や東峰夫に始まり、最近の崎山多美の「孤島夢ドゥチュイムニ」「クジャ奇想曲変奏」「マピローマの月に立つ影は」などの一連の実験方言、目取真俊の「眼の奥の森」での方言表記の工夫と長文による翻訳的な実験方言などその典型といえる。

「沖縄の表現者が方言を作品の中に持ち込むというとき、どのような思いや狙いがあるのか」について考える上で、格好な好著が出版された。

この程出版された仲程昌徳著『沖縄文学の諸相』（ボーダーインク）はこうした方言使用についての本質的問いと沖縄文学における方言使用の経緯について具体的作品を提示しながら詳細にたどった著作である。Ⅰ戦後文学の出発、Ⅱ方言詩の出発・開花、Ⅲ戯曲の革新と展開、Ⅳ海外の琉歌・戦後の短歌の４章から成る本著の、特にⅠ章とⅡ章に注目した。

氏はⅠ章の「戦後沖縄文学の出発」の中で、「沖縄の戦後の出発は、収容所生活によって始まったが、そこでまず、人々がうたいだしたのは、他でもなく琉球方言による表現なるものであった。それは、沖縄の人びとが、すべてを失なった時、呼び起こされてくるのが何であったかをよく語るものとなっていた」として、二つの歌を挙げている。これまで埋もれていた新資料である。

極北の地北海道にあって俳句革命を掲げ文学としての俳句の屹立《きつりつ》をめざし、〈実存俳句〉を提唱する革命的俳人西川徹郎に次の言葉がある。

「人間の実存は和歌伝統の美意識や国家の意志に隷属する文語では書き止め得ることは凡《おおよ》そ不可能

である。果たして誰が、人間の〈タスケテクレェ！〉の実存の末期の声を自ら文語によって書き止め得ることが可能であると言えよう」（「反俳句の視座」）と。ここで言う「文語」を「標準語」に置き換えれば、収容所下の沖縄の人々の叫びと底通するのがあるのではないか。戦争ですべてを失い、実存の末期にあった収容所で、沖縄の人々が国家によって強いられた標準語ではなく、琉球方言で表現するしかなかったというのは、言葉の本質を考える上で、極めて示唆的である。

著者は「あとがき」の中で、「沖縄の文学は、いかに『琉球語』を取り込もうとしたか、或はそれをどう生かそうとしたかの長い歴史があったことを改めて思う」と述べているが、このような問題意識から、本書が書き起こされているところに、本書の特徴と発刊の画期的意義が集約的に示されていると思えたのである。

（3月31日掲載）

植民地視の論拠示す

『現代の理論』／田中康博『風景の裂け目』

普天間基地の問題をめぐって迷走に迷走を重ね袋小路に入ってしまったかに見えた鳩山政権であるが、どうやらその移設案なるものの全貌《ぜんぼう》が見えてきた。辺野古の米軍キャンプ・シュワブ陸上部と徳之島に新基地を造って普天間の機能を段階的に分散移転し、その後勝連半島沖合を埋め立てて人工島をつくり、巨大新基地を建設、さらに将来的には那覇軍港や自衛隊基地をも集約して対中国を睨《にら》んだ一大巨大基地を建設するというものである。とんでもない恐るべき構想である。

しかも水面下ではこれらの案が頓挫した場合を想定して、県知事が主張する辺野古沖合の修正案や杭《くい》打ち案を検討しているという。徹頭徹尾沖縄を愚弄《ぐろう》する案ばかりである。ここから見えてくるのは、沖縄の基地負担の軽減どころか、米軍と自衛隊との一体化を推し進めつつ軍事力を強め、将来的に再び三度、沖縄およびその周辺辺地を犠牲に軍事大国を築こうとする邪悪な欲望である。

25日、米軍普天間基地の県内移設に反対し、県外国外を求める県民大会に9万余が結集した。圧倒的世論に押され、仲井真県知事も参加した。が、基地も安保も容認し「県内移設反対」にも言及しない発言に終始し、不本意な参加であることを滲《にじ》ませた。とはいえ、大会は空前の盛り上がりを見せた。15年前の米兵の少女暴行事件を糾弾する県民大会を上回り歴史をゆるがす大集会となった。当日、大会に向かう人々の波は、噴き出したマグマが溶岩となって流れ出したかのように会場に押し寄せ、広場を埋め尽くした。大渋滞に巻き込まれて大会に間に合わなかった県民も続出した。

県民をここまで突き動かしたのは何であろうか。筆者は先の文芸時評で、「政府首脳らの根底にあるのは、骨の髄まで染みついた沖縄差別である。新政権もまた歴代の自公政権同様、沖縄の犠牲の上に日本の未来図を描こうとしているのだ」と書いた。ではなぜそのような差別を行うのであろうか。その根拠を明示してくれる論考がある。

3氏の論考　歴史的裏づけ

『現代の理論』10春号（4月刊）は、総特集「民主政権と日米中・安保・沖縄」を組んでいて、沖縄から比屋根照夫、山内徳信、後田多敦の3氏が論考を寄せている。比屋根氏はその中で、伊波普猷が「日本と沖縄の間にものすごい大きな塹壕《ざんごう》があった」と指摘していることに触れ「その塹壕とは何かというと、琉球処分によって日本国民になったものの実際には沖縄の出身者は近代においては日本のなかの異人種としてみられて様々《さまざま》な差別問題が出てくるわけです。（略）そのことが当時の明治の若い世代が直面した悲しい、厳しい現実でした」という。だが、それは明治だけではない。

「沖縄戦のなかでなにがあったかというと、日本軍による住民虐殺、沖縄人敵視でした。日本の国内で他に例がありません。自国の軍隊が住民を敵視、スパイ視するその背景には伊波普猷が明治時代に苦しんだあの埋めがたい塹壕がありました。明治大正昭和を通じて沖縄というものの文化を否定しつくしてきた日本のまったく変わらなかったその姿勢が極端な形で現れたのが沖縄戦でした。日本軍は、琉球語を使うものをスパイとみなしています」と。

山内氏は東京で、常々、次のように述べているという。「私は常々、『醜い日本人になるな』といい続けています。75パーセントの基地を沖縄に押しつけてきた。もちろん時の政府が沖縄への政治的差別を押しつけてきたわけですが、国民がそういう国会議員を選び続けてきたわけです。それでもなおこれだけ苦しんできた人びとを救おうともせずに、米軍基地は自分たちのところに来てほしくない、できたら沖縄にそのまま封じ込んでおきたい。（略）そういう人びとを醜い日本人というのです。ところが本土にも辺野古と連帯して普天間と連帯して戦っている人びとがいる。（略）そういう人たちを私は、兄弟姉妹と思っている。」と。

後田多氏は、日本が、沖縄を犠牲にした過去を歴史的に検証したうえで沖縄戦について次のように述べる。「沖縄での日米両軍の戦闘は、日本が侵略地域で行った一連の戦闘の延長線なのである。日本はアジア各地へ出かけ、そこに住む住民を巻き込んで、その社会を破壊したが、その最後が沖縄での戦闘であった。ヤマトにとって、沖縄での戦闘は植民地などと同じように『外地』でのそれであり、『内地』での戦闘ではなかった。沖縄戦は『日本で住民を巻き込んだ唯一の地上戦』ではなく、ヤマトが侵略した地域で、地域社会を巻き込んだものの一つだといっていい」と。

これらの主張は、この間の日本政府の姿勢と現実の基地問題等で見せる言説を歴史的に根拠づけているはずである。

絡めとられていく風景

ここで、これらの主張をさらに裏付ける著書を挙げることができる。

4月に発刊したばかりの田仲康博氏の新著『風景の裂け目―沖縄、占領の今』(せりか書房)である。8章で構成される本書は、「政治とは無縁のものと思われがちな文化こそ、もっともグロテスクな形で政治性をはらむことがある」(はじめに)とする著者が、〈文化=政治〉という視点から、戦後沖縄社会の風景をたどり、その裂け目を筆鋒鋭く切り取った著作である。

風景の裂け目とは何か。少女暴行事件がそうであり、沖縄国際大学に墜落炎上した米軍ヘリ事件がそうだとする著者は、その時の政府首脳の冷淡な対応に対し「政府首脳やその他多くの日本人にとって、『戦後』とやらの〈外部〉に置かれ続けてきた沖縄のことなどもともと眼中にないということだ」と断罪する。第6章の「メディアに表象される沖縄」では一大ブームを呼んだ『ちゅらさん』の詳細な分析がなされていて、文化の〈政治性〉を問い、メディアの演出するイメージへ絡めとられていく風景を鋭く抉《えぐ》り出してみせている。

このように、各章それぞれに読み応えのある章を構成しているのであるが、とりわけ、第4章の「風景の政治学」に注目した。その中で、例えば、言葉をめぐる幼年の記憶を鮮やかにたどっている。それは「かまきり」という言葉の発音にまつわる記憶であり、もう一つは、方言札にまつわる記憶である。子どもたちが話す棒読みに近い発音を否定し、「これが正しい発音だ」として教師が示したそれは、語の始めにアクセントがあり、使い慣れた発音とあまりに違うその発音に、「しばらくの間、『かまきり』と発音しては皆で笑い転げていた」という。

これらの話は私の世代にも一つの記憶を呼び起こしてくれる。本の朗読をするたびにガ行音などの濁音は鼻濁音で発音することを教師からしつっこく注意され閉口したものである。

桜をめぐる記憶

さて、田中氏はこれら言葉にまつわる記憶を単なる郷愁として語っているわけではない。沖縄の〈今・ここ〉の成り立ちを解明することにこそ関心を寄せる著者は、そのような視点から、「土地の言葉を奪われ与えられた言葉によって世界を表象」するしかない沖縄の子どもたちのその後と今について言及する。

桜についての記憶も注目すべきである。

沖縄の桜は一月に咲く。沖縄で生まれ育った私が、この当たり前の事実をはっきりと意識したのは大学に入ってからだった。(略)私には、どうしても子どものころに見た、見ていたはずの「ヒカンザクラ」が思い出せない。あの頃も今も、「桜」として私がイメージする花は春になると花開く吉野桜なのだ。現実に染井吉野を見たことはなくても、出版物やテレビを通して刷り込まれたそのイメージが、その頃の私にとって「正しい」桜として意識されていたのだろう。

田仲氏は、同書で、普天間基地「移設問題」として報道されていることについても次のように述べている。

単純明快に基地の閉鎖・返還を求め、その代替地などには言及しないことだ。一方で基地を押し付けられておきながら、その代替地を探す、しかも県内で探すなどという愚を冒す必要はない。

普天間問題の原点と根本問題をついた鋭い指摘である。

（4月29日掲載）

25周年記念号　充実の好編

長堂英吉「通詞・牧志朝忠の生涯」／国梓としひで「とぅばらーま哀歌」　ほか

23日、沖縄を再訪問した鳩山由紀夫首相は、仲井真弘多県知事に普天間基地の辺野古周辺移設を明言することで、県民のかすかな期待をも、自ら、最後的に断ち切ってみせた。

屋嘉比収氏が、14日付琉球新報で、石川啄木の《何となく明日はよき事あるごとく／思う心を／叱りて眠る》という歌を引用しながら、「『普天間基地問題』を考えるうえで、いまの私（たち）の心境の一端を言い表しているようにも思える」と述べている。氏は言う。「『復帰』して38年間の歳月は、ある意味こんどは変わるのではないかと日本政府の言動に、かすかな『期待』をいだきながら、『裏切られつづけた』時間だった。（略）いま必要なのは、私の中にもあった『何となく明日はよき事あるごとく思う心』の、あわい『期待』を自分自身の手で『叱り』つける姿勢ではないか」と。

この間の鳩山政権によるペテン的迷走劇で見えてきたのは何であったか。結局は、「抑止力」神話にすがり、沖縄への構造的差別と犠牲をそのままにして、この国の未来を描こうとする姿勢であり、本土メディアがそれをよしとし、国民世論がそれに同調させられているという構図だ。

28日の日米合意によって、政府主催のペテン劇の幕引きを終えたつもりかも知れない。だが、県民の総意を踏みにじった暴挙を強行すれば、現実には何一つ終わっていないことを、これからしたたかに思い知ることになるはずである。

長堂英吉「通詞・牧志朝忠の生涯」

『南涛文学』が元気だ。今月発行された25号は創刊25周年記念号となっている。340ページを数え、小説作品だけで8編を掲載している。巻頭を飾っているのは第34回新沖縄文学賞受賞作、美里敏則の「ペダルを踏み込んで」である。この作品については昨年の文芸時評（2009年4月30日付）で取り上げたのでここでは割愛するが、再読してみて、孫娘との会話で宮古方言が生き生きと駆使され、表記においても読者に理解できるように工夫されている点が新鮮に映ったということを追加したい。

本号の圧巻は、長堂英吉の「通詞・牧志朝忠の生涯」である。原稿用紙300枚余の重厚な大作が、達意な文で綴《つづ》られている。牧志朝忠と言えば、首里王府に通詞（通訳）として仕え、外国の艦船が頻繁に寄港し、武力を背景に琉球国との通商を迫るなかで、その語学を生かして活躍した歴史上の人物である。フランス軍艦の来航、宣教目的で強引に上陸し居座ることになるベッテルハイム一家を乗せたイギリス商船の来航、そしてアメリカのペルー艦隊の来航の際のやりとりなど、威嚇的に迫る大国の使節に対峙《たいじ》し、臆《おく》せずに応対し数々の難局を切り抜けたとされる。

これらの功績によって牧志は、首里王府を実質支配する薩摩藩主の島津斉彬に重用され、破格の地位を獲得する。作品にはこれらの史実も取り込まれ、リアルに描きこまれている。しかし、島津斉彬の急死を契機に薩摩藩では反斉彬派が政権を掌握し、琉球内の親斉彬派の重鎮とみなされた牧志は、首里王府内の反薩摩派の謀略で失脚し投獄される。これが世にいう牧志・恩河事件である。ところが、斉彬の開国路線＝富国強兵路線に路線変更した薩摩の反斉彬派が、牧志の語学と外交術を重宝とみなし、入牢《にゅうろう》中の牧志の身柄を強引に引き取る。

突然の態度豹変《ひょうへん》をいぶかる牧志に対し薩摩藩の使者は語る。「殿は、あなたのエゲレス語のお力を高く評価しておられましてな、是非そのお力をお貸し願いたいと言っておられます」「牧志殿が余程お気に召されたのでしょう。大変名誉なことなのです。となれば、これは拒むことは出来ませぬ」と。

「物」として扱う

しっくりしないままに承諾し、鹿児島行きの船に乗り込んだ牧志であるが、船が伊平屋灘にさしかかったあたりで海中に身を投じてしまう。

いつも鹿児島の立場に立ち、あれほど鹿児島のために尽くしてきた自分たちを島津忠義の新政権は見殺しにした。一瞥もくれなかった。一瞥を呉れるどころか、窮地に追込もうとさえした。その新藩政が掌を返すように「薩摩のためにひと肌脱いでくれ」という。

いったい、これはどういうことだろう。これほど得手勝手な申し出もあるまい。（略）

（薩摩の事情によって味方にされたり、敵にされたり…。いったいわしらは何なのだ）（略）

（悲しいかな、おれは『物』に過ぎない。（略）所詮は使い捨ての機械《からくり》。おれは「物」としてしか扱われていない。

なにが薩摩への招聘だ。おれたちが助けを必要としている時には目もくれなかった連中が、自分たちに好都合とあれば、牢を打ち破ってまで連れ去っていく…）（略）

いい加減にしやがれ。おれさまだって人間だぞ。「物」じゃないぞ。

これが、謎の投身自殺を遂げた通詞・牧志朝忠の死の謎への作家長堂英吉の文学的回答である。そして、このくだりを読むことで、作家が何ゆえに今日この時点で古い事柄を題材にした歴史小説を書かねばならなかったか、その基底的動機が分かってきたように思えたのである。

作品で見せている薩摩の姿勢は、歴代政権および今日の鳩山政権が沖縄に示している姿勢とそっくり当てはまる。「沖縄差別」どころか、沖縄を「物」として扱っているのだ。去る沖縄戦で、二十数万余の犠牲を出して「日本のために尽くし」てきた沖縄を切り捨てて米軍支配下に置き、復帰に際しては密約を交わし、65年も基地を押し付けながら、今日再び三度、日本（本土）の抑止力のために、「また沖縄にご負担をお願いしたい」と慇懃《いんぎん》無礼に述べるのだ。

国梓としひで「とぅばらーま哀歌」

第53回農民文学賞を受賞した国梓としひでの「とぅばらーま哀歌」も読み応えのある作品である。石垣島で牛牧場を経営する若い夫婦の哀歓を描いている。主人公の男は島で父から牧場を受け継いだ青年雄一郎。女の主人公は島でたくましく生きる雄一郎に一目ぼれして嫁いできた大阪出身の瑠璃子という設定である。この種の題材を扱った作品にありがちな癒《い》やしの島幻想への類型化に流れることなく、見事な出来栄えを見せている。

それを成功させているのは作者の筆力にあるのはもちろんだが、重層的なテーマを絡ませた構成が、作品をより奥行きのある物語にしあげている。一つは、牛を飼い牧場を経営する若い夫婦の日常とその周りの人間関係の悲喜が生き生きと描かれる。順調だった牧場経営が内側から危機を孕《はら》む。愛息の事故死を契機として若い夫婦の絆《きずな》を内側から危うくしていく。あと一つは外側からやってくる。かつての瑠璃子の同級生の男が島にきて、その男に瑠璃子が心ときめかすという形で夫婦の危機が訪れる。男は島の牧場を買いあさる不動産屋であり、島の土地が本土資本によって侵食されていく様子と瑠璃子が本土から来た青年に心を寄せることによって夫婦仲が侵食される様子がオーバーラップさせられることによって、物語はスリリングに展開していく。

こうした牧場経営をめぐる展開を縦軸とすれば、「とぅばらーま」をめぐって展開されるドラマが横軸を成す。とぅばらーまについても、一つはとぅばらーまとは何かという、歌謡の持つ本質論の展開を内包し、あと一つはとぅばらーま大会への参加という現実的ドラマとして進行する。とぅばらーまとは、ただのびのある美声で朗々と歌えばすぐれているというものではなく、その歌のなかに実生活に裏打ちされた真実の叫びをどれだけ盛り込みえたかにある、と、作者は訴えているかに思える。

『南涛文学』25号には他にも優れた作品が掲載されている。下地芳子の「鯉とイペー」、前田よし子の「街にふる夕立」など問題意識を喚起される作品であるが紙幅の都合で全部を取り上げることはできなかった。また、琉球大学に在学する学生を対象にした「第3回びぶりお文学賞」が発表され、若い書き手の登場に期待したのであるが、今回は受賞作がなく、佳作3編の選出にとどまったようである。

（5月30日掲載）

平和を願い詠む

『花ゆうな』第16集／短歌で訴える平和朗読　ほか

おちこちに死者の声聞く摩文仁野は六月の風にススキ直立す
潮騒は切岸の淵にとどろきて未だ届かぬ死者のいくたり

右の歌は、『花ゆうな』第16集に載った當間實光の歌だ。五・七・五の上句と七・七の間に深い息継ぎを置く短歌の流儀をよく抑えつつ、死者たちの声を聞き取ろうとする作者の息遣いが伝わる秀歌だ。

沖縄の6月は慰霊の月。各地で沖縄戦の死者たちを追悼する行事が開かれる。19日、平和の礎の林立する摩文仁の丘を訪れた。梅雨明けの宣言されたその日、空はあくまで青く、マリンブルーの海は潮騒を乗せた波が切り岸に打ち寄せていた。平和祈念公園は夏の陽光に輝き、広場に植わったクワディーサーの緑がひときわ目に染みた。

「さとうきび畑」誕生の秘話

『はえばる文芸』第2号に、寺島夕紗子の随筆「クワディーサーと父」が掲載されている。寺島夕紗子はソプラノ歌手で「さとうきび畑」を作った寺島尚彦の娘。父との思い出を次のように綴《つづ》っている。

梅雨明け直後の強い陽射しが照りつける平和祈念公園を歩きながら、父は礎に沿って植えられたクワディーサーの木々に目をとめた。「この木はなんという木かな（略）」
同行していた地元の人が「この木はクワディーサーっていうんですよ。お墓によく植えられていて、あまりに成長が早いので、死んだ人のすすり泣きを聞いて育つ、と言われているんです」と言った。（略）その時父は何とも言えない表情を浮かべ、クワディーサーに見入っていた。

同誌には尚彦の妻、寺島葉子の随筆も掲載されていて、「さとうきび畑」誕生にまつわる「秘話」が綴られている。

暑い陽差しの中、自分の背丈を超えるほどに茂った広いさとうきび畑を黙々と歩いていた時、ふと立ち止まった案内の方から「あなたの立っている足元には、まだ戦没者の遺骨がそのままになっているのですよ・・・」と告げられました。（略）あの激しい夏の日が終わりを告げてから、当時19年も過ぎようというその時にも、まさにそこは戦跡だったのです。若い作曲家が受けた大きな衝撃は（略）轟然と吹き抜けていったあの風の音と共に、亡くなった方たちの嗚咽や怒号の声を確かに聞いた…と夫は語っておりました。

葉子は「当時19年も過ぎようというその時にも、そこは戦跡だった」と綴っているが、65年がたった今も沖縄は戦跡であり、戦場である。戦場となったあちこちで、今も戦没者の遺骨が眠っている。23日県立博物館・美術館で開かれたシンポジウム「骨からの戦世」は、具志堅隆松が掘り出し、比嘉豊光の写し出した衝撃的写真と共に、そのことを改めて、浮き彫りにした。遺骨は荒ぶるままに晒《さら》されていた。

どこからも骨が出てどこも仏桑華　末吉發（第8回沖縄忌俳句大賞）
土中深く不発弾埋れゐるならむ怖れつつ生きし半世紀余を　比嘉美智子（『花ゆうな』第16集）

自らの痛みとする動き

いまだ不発弾が埋没され、埋もれた遺骨さえ収集されない戦地沖縄に、65年もの間基地が居座り続けているなかで、さらに新たな巨大基地を建設するという。「また沖縄にご負担をお願いしたい」とはよくぞ言えたもので、怒り心頭、開いた口がふさがらない。
「国外、最低でも県外」を公約したはずの鳩山由紀夫内閣は成立後わずか8カ月余であっけなく崩壊。

辺野古に反対し、筋を通した福島瑞穂社民党党首を罷免しての辞任である。新しく、菅内閣が誕生した。だが、普天間基地の辺野古移設を明記した「日米合意」は踏襲するという。そればかりか、支持率上昇に気をよくして、膨大な米軍への思いやり予算や5兆円に及ぶ軍事費は手付かずのまま、封印していた消費税10％引き上げまで言い出す始末。マニュフェスト詐欺、第2自民党という声が聞こえる。

交代は交代のみのことでした熱ある耳に国会中継　古堅喜代子（『くれない』6月号）
この国はどこに向かって歩くのか怒りのような夕日の放射　伊志嶺節子（同）

19日、県平和祈念資料館ホールでは第15回糸満市平和祈念祭が開かれ、6回目を迎える短歌で訴える平和・朗読が披露された。遠くはフランス、北海道から沖縄宮古島までの応募作82首の短歌が平和の願いを込めて朗詠された。「紅短歌会」（玉城洋子）がはじめた草の根の取り組みが定着し、全国的な広がりをみせたといえる。

「礎」に居るおとうとに捧ぐ赤バナァ五歳のお前が好きだった花　仲村致彦・沖縄
兄の意志継がねばならぬ「平和学」沖縄戦の本を読み込む　成沢自由・埼玉
琉球弧の青に溺るる！癒さるる！いひつつ血走る大和の眼　南輝子・兵庫
泣きやまぬ赤児に銃剣突きつける軍は鬼なりウチナーンチュに　今井正和・東京

他府県から寄せられた歌に質的変化が見られる。沖縄戦を客観主義的に詠む傾向にあったのが、自らの痛みとして主体的に捉《とら》え返そうとする姿勢が窺《うかが》える。

残酷な戦争抉った若松映画

朗読会の終了後、那覇の桜坂劇場で、若松孝二監督の作品「キャタピラー」を観《み》た。主演の寺島しのぶがベルリン国際映画祭で最優秀女優賞を受賞した作品だ。その日が全国公開に先駆けての封切りだという。

凄《すさ》まじい映画であった。農村の青年が、兵隊に召集され、戦地で両手、両足を根元から喪《うしな》い、口も聞けず、耳も聞こえず、顔も醜く焼け爛《ただ》れた肉の塊となって妻の下に送られてくる。多くの勲章を胸に、「軍神」と賞賛されて―。映画はその後の夫婦の愛憎と葛藤《かっとう》と錯乱を執拗《しつよう》に描いている。帰還した夫は生ける屍《しかばね》。まるで芋虫だ。キャタピラーとは芋虫のこと。すぐに、カフカの「変身」が浮かんでくる。ある朝目覚めたら巨大な毒虫になっていたという不条理。醜い肉体を呪い、家族に虐待された揚げ句みじめに死んでいく。

しかし、映画の男には出征という芋虫になった明確な理由がある。虐待どころか祀《まつ》られる軍神だ。食欲と性欲だけは旺盛で、あざとく飯を食らって排泄《はいせつ》し、激しく性を求める。軍神の妻の鑑《かがみ》としてそれに奉仕する妻。中国戦線で虐殺と集団強姦を繰り返した夫（少尉）の脳裏に、時折、その悪夢が蘇《よみがえ》ってきて錯乱する。逃げ惑い、泣き叫ぶ女たちの顔。強姦し刺し殺した女たちの苦痛に歪《ゆが》む顔…。死体の山…。軍神の実相だ。

黒い衝撃が鳩尾《みぞおち》をえぐり、いろんなことを問いかけてくる作品だ。戦争は健康な人間の精神も肉体も破壊するのだという直接性。国民を捨て石として扱う国家とは何か。徴兵し使えなくなれば妻に押し付ける公の理不尽。国民すべてが国家の言いなりになることの怖さ。戦争に酔い、戦争を翼賛する大衆とは何か。万歳で兵士を送り、提灯《ちょうちん》行列で戦勝に酔いしれる。戦争と銃後の隠された残酷面を抉りだしているとも言える。

さまざまな見方が可能だが、私は、ある人物に注目した。襦袢《じゅばん》に赤ふんどしで村を徘徊《はいかい》する「クマ」という狂者だ。出征兵士を村人が日の丸とバンザイで熱狂的に見送る場面や、村長が軍神の軍功を讃《たた》え、勲章を称揚する場面などに現れてゲラゲラ笑ってその場をしらけさせたりする。皆がバカよばわりする「クマ」を見て、「草田男の犬論争」で知られる句を思い出した。

壮行や深雪に犬のみ腰をおとし　中村草田男

出征兵士を熱狂的に壮行する人々の傍らで、その様を腰をおとし冷徹に眺めている一匹の犬の姿を詠んだ句である。

赤城さかえは、周囲の熱狂に雷同しない犬の存在に着目した作者の批評精神を絶賛したのであるが、この犬こそ「クマ」であり、軍事の抑止力を容認し、安易に有事＝戦争を肯定する現在の狂気に注がれた若松監督の冷徹な眼である、と思えたのである。

氏は普天間基地問題についても率直に述べている。

「もしも基地によって安全が守られていると主張するのなら、普天間の移転先を東京湾にすればいいじゃないですか。国会もあるし、皇居もある」（『若松孝二　キャタピラー』游学社）と。

（6月30日掲載）

豊かな詩情と風刺精神

榮野川安邦『千鳥の歌』／村上春樹『1Q84』ほか

村上春樹の『1Q84』が爆発的な売れ行きをみせている。BOOK3が出て、3巻とも100万部を突破する大ベストセラーだという。

この作品では月が二つ出てくる。〈世界が同時に二つの意味をもつように見える〉ことの象徴であろうか。月が二つなんてあり得ないことだ。どちらかが嘘《うそ》に決まっている。沖縄の基地の負担軽減といい、辺野古に巨大新基地を造るという。二つの月が出るはずがないのと同じで、二つの言葉が同時に成り立つはずはない。まやかしの世界なのだ。「1984」ではなく「1Q84」とされるゆえんであり、そのまやかしの世界からの脱出劇が描かれる。

その際のキーワードは「純愛」である。10歳の時に手を握り合って別れた薄幸の少年と少女が、20年後にさまざまな曲折を経て再会するという話。「名高い恋」の物語だ。少女は殺し屋となり、少年は塾講師をしながら小説を書いている。この二人が、3巻で、さまざまな妨害を潜り抜けながら、いよいよ再会する。

村上春樹は同著について、「神話の再創成」ということを述べている。文芸評論家の湯川豊は、「単なる恋愛小説ではなく、まさに神話的な恋愛の世界といえる」と評価する。

民話の「再創成」

榮野川安邦が民話小説集『千鳥の歌』（ゆうな出版・6月刊）を出版した。昨年6月に上梓《じょうし》した『太陽と瓦礫』につぐ出版であり、精力的な創作である。寓話《ぐうわ》小説というのはよく聞くが、「民話小説」というのは聞きなれない。民話小説とはどういうものか。筆者は「あとがき」で、「民話に現代のリアリズムを吹き込んだらどういう小説になるだろう、と始めてみたのが、この『民話小説』というものである」と記している。先の、村上春樹の言葉に倣って言えば、「民話の再創成」ということになるわけで、興味深い短編集である。

本書には5編の作品が収められている。「千鳥の歌」「ノミとシラミ」「ミミズの涙」「耳切り坊主」「キジムナーとブナガヤ」である。ここでは、2編を取り上げて評することにする。

表題の「千鳥の歌」は、元漁師に助けられた千鳥が恩返しをする話。娘に姿を変えた千鳥が、息子を海難事故で失った一人暮らしの老夫の世話をし、息子に代わってハーレー競漕《きょうそう》を優勝に導いていく。が、老夫がチルーの正体を他人に話してしまった夜、チルーは一羽の千鳥に戻って老夫の家を飛び去っていく。正体を他人に話さないという約束を破ったとき別離がくるという設定は、木下順二の「夕鶴」や雪国に伝わる民話の「雪女」を想起させるところである。もちろん作者はそのことは百も承知である。

作者の狙いは、寓意を伝えることにあるのではない。そのような民話の題材を用いて、戦前の漁村と庶民の様子をリアリティーをもって浮かびあがらせることにある。その場合の縦軸となるのが、ハーレー競漕の勝利に至るチルーの恩返しであり、横軸となるのが糸満漁村の庶民生活の活写である。

物語は、糸満の漁師たちがサバニ漁から帰り、妻や子どもたちが待つ夕刻の浜辺へ乗り入れるところから始まる。

大きな熟れた九年母《くぬぶ》の実のような太陽が、西の海に沈もうとしている。同じ九年母の光が、波頭を真っ直ぐに貫いて、浜辺に集まった人々の足元にまで達している。同時に人々の日に焼けた顔も染める。人々は皆手をかざし、沖のかなたへ目を凝らしている。春の波は穏やかで、糸満の白浜を間遠に寄せては返している。
水平線に黒い一点が現れ、それが二つになり、五つになり、やがて二十余りのサバニになる。

漁師たちは漁のできない老夫に魚を分け与え、時に野良仕事を手伝ってやる。独り身を気遣い、話し相手になり、三線を弾いて酒を酌み交わす。かと思えば、上納税を免れるためにずるく立ち回る者がおり、自分のチームのハーレー競漕での勝利のためにユタを買収したりする村人がいる。庶民のおおらかさや人情、ずるさやたくましさが愉快に、詩情豊かに描きこまれている。

誤植ではと思うが、カマデーの許婚者ウサーとその母親ナビーの混同があり、気になった。

「ノミとシラミ」は、5編の作品の中では異色だ。ここでは逆に、史実＝政治の民話化が企てられている。民話小説というより、ノミ、シラミという卑小な存在からみた、人間社会の活写であり、風刺と諧謔《かいぎゃく》に満ちた歴史小説とみなした方がいい。時は薩摩軍の琉球侵略の頃《ころ》。薩摩兵の侵攻と一緒に兵に付着してくる薩摩ノミ・シラミの襲撃を、日ごろは中の悪い琉球シラミとノミが団結してやっつけるという設定である。

屋根裏に住むノミ、シラミの世界の奇想天外な活写がなされているが、その世界を貫いているルールは、意外にも、全員の徹底した討議によって方針を確立する直接民主主義である。それは、権力者が武力と暴力で支配する人間社会と対極をなしていると言える。沖縄の民意を無視して基地押し付けを画策する理不尽な権力と、それとの対抗のあり様を模索する今日の政治の構図をも彷彿《ほうふつ》させるものがあり、真剣で不真面目《ふまじめ》、ユーモアとペーソス、沖縄文学の愉快なすそ野を切り開く新感覚の作品である。

鈴木次郎の西銘郁和論

鈴木次郎が個人誌『栽詩』（大沢書店）の第9号、第10号、第11号で3回にわたって「西銘郁和論」を展開している。西銘郁和の詩を、独自の視点から浮かびあがらせていて、西銘郁和の詩のどこが優れているかについて具体的に論じていて注目すべきである。論考のタイトルは「奔走する巨大な観念エネルギーのドラマ―西銘郁和の詩が辿り着いた地点―」となっている。

鈴木は西銘の文学的出発点となる『琉大文学』への入部から第1詩集『星盗り』を経て、個人詩誌『風塵』、『沖縄現代詩文庫⑨　西銘郁和詩集』そして最新の詩集『時の岸辺に』まで、西銘の詩の全体をたどって鳥瞰《ちょうかん》し論じている。

私が鈴木の西銘郁和論で特に啓発されたのは、1984年に発刊した個人詩誌『風塵』のなかの「スケッチ運動会」を論じた個所である。この詩を西銘の詩の「感情の原点」だとする鈴木は、この詩の優れている点を次のように評している。

この詩は、パン食い競争で、背の低いおかあさんが一人だけパンに届かず観衆に笑われる場面から始まる。耐えきれず泣きながら出てきた少女が、パンを手でちぎり母親にくわえさせるドラマ仕立ての話である。しかしこの詩が良いのは、第四連で少女が規則を守り嘘はつかないという「おかあさんの教えを　どっか／深く修正した」点にある。ここでこの詩は、急激に深みをました。同情を惹かせて、感情をくすぐるできあいの詩とは無縁になった。むしろドライな抒情で、読者の認識を問うような後味に仕上がった。

80年代初頭、重いテーマが主流だった沖縄の詩の世界では、この詩はあまり評価されなかったというのだが、鈴木は埋もれていたこの詩の良さを掬《すく》い出してくれたわけだ。西銘の詩に「人間存在への限りない慈しみと信頼」を読み取ってきた私にとっても、いたく共感できる評である。優れた詩の批評に出会うのは愉快なことだ。鈴木は『栽詩』11号では、西銘郁和の最新詩集『時の岸辺に』を取り上げて、氏の「最高の到達点である」としているが、紙幅の都合上、ここでは割愛する。

絶妙な表現力　垣花咲子の短編

『うらそえ文藝』第15号に垣花咲子の短編小説「親が来る」が掲載されている。大阪に住む娘のところに、ふらりと両親が訪ねてきて、大阪城の梅を見に案内するという話である。

久しぶりに再会する親子であるが、娘は両親に「どうしても縮まらない距離」を感じていて、彼氏を紹介することもない。この作家は、心理の機微の描写と会話のやりとりを絶妙に表現する力を持っている。両親との距離を意識した象徴としての、幼い頃の竹林の記憶の伏線もいい。（7月29日掲載）

沖縄作家の「せめぎ合う言葉」

大城立裕「幻影のゆくえ」／仲里効「いとしのトットロー」

8月は死者たちの声に耳を傾ける追悼の月だ。6日の広島忌、9日の長崎忌、そして15日の敗戦忌と続く。NHK—BSは16日「吉永小百合平和への絆コンサート」を終戦日特集として再放送した。彼女は、名優らが次々とお笑いに走っていく中で、自らの立場を矜持《きょうじ》してぶれない女優の、数少ない一人だ。

原爆詩の朗読は今年で25回目を数える。1部で原爆の詩、2部では坂本龍一のピアノで栗原貞子の「生ましめんかな」という詩を朗読し、この詩のモデルとなった本人とその娘が会場に来ていることを紹介した。会場は割れんばかりの拍手に包まれた。平原綾香と元ちとせは「一本の鉛筆」を歌った。「一本の鉛筆があれば　私は書く　戦争は嫌だと」「一本の鉛筆があれば　私は書く　八月六日の朝と」と歌われるあの詩だ。この歌は、美空ひばりが歌った唯一の反戦歌としても知られている。

「終戦」とは虚構

沖縄では、8月は、沖縄国際大に米軍ヘリが墜落した月でもある。あれから6年、米軍ヘリは今なお飛び続けており、普天間基地は居座ったままである。13日、沖縄国際大と宜野湾市でヘリ墜落に抗議する集会が開かれた。7月15日の本紙は、糸満で902発の不発弾が発見されたことを1面トップで報じている。昨年発見された不発弾は1万9918発、なお2千トン余の不発弾が地下に眠っているという。これらは、沖縄において戦争はいまだ継続中であり、8月15日の「終戦日」が「虚構の現実」にすぎないことを私たちに突きつけている。

夏の全国高校野球選手権大会で興南高校が優勝した。長年待ち望んだ県民の悲願を達成した歴史的瞬間であり、固唾《かたず》を飲んで試合を見守ってきた県民は歓喜し島中が喜びと感動で沸きかえった。

この、喜びと感動には、甲子園という大舞台で偉業を成し遂げた選手および監督へのほとばしる称賛が込められているのは確かだ。だが同時に、そこには、歴史的偉業への称賛に留まらない県民の熱い思いが込められているように思える。

27年間の米軍統治期間を含め、復帰後も本土に比べ劣悪な環境の下での競技を余儀なくされ、その結果、みじめな敗退をせざるを得なかった半世紀余の歴史への、野球関係者および県民の、本土側の差別と偏見への悔しさと悲願が込められていると思えたのである。1958年、米軍統治下でパスポートを持って甲子園に初めて出場した首里高校は、持ち帰った甲子園の土を、那覇の港で捨てさせられた。外国から植物および土を持ち込んではならないという植物防疫法にひっかかったのである。

興南の我如古盛次主将は、「沖縄県すべての人たちの力で勝ち取った勝利だと思う」と述べて県民をさらに感激させた。

戦争の実相表現のための実験

『新潮』9月号に大城立裕の短編「幻影のゆくえ」が掲載されている。米軍の戦車が行き交い、砲弾飛び交う戦場に投げ出されて戦火をさ迷う人々の、地獄絵を背景にしたさまざまな人間模様を描いている。沖縄戦を正面から描いた作品であり、その意味で「亀甲墓」や「日の果てから」の系列に属する作品といえる。

作品は、「国民学校初等科六年を卒業して高等科一年に進級したばかりで、まだ十三歳」の照男の視点で描かれる。父が防衛隊に召集された一家は、照男が祖母と母をつれて、中城から東海岸沿いに与那原、大里を経て知念村まで避難する。途中米軍の猛攻にさらされ、死体の山を目撃し、墓や壕《ごう》を転々しての避難行である。母は途中で狂ってしまい、ようやく一つの壕に辿り着き、頼み込んでむりやり入れてもらう。父には愛人がおり、遊廓に遊女《ジュリウィ》売りされた一つ上の腹違いの異母姉ツル子がいる。そのツル子と戦場で再会する。

壕では、一緒に水汲《く》みに出て砲弾にやられた少年とハブに咬まれる老女の死に遭遇する。その壕もやがて、日本兵に追い出されてしまう。壕を出たのは「照男一家の三人、辻町《ちーじ》遊廓を担いできたようなアンマーの一行が四人、松田の夫婦二人—総勢九人」である。松田は銀行松田と呼ばれるぐらいの大金持ちで、チージでは「新人遊女の成人式のような『水揚げ』の上得意」であった。アンマーと松田の間にはチージ時代に約束がある。それは、ツル子を松田に水揚げさせるという約束である。２人は「代金は、生き残るつもりで、その後でよい」ということで、松田の妻や照男らの目をごまかしつつ、戦場で約束を実行するために策略をめぐらす。

他にも、戦場でも威張り散らしてばかりいる元区長や元警官、他人の土地をかってに掘っていると咎《とが》めたてる地主などが登場する。百人いれば百の異なった戦争体験がある、とされるが、ここには、戦争の悲惨や被害者としての庶民が描かれているだけではない。むしろ、地獄の戦場にあってなお、権力欲や金銭欲や情欲に支配されて動く人間の業《ごう》が描きだされている。

同時に、大城立裕はこの作品で新しい実験を試みている。戦時中方言で戦場をさ迷った沖縄の住民の雰囲気をどのように実相に沿うように表現するかという言語表現の問題である。その実験的表現が次のような文で全編に表出されている。

ここに来るまでにも多勢の死者を見た。避難民がやたらに艦砲弾に当たって死んだ。死者たちが道路にも畑にもわがままに散らかっていて、その一つにヤスが蹴躓いて、思わずあげた悲鳴は、そのほうが照男には驚きの種になった。

「ウチナーグチ（方言）」で戦時下を逃げ回った人々の様子を流暢《りゅうちょう》な標準語で書くことへの抵抗、

かといってすべてを「方言」で書くわけにもいかない。作者は、語彙《ごい》の意味や文法的にもおかしげな言葉遣いを実験的に工夫している。作者が「亀甲墓」で用いたと自負する実験的方法を、会話だけでなく地の文にも拡大適用することで、より、リアリティーのある戦場での沖縄人の風俗と心情を書きとめようとしているのである。

仲里効　ルビ多用に着目

『未來』8月号に仲里効の論考「いとしのトットロー──せめぎ合う言葉と記憶」が載っている。仲里はここで、目取真俊の『眼の奥の森』で駆使されている独特な文体と言語表記に注目し、「広く使われている言語」としての日本語によって表記されない目取真俊の文学は「『マイナー文学』である、と言ってみる」としたうえで次のように分析する。

主人公の盛治が村人から「トットロー」(薄馬鹿)とばかにされるのは、能力や気質から来るものではなく、「日本語をうまく使いこなせないことに起因していることを注意深く提示している」とする。また、「漢字という表意文字でウチナーグチの意味を伝え、ルビを振り沖縄の言葉の音を伝えていく」という、目取真の言葉の表記に注目し、「日本の近代化に組み込まれながら独自の文字体系をもたない沖縄の言語の〈限界〉において書くことの意味と、文字をもたないまま消えていく言葉に対する『悲しみ』を読み取ることができるだろう」としている。

さらに、仲里の分析が冴《さ》えわたるのは、この〈ルビ〉が沖縄の言語が日本語を「酷使」するマチエールである、ととらえ、さらに、ルビを銛《もり》の象徴と見たて、そこに、米兵への盛治のたった一人の決起の含意を見ている点である。

8月20日、教育福祉会館で「『沖縄の文学』を語る」と題するシンポジウムが開催された。パネリストは大城貞俊（作家・琉大准教授）、目取真俊（作家）と筆者の3人である。筆者はコーディネーターも兼ねた。沖縄文学とは何かという枠組みから始まり、沖縄現代詩の現状、沖縄の現代小説の現状と可能性、その普及と教材化など多岐にわたって提起され、また、会場の参加者との間で密度の濃い論議が交わされた3時間であったが、期せずしてというか、ここでも、中心的論議の一つにあがったのは、沖縄の作家たちの「せめぎ合う言葉」と表現にかかわる問題であった。

近年、「沖縄の文学」が注目され、若い研究者たちの間でさまざまな角度から研究されている。『戦後・小説・沖縄―文学が語る島の現実』（加藤宏・武山梅乗編、鼎書房）もその一つである。ここでは目取真俊、大城立裕、崎山多美、玉木一兵、大城貞俊、田場美津子、又吉栄喜らの作品が、新しい切り口から分析されていて注目すべきであるが、すでに紙幅も尽きた。次回で評することにしたい。

（8月29日掲載）

沖縄文学が語る「島」の現実
加藤宏・武山梅乗編『戦後・小説・沖縄』／池上永一『トロイメライ』

23日付の本紙は、「娘虐待容疑で父逮捕」という記事を載せている。父（義父）は3年前から虐待を繰り返していながら、そのような事実はないと否定し、少女の日記には「お父さんが大好き」と書かせていた。少女が義父に気付かれないように日記に小さな印を記したことが虐待発覚のきっかけになったという。周囲は、義父の陰湿で巧妙な隠蔽《いんぺい》工作に惑わされて、虐待の事実を掌握できず、少女への長期にわたる虐待を許していたことになる。

沖縄虐待の姿勢は変わらず
17日、菅改造内閣が発足した。顔ぶれを見ると、公約を反故《ほご》にした詐欺師たちが要職に就いている。北沢俊美防衛相は留任、前原誠司国土交通相は外相に、岡田克也外相は幹事長に就任した。北沢防衛相は、普天間基地の辺野古・徳之島への移設や勝連半島沖合への巨大新基地構想をぶち上げた張本人。岡田幹事長は普天間基地の嘉手納統合に固執する人物。前原外相は名護市議選に向けて、島袋吉和前名護市長らを呼び寄せて、基地移設容認派の当選画策までした人物である。菅首相は沖縄の民意を無視し続け、辺野古への移設を決めた日米合意の踏襲を表明している。

沖縄虐待の姿勢は何にも変わっていないのに、22日のメディアは、菅政権の支持率が65％に上昇したことを報じている。少女虐待と同じで、どんな悪さをしても、巧妙に立ち振る舞い、傲慢《ごうまん》に居直ってしまえば、大半の国民はそれを見抜けずに騙《だま》されるということか。だが、沖縄は騙せない。名護市議選で、辺野古への移設反対を堅持する稲嶺進市長を支持する与党が圧勝した。

民主党県連がぶれまくって、知事選への方針を決めかねている。この政党は、去る参議院選挙で全国的にも知名度の高い代表がなぜ落選したのか、分かっていないように思える。

尖閣諸島海域で中国漁船が日本の巡視船と衝突した事件をめぐって、日本と中国が対抗措置をエスカレートさせ、関係を悪化させている。中国の頑迷な主張も問題だが、日本政府の態度も解せない。県民が米兵のひき逃げ死亡事故にあっても抗議はおろか犯人の身柄引き渡しさえ要求しない日本政府が、今回は、船長を逮捕し、さらに拘置期限延長まで行う強行策に出た（24日処分保留で釈放）。20日付本紙報道によると、尖閣諸島への対応を口実に背後で自衛隊の先島配備、陸上自衛隊2万人増といった軍事強化策を進めている。敵は本能寺というわけだ。

多様な分析の論考8編

『戦後・小説・沖縄─文学が語る「島」の現実』（加藤宏・武山梅乗編、鼎書房）は、本土の若手研究者による現代沖縄文学（小説）研究の今日的成果をまとめた著書である。8編の論考が収録されていて、松島淨の「『死の棘』ノート」以外はすべて沖縄の作家の作品を扱っている。編著者の一人、武山梅乗は「はじめに」において次のように述べている。「主として沖縄作家によって綴られた小説の読解を通じて、日本の他地域と一線を画している独自の文学場としての〈沖縄〉を射程に収めようとしている」と。ただ、なぜ今、沖縄文学かということについては、必ずしも明確ではない。

そのことを武山は、沖縄に観光気分で訪れ現在の文学動向を尋ねた際の「インフォーマントとのやりとりで自分の沖縄なるものに対する鈍感さを叱責されているような気がした」という言い方で述べてはいるが、その「鈍感さ」についてそれほど突き詰めてはいない。とはいえ、新しい多彩な切り口から沖縄の文学が研究の俎上《そじょう》に上っていることは注目すべきである。

さて論考は8編ある。鈴木智之は目取真俊の「魚群記」「雛」「平和通りと名付けられた街を歩いて」など初期短編小説を〈弱さ〉の形象とその二面性、すなわち、弱者への凌辱《りょうじょく》と反撃という視点で分析している。武山梅乗が、大城立裕の「日の果てから」「朝、上海に立ちつくす」などを取り上げ、大城立裕において沖縄戦とは何かについて論じている。一つは伝統的秩序の破壊であり、二つは近代的秩序の解体であるとしている。

ただ、「日の果てから」における神女カマドの、戦場という極限状況下にそぐわないズレた言動を「沖縄的サガの生命力」とすることには違和感を覚える。これはことさら沖縄的サガというより、戦場にあっても戦争の論理とは無縁に日常の価値観で動く庶民一般の論理ではないか、と思えるからである。

また、ジュリ出身の初子が軍人しか扱わない陸軍病院で、シマの人ですからと知人の分娩《ぶんべん》を請い、認めさせるのを、「シマの論理」を貫くことで「近代の論理」を超えたとすることにも違和感を覚える。身内を贔屓《ひいき》しようとするのは、何処にでもあることにすぎないと思えるからである。

松下優一は、崎山多美の「孤島夢ドゥチュイムニ」「見えないマチからションカネーが」「クジャ奇想曲変奏」など「クジャ」という「マチ」を舞台にした七つの作品を取り上げて、コザという基地のマチの記憶と断絶、その記憶の共有不可能性という視点から分析している。

塩月亮子は、「現代沖縄文学では、基地や戦争の問題と並び、シャーマニズムを含む魔術的・土着的なものがその主題となる傾向がみられ始めた」として、「シャーマニズム文学の諸相」という観点から、玉木一兵の「神ダーリの郷」、池上永一の「バガージマヌパナス」などを取り上げている。

塩月は「今なぜシャーマニズムが文学の重要なテーマになり得るのか」と問い、近代文学はいかにして自己を確立させるかをテーマとしてきたが、しかし現在は、「自己を確立しながらも、それを崩壊・解放させることが救いに繋がるのではないかという認識が出てきたようである」と肯定的に評している。だが、果たしてそうか。出口なしとして感受するしかない時代の閉塞《へいそく》性と個々の作家の問題意識や時代への姿勢との関連において分析すべきではないかと思えた。

鈴木智之は、大城貞俊の「G米軍野戦病院跡辺り」についても論じている。8編の中で、もっとも共感し読み応えのある論考として読むことができた。この論考が優れていると思えたのは、論者が「戦争体験を『過去』のものとして受け止めることによってはじめて『戦後』は始まる」とし、「戦闘が終結していたとしても、人々が経験をいまだ過ぎ去らざるものとして抱え込み、その記憶の痛みが日常生活のただ中で感受されている限り、そこはまだ『戦場のまま』なのである」という認識から、作品を読み込んでいる点である。

鈴木は大城の4編からなる短編小説を「沖縄という土地における、その意味での『戦後』の成り立ちがたさを再認識させる作品集である」とし、戦争の記憶に整理をつけようとしながらも成し得ず、いたるところで「破綻」や「綻び」の痕《あと》を暗示しているところに、この作品の優れた特異性があると読み込んでいるのである。

同著には他に与那覇惠子の田場美津子「仮眠室」を論じた論考、加藤宏の「戦後沖縄文学における表象の継承と転換」と題する論考があるが、次の機会でとりあげることにする。

「テンペスト」の庶民版

池上永一が新作『トロイメライ』(8月、角川書店)を発刊した。帯の文に「わした『テンペスト』の熱狂から2年。沖縄発の嵐よ、再び!」とあるように、首里王宮を舞台に奇想天外な物語を描いて大ベストセラーとなった前作『テンペスト』の、これはその庶民版とも言えるエンターテインメント作品である。庶民の目からみた当時の首里・那覇の庶民生活、風俗や人間模様が硬質な知性を背景にギャグや諧謔《かいぎゃく》を交えながら描き込まれている。随所に琉歌が配置されていて、本土作家の作品とは違う風格あるものに仕上げている。

時代は19世紀の琉球王朝。無学で無職、だが三線の腕前だけは天才的な才能を持つ青年武太が、筑佐事（岡っ引き）に任命され、数々の事件に立ち向かう。その事件の一つに、ジュリ殺害事件がある。一人のジュリが首を絞められたうえ乱暴されて殺害される。犯人は冊封使を乗せた御冠船の船長である。だが、犯人は治外法権の天使館にいて贅沢三昧《ぜいたくざんまい》の接待を受け、下っ端の筑佐事には手も足もだせない。それどころか、評定所からは捜査打ち切りの圧力がかかる。かくて犯人は、犯行後も遊郭街を遊び歩き、「私の身柄は清国に引き渡された。この国の法では裁けない」と傲慢《ごうまん》に振る舞う。さあ、どうする！

清国を米国に置き換えれば、今日の米国と沖縄の関係と似た支配構図であり、ここに池上の時代認識と批評眼が描き込まれている、と思えたのである。

（9月30日掲載）

戦後作家が描く沖縄戦を分析

与那覇恵子「身体に刻みこまれた〈沖縄戦〉」ほか

民主党の岡田克也幹事長は沖縄の県知事選について、18日、「政府の基本的考えと明らかに異なる候補者を推薦することはあり得ない」と、述べた。「盗っ人猛々《たけだけ》しい」とはこのこと。かつて、「県外・国外移設実現に向けて政治生命をかけて交渉したい」と沖縄で繰り返し公言し、県民の期待を煽《あお》りたてたこの政治家は、政権で外相の座につくや「普天間基地の県外移設は考えられない」(2009年10月23日)と言ってのけた。

方針を変えたのは政府だけではない。県内移設を容認してきた仲井真弘多知事が、9月28日の県議会で「県外移設を要求する」と明言した。県内移設では選挙に勝てないからだという。

変節漢たちの言葉

変節漢はまだいる。民主党県連の喜納昌吉代表が国民新党の下地幹郎幹事長らと「日米合意を尊重し、再調整して深化させる」ことで合意し、民主党県連の役員会もこれを追認しているという(本紙

24日)。日米合意は普天間基地移設だけではないとしているが、詭弁《きべん》である。「日米合意を尊重」するとは、普天間基地の県内移設のことであり、辺野古を埋め立てること。これは、7月9日、県議会が民主党県議も含め全会一致で決議した日米共同声明の見直しを求めた決議にも反する一大変節である。

同決議は日米共同声明について「県民の意見をまったく聞かず頭越しに行われた」ものであり、「民主主義を踏みにじる暴挙」「県民を愚弄《ぐろう》している」と明記している。県連内に反発が噴出し、心ある議員が離党表明するのも無理はない。

変節漢は米国にもいる。米政府が9月15日に、臨界前核実験を実施していることが判明した。「核兵器なき世界」を表明してきたオバマ政権下では初めてのこと。昨年4月のプラハ演説で核廃絶の決意を全世界に表明し、ノーベル平和賞まで受賞したオバマ大統領の発言は何だったのか。これでは北朝鮮やイランに核放棄を迫っても核大国のエゴにすぎず、その資格などない。

ノーベル平和賞を返上すべきと怒りの声が上がるなか、驚くべきことに前原誠司外相は15日、「今回の核実験はオバマさんが(プラハ演説で)言ったことには矛盾しない」と、被爆国の外相とも思えない談話を発表した。もはや、政治家に自分の信念に基づく言葉を期待するのがばかげている、ということか。

「政治とは他人の言葉を語ることである」と述べたのは埴谷雄高であるが、今日ではさしずめ「政治とは虚偽の言葉を語ることである」と言い直すべきかもしれない。

「仮眠室」を読解

『戦後・小説・沖縄』（鼎書房）について、前回の時評で残してしまった論考について触れることにする。与那覇恵子の「身体に刻みこまれた〈沖縄戦〉—田場美津子『仮眠室』を読む」、加藤宏の「戦後沖縄文学における表象の継承と転換—大城立裕・目取真俊・又吉栄喜の小説から」の2本である。

与那覇の論考は、最初に、沖縄の小説において沖縄戦がどのように描かれたかを概括的にたどっている。直接沖縄戦を体験した先行する作家として嘉陽安男、船越義彰の作品を挙げ、沖縄戦を直接は体験しなかった大城立裕の作品との違いを分析している。そのような分析に踏まえて、目取真俊、池上永一、大城貞俊らに先行する「戦後生まれの作家による沖縄戦を描いた最初の小説」として田場美津子の「仮眠室」を取り上げている。

作品は「『私』が妊娠中絶を受けるために病院を訪れた時点から手術を終えて病院の仮眠室を出るまでの数時間に『私』が見た人や物、さらに麻酔による朦朧とした意識が捉えた映像で、『私』の戦時中と戦後が綴られていく」作品である。

与那覇は、「中絶を受ける子宮は、殺される者と殺す者が交差する〈身体〉の場所である。堕胎する『私』の身体／子宮には、死を抱えてきた〈島〉の女の集合的なトラウマと、〈私〉という個人のトラウマ、そして多くの人が死んだガマ（壕内）に象徴される〈沖縄戦〉が表象されているのである」とし、「『仮眠室』は、命を生みだす子宮が命を殺す場ともなる女性の身体性で〈沖縄戦〉を描いた小説」であり、

「戦争体験のない者であるからこそ描くことのできた世界ともいえよう」と結んでいる。

また、具体的な地名が表記されてないのは、「〈沖縄戦〉を沖縄だけの出来事にしたくない作者の意識の表れ」であり、年号が曖昧《あいまい》なのも、作者が「現在も〈沖縄戦〉は続いていると見なしているからであろう」と分析している。優れた作品評として感銘を受けた。

「虹の鳥」の暴力

加藤宏の論考は、「はじめに」と「1」で、大城立裕が琉大文学のメンバーとの論争を経て、「沖縄文学の中心的存在」となっていく過程をたどっている。「2」で、芥川賞受賞作「カクテル・パーティー」を取り上げて、そこに表れた大城の文学観を、「政治・社会状況から自律した普遍的テーマを掘り下げること」として取り出している。

このような文学観から、大城は、「カクテル・パーティー」が政治的文脈で読まれることを嫌ってきたとする。ただここで、沖縄人メイドへの米人モーガンの告訴が告訴のきっかけだとし、それを「沖縄の共同体的な感性の否定」とした岡本恵徳氏の論を安易に踏襲していることについては疑問がある。これは「亀甲墓」について「大城はこの物語で『近代戦』を『土着』によって相対化して描いたといえるだろう」と分析していることとも関連している。

加藤の論考は、きわめて示唆的で優れた分析を随所にみせつつも、いくつかの点で疑問を感じる点がある。目取真俊の「虹の鳥」を、「消費社会の進む那覇で頽廃するチンピラの暴力と深化し狡智化する基地暴力を描きながら、深層にある沖縄の『荒ぶるもの』を主体性の回復と結びつけ、状況打破の潜在的可能性として浮上させた作品」とするのはいい。

この分析には、「虹の鳥」の暴力の底にある沖縄人の鬱屈《うっくつ》した暗い情念を読み取ろうとする視点があり、そして、それを読み取りうるかどうかが、この作品の読みの核心点だといえるのだが、しかしそれを、大城立裕の「カクテル・パーティー」のテーマや構造の継承といってしまうとき、違うなあと思ってしまうのである。また、「カクテル・パーティー」における主人公の告訴＝裁判による抵抗を「近代的理性的抵抗」とし、それとの対比で「虹の鳥」を非近代的＝テロリスト的暴力と短絡的に位置づけるのも疑問である。

加藤は又吉栄喜の「豚の報い」について、「『基層的な感受性』を持った都市の孤独な人間が、『豚』と『旅行』から、癒しや主体化を経験し、文化のアレンジを通して、自分たちのコスモロジーをゆるやかに構築していく物語として読むことができる」としている。その意味で大城的な文化の本質主義を逸脱した作品であり、文化をアレンジする「雑種性」こそ又吉の文学的方法であるとしている。

だが、果たしてそうだろうか。スナックに豚が闖入《ちんにゅう》して、そのショックで魂（まぶい）を落とし、魂を込めるために島の御嶽に行き豚の厄を祓《はら》ってくる女たちの話であり、他方、正吉は風葬されたままの父の遺骨を門中墓に納骨するために島に行くという話である。ここで描かれている物語の基本は、文化のアレンジに主眼があるのではなく、問題の解決を土俗的風習に求めている所にあるわけで、その意味で土俗的風習への拝跪《はいき》として読むべきだと思えるのである。

驚嘆の「くれない」100号

「紅短歌会」の歌誌『くれない』が10月で100号を発刊した。本県で100号を数える同人誌を発刊したのは初めてであろう。会員の持続的情熱としっかりした編集態勢がなければかなわぬことであり、驚嘆すべき営為である。内容も多彩で充実している。会員23人の短歌詠240首余の掲載だけでなく、一首寸評（玉城洋子）、一首評（玉城寛子）をはじめ、歌集の周辺（仲村致彦）、文学碑を訪ねて（伊志嶺節子）のエッセーや南山考（新田重清）、未来的平和学（成沢未来）といった学術的な論考もある。変わったのではフランス通信（久高泰子）、渡嘉敷通信（小嶺基子）がある。

今回は100号に寄せた会員の思いが特集されていて、代表の玉城洋子は次のように綴っている。

　紅短歌会が発足（1982年）して二十年目に入った頃、月毎の例会に提出され、合評に付される作品に、沖縄の負の遺産としての歴史的苦渋、かき抱く現実社会沖縄が、社会詠、戦争詠、基地詠として詠われて来た。

沖縄にこだわり沖縄を発信し続ける短歌誌である。

（10月31日掲載）

優れた「死の棘」論相次ぐ

比嘉加津夫『「死の棘」の夫婦』／田中眞人『皆既日蝕の憂愁』ほか

23日白昼、北朝鮮が韓国の延坪島《ヨンピョンド》を砲撃した。原因は不明だが、死傷者も出ており、金正日独裁体制による無謀な蛮行であり、断固抗議すべきである。が、イラクやアフガンで民衆の殺戮《さつりく》を繰り返す米国やそれを支持してきた者たちに抗議の資格があるとは思えない。

一方、菅政権が崩壊寸前の危機に立たされている。自公政権と変わらぬ無能な政権など崩壊しても一向に構わないわけだが、問題は、政権能力のなさに付け込んで国内外を不穏な風が吹き抜けている点である。

民主主義の腐蝕

政府による3度目の行政刷新会議は、15日から「再仕分け作業」が始まった。先の仕分けで事業廃止になったのを無視し、名称を変更するなどして復活していることが判明したためである。官僚たちが、政府方針を無視して、公然と反旗を翻しているというわけだ。再仕分けの対象は11省庁１１２事業に上るという。このことは、警察や検察、自衛隊や海上保安庁など武器を手にすることができる省庁内にも政府方針に従わない勢力が存在するということだ。17日のメディアは自衛隊の行事で自衛隊協力団体の代表が尖閣問題にふれ、「民主党政権なんてつぶれた方がいい。みなさんも心の中ではそう思っているだろう」といった挨拶《あいさつ》をしたことを報じている。

中国漁船衝突事件のビデオ映像流出問題もこうした世論を背景に反政権を志向する者らの「反乱」の一つであるように思えてならない。メディアは一人の海上保安官が「国民に知らせたかった」という正義感にかられて行ったかのように報じているが、一人の考えで大それた「義挙」をなしうるとは思えない。少なくともそれを許容する土壌や雰囲気が海上保安庁内に存在することを窺《うかが》わせる。衝突事件については、尖閣領有を狙った中国の居丈高な態度や中国国内の反日デモの報道などと相まって、国内でも反中国感情が高まっている。また、ビデオ映像流出に関しては、流出させた海上保安官を「国民の知る権利」という観点から、英雄視する論調がある。

だが、こうした中で佐藤優の発言は傾聴に値する。佐藤は「武器に触れることができる官僚が、自らの正義感に基づいて下剋上《げこくじょう》を行うことを許すと、民主主義が内側から腐蝕《ふしょく》される」(13日・琉球新報)とし、その例として、陸軍青年将校らが「世直し」のために決起した2・26事件を挙げている。シビリアンコントロールのきかなくなった不穏な動きへの危機感からくる作家のまっとうな発言である。

日本の最高傑作と評価

島尾敏雄について書いた優れた論考を相次いで読むことができた。一つは、比嘉加津夫が『Ｍｙａｋｕ』に掲載している一連の論考であり、『アブ』に連載されている田中眞人の「皆既日蝕の憂愁」と題する島尾敏雄論である。そしてもう一つが、『戦後・小説・沖縄』（鼎書房）に掲載された松島浄の『「死の棘」ノート』である。比嘉の論考は「『死の棘』の夫婦」（2号）、「『死の棘』の愛人」（3号）、「『死の棘』日記を検証する」（4号）と書き継がれている。比嘉はこれらの論考において、『死の棘』はミホ夫人による清書を前提にミホ夫人を意識し、その検閲を受けた作品であることの意味を、『死の棘』日記」との綿密な対比的検証を行いつつ展開している。その論証は緻密《ちみつ》で迫力がある。だがここでは、比嘉が「死の棘」を「日本文学の最高傑作」としているその点に絞って論評することにする。

日本文学の最高傑作というからには、当然、日本文学の横綱といえる夏目漱石の作品との比較がなされねばならない。「死の棘」は比嘉も述べているように「家庭内戦争を描いた小説」である。神話的とも言える宿命的純愛によって結ばれた夫婦であるが、夫に愛人ができる。この愛人との浮気が妻に発覚することによって、夫は狂気を宿した妻から地獄のような責苦を執拗《しつよう》に受けることになり、三角関係のもつれと愛憎が延々と描き込まれていく。このような男女の三角関係をテーマにして書き継いでいったのが夏目漱石の「こころ」「それから」「門」そして絶筆となった未完小説「明暗」などの一連の恋愛小説であった。したがって「死の棘」の位置はこれらの作品との比較において確定されなければならない。

「女」の度重なる脅迫の手紙に怯《おび》えて住まいを転々と変える二人のまえに、「女」が突然訪ねてくる場面がある。これを「女」の猛襲と受け止めた妻は逆上し襲撃する。〈あたしがきちがい病院に入院して留守だと思ってやってきたって、そうはいかないんだ。おまえはいつかやってくるとにらんでいたんだから、もう逃がすものか〉。このように叫んだ妻は、鬼女の形相で「女」に襲いかかり、首を絞め地面に押し倒し打ちすえる。


「Sさん助けてください。どうしてじっと見ているのです」

と女が言った。私は返事ができない。

「Sさんがこうしたのよ。よく見てちょうだい。あなたはふたりの女を見殺しにするつもりなのね」

とつづけて言ったとき、妻は狂ったように乱暴に、なん度も女の頭を地面に叩きつけた。

「助けてえ」

妻はさらに夫にも「女」を殴ることを命じ、これに従うと、夫婦で無抵抗の「女」を暴行する修羅場が展開される。

修羅場に聖性見いだす

「死の棘」のクライマックスとも言える場面であるが、この場面をどのようにとらえるかで、批評が違ってくる。田中は島尾がミホの中に「気の狂うほどひとりの男を愛するひたむきな姿」「倫理を破壊する聖性」を見たのだと解し、「あなたはふたりの女を見殺しにするつもりね」という「女」の言葉を、島尾（夫）のふたりの女に対する贖罪《しょくざい》だととらえている。このように簡潔にいってしまうと田中の幾重にも練り上げられて論述されている詩的な文章を伝え損ねると思えるので、核心的部分を提示する。「『死の棘』の世界でもっとも問われている島尾の受苦は、妻の精神の病いを受けとめることによって破壊されざる生の根源性つまりゾーエーを、妻の心と肉体のグロッタから、もしくは自己のグロッタから論理では語れないそれを、したたる内臓によように抉ってこなければならないことであった」と。

比嘉は、吉本隆明の『死の棘』の場合」を援用しながら、「女」は作品で書かれるような復縁を迫って脅迫する性悪女ではなく、優しく思いやりのある女であり、ここで主人公の「トシオ」とその妻「ミホ」は、「女」によって裁かれているのだととらえ、「マルコ伝」のイエスとペテロのやりとりを想定して書かれているとする。

松島浄は「作者が『死の棘』で本当に表現したかったこと」は、「義のために死す」から「義のために遊ぶ」へと転回し、「義のために生きる」に到達する過程を描いているとしている。ここでいう「義のために死す」とは、特攻隊としてお国のために死ぬことであり、「義のために遊ぶ」とは、終戦によって死の縁から奇跡的に生還して中ぶらりんとなり、虚無を宿しつつ無頼派のように遊ぶことである。「義のために生きる」とは、妻と愛人というふたりの女への罪を背負って生き直すということである。

松島は、「女」が夫婦によって投打される場面について次のようにとらえている。

吉本隆明も言っているごとく、「女」を「義の人」として「救済」していることは明らかである。「あなたはふたりの女を見殺しにするのか」という女の糾明に最後に答えるために、二三年間あたためてきたこの小説『死の棘』を書き上げたのである。（略）「漱石ですら、実生活的にこれほどの凄じい場面に出遇うことはなかった」（吉本隆明）ような画期的な「恋愛文学」を書き上げたのである。

漱石を超えた、日本文学の最高傑作と称揚する根拠が示されているとみなしていい。

『アブ』4号誌上での田中眞人と比嘉加津夫のメール対談「島尾敏雄論の方法」も読み応えがある。とりわけ「女」が送った電報や「女」の人物像をめぐる両者のやりとりは、実証的追跡を導入する方法を説く比嘉と、あくまで作品本位で論じようとする方法に徹する田中の論がせめぎあってスリリングな論議になっている。

（11月30日掲載）

私事が社会性帯びる奥深さ象徴

樹乃タルオ『二月の砂嘴へ』／比嘉美智子「自選五十首」ほか

菅直人首相が17日来県し、「帰れ」「撤回せよ」という怒号が響くなか、県庁内で仲井真弘多知事と会談した。「全国の米軍基地の75％近くが沖縄にある現状を見たとき、…ざんきに堪えない」と陳謝するので、辺野古断念を告げるかと思ったら「ベターな選択として辺野古移転をもう一度皆さん考えていただけないか」と結んだ。文脈も論理も無視するへったくれが、この国のトップを先頭に公然とまかり通っている。

18日は自衛隊ヘリで普天間基地や辺野古崎を上空から視察した。普天間飛行場では四軍調整官と面談し米軍の案内で基地内を視察した。現地市長や住民との直接対話はおろか、住民の前に降り立つことさえなかった。また、会談に応じた仲井真知事も辺野古や普天間の住民との対話を要請していない。仲井真知事自身が辺野古のテント村に足を運んだことがないので要請できるはずはないということか。

首相来沖の目的は「県民との意見交換」のはず。知事だけとの会談が目的なら、2日に知事が上京してすでに実現している。現地住民と接しない来県なんて意味がないはずである。テント村で座り込みを続ける嘉陽宗義さんの言葉が来沖の本質を言い当てているように思える。
「(視察は)アメリカにおべっかを使うための手段にすぎない」と。

よみがえる60年代文学

樹乃タルオが短編集『二月の砂嘴へ』(12月・非世界発行所)を出版した。樹乃は1960年ごろから『琉大文学』で小説を書き継いできた書き手であって、すでに、池宮城秀一(本名)名で『存在はかすめとる手つきに似て』『燠』といった作品集を上梓《じょうし》している。『琉大文学』に拠《よ》った60年代の書き手たちが、評論や詩、短歌、戯曲等の分野に進むなかで、唯一、純文学の孤塁を守り、持続させてきた作家である。このことを樹乃は「ぼくから小説をとったら何も残らない」(後記)と述懐している。帯の文に「鮮やかに甦る60年代文学」と記述されたゆえんである。

今回の短編集には表題の「二月の砂嘴へ」のほかに「セカレーリヤ」「春はあけぼの」「大女」「青首」の5編を収録している。「二月の砂嘴へ」は、老境を迎えた男が、ベトナム戦争景気で沸く60年代のコザの猥雑《わいざつ》な街の雰囲気とその中で過ごした青春の日々を回顧し、現在の自分の立ち位置を探しあぐねる心境を描いた作品である。「セカレーリヤ」は、性に目覚め始めた中学生の「僕」が、南洋諸島ポナペ島で幼少期を過ごした夢のような楽園の生活を回顧する瑞々《みずみず》しい作品である。「春はあけぼの」は、古希を迎えた男の日常と老境を諧謔《かいぎゃく》的に綴《つづ》った作品である。

「大女」は、幻想小説。高校生の「僕」の日常と非日常の渾然《こんぜん》とした体験を描いている。非日常の体験とは、夢魔の体験であり、自分と双子であったはずの水子の声との交感であり、その声を告げるユタのお告げであり、そして、米軍のトレーラーに圧殺されて死ぬ薄幸の少女との淡い交流への追想である。美術の先生「ピカソ先生」との交流も非日常の体験といえる。「青首」は、国の有用植物の分布を調べる山林技師がヤンバルの山林に分け入り、ヤンバルの動植物たちと交感しながら、秘樹のありかを知るためにオークビー（青首）と呼ばれる山男を捜し回る話である。

ここでは、表題となった「二月の砂嘴へ」と「セカレーリヤ」を取り上げることにする。

街の嬌態と純朴の青春

「二月の砂嘴へ」には、狂騒と狂乱にのたうつ猥雑なコザ黒人街の生態が克明に描き込まれている。

　ともかく一等客は黒人。戦前の一等国民など屁でもなかった。それを裏付ける証拠に圧倒的に多かったのが洋品店、洋装店の類。洋服の仕立てに至っては、なんと八十余軒。（略）

しかしこれらは表の生業。一歩奥へ入れば、いや通りからさえ聞こえてきたなやましげな悲鳴。魂さえ拉しさる咽喉奥のケモノ。身にも心にも毒な肉と肉の戦い。口を塞がれた悲鳴。絶望的あらがい。悶絶の吐息。死のオルガスムス。耳は陶酔と糜爛《びらん》の幻想を生んだ。修羅、畜生、この世の奈落。ほろびて、ほろびて、甘い汁。

それらと隣り合う縫子たちの暮らしは壁一枚隔てただけの自己防衛。耳を塞ぎ、目を覆いひたすらミシンを踏む。だが転落も死もまたその網膜は写していた。

黒人街狂女が曳きずる半死の亀　野ざらし延男

作品は、こうした猥雑な街コザに住まう毒々しい女たちの生態と、それと対比的な純朴の時を送った青春期の性愛が瑞々しく追想されている。

「セカレーリヤ」は、沖縄文学の新しい領域を開拓したとも言える、戦前戦中の南洋諸島での幼児体験を詩情豊かに綴った入植地小説である。セカレーリヤとはポナペ島のカナカ族の「こんにちは」という挨拶《あいさつ》である。影絵のように登場するカナカの人々とポナペ島の美しい風物。そこでの夢のような体験が詩的な文章の主調音となって全体を流れているのは確かであるが、他にも、いっぱいある。夢精を体験する少年の鮮やかな性への目覚め。少年の「ヰタ・セクスアリス」としても読める。

南洋引き揚げ者はヤマトグチを遣う。そのヤマトグチゆえに沖縄の少年らに逆差別されるという痛い体験も盛られている。そして、見逃せないのが、楽園のように映っていたポナペ島に忍び寄ってくる戦争の影である。

どこの家でも家族用の防空壕が掘られていた。みんな聞き耳を立てるようになっていて、音の正体が敵機のものだとわかると、「来た！」とばかりに取る物も取りあえず、裏山へ逃げる。

5日付本紙で、大野隆之氏（沖縄国際大学教授）は、沖縄文学の魅力について次のように述べている。「政治状況と文学が背中合わせであり、他府県のいわゆる日本文学にない世界的な可能性がある。（略）沖縄の文学というと、社会性ばかりが注目され取り上げられる。むしろ沖縄で私小説を書けばおのずと社会性が備わると思う。それが沖縄文学のすごさではないか」と。

樹乃タルオの二つの作品は確かに私小説である。だが日本の私小説と一線を画していると思えるのは、私事が、私事にとどまらない社会性を帯び、時代の奥行きと深みを刻印した重層的作品となり得ているということである。

圧巻の比嘉美智子「自選五十首」

『NHK短歌』（NHK出版）12月号に比嘉美智子の「自選五十首」が特集されていて、圧巻である。

月桃の白き花びら口にふくみ感傷ありて君に逆らふ
降りしげき夜道も楽し君となれば雷鳴につまづき声立てて笑ふ

といった目映い若さと艶《つや》の弾ける作品があるかと思えば

枕辺に警鐘代りと一斗缶　米兵侵入に備へ寝ねしを

ニッポンの足指ほどの沖縄に戦争の枷の基地のみ多し

のような時事詠がある。このような、抒情《じょじょう》歌と硬質な基地の歌の混在を作者は「情無い」としつつも、「米軍基地の重圧」ゆえの宿命的責務として自覚的かつ矜持《きょうじ》をもって詠んでいる。ここにも、私事が社会性を帯びてしまう、「沖縄文学のすごさ」を告知する作品群が厳然と発光していると言えるのである。

（12月30日掲載）

2011年

新城郁夫『沖縄を聞く』 砂川哲雄著『八重山風土記』 田中有「廃港で」 新城兵一『草たち、そして冥界』 高良勉「タクトを振る男」 比嘉美織「『詠む』」 辺見庸「それは似ていた」 下地芳子「塗り潰された絵」 国梓としひで「ミバエ」 津波信雄「森の中」 毛利省三「中河内川」 長嶺幸子「水色の小紋」 松本昌栄「成りすまし」 池上永一『統ばる島』 山原みどり「旅の途中で」 小山響平「爪探し」 山下泉「徳之島ちゅっきゃい節」 陣野俊史「『3・11』と『その後』の小説」 大城立裕『普天間よ』 大城貞俊『ウマーク日記』 池上永一「『トロイメライ』」 高良勉『魂振り』 玉城寛子『きりぎしの白百合』 『新城貞夫歌集Ⅱ』 上原生男『沖縄、わが蒼穹を求めて』 榮野川安邦『緋寒桜と目白』 上地隆裕『地底のレクイエム』 新城郁夫「沖縄の傷という回路」 新城兵一「風の斧」 大城立裕『戯曲 カクテル・パーティー』 田中眞人『島尾敏雄論 皆既日食の憂愁』 安里昌夫「『ちはけなアバンチュール』論」 岡本恵徳「ヤポネシアの視点」

政治＝文学の視点を導入

新城郁夫『沖縄を聞く』／『Ｍｙａｋｕ』ネット対談

昨年暮れから今年にかけて、菅直人首相はじめ、政府閣僚や民主党幹部の沖縄詣でが相次いでいる。名護市長らが上京した際は面談さえ拒否し、門前払いしたのとはえらい違いである。とはいえ、かれら閣僚らの来県目的は県民の声を聞くと見せかけて辺野古移設へと沖縄側を懐柔することにある。その場合のキーワードは二つ。基地負担軽減と沖縄振興である。が、仲井真弘多知事も「普天間基地の県外移設」「基地の応分負担」を掲げて当選した手前、おいそれと応諾するはずはない。

沖縄の民意とは

そこで、政府の動きに従来と違う変化が見え始めている。「アメとムチ」の手法に変わりはないとはいえ、手土産なしの説得だけでは無理とみて、基地の負担軽減を目に見える形で提示しようとする動きである。Ｆ15戦闘機の訓練の一部のグアム移転というのもその一つである。いずれ、普天間基地の一部機能の「県外」移転が提示される可能性もある。

そのとき「県外移設」を要求する沖縄の民意が危機を迎えるということである。12月に『沖縄を聞く』(みすず書房)という著書を出版した新城郁夫は、その新著において次のように述べている。

日本国民全体による基地の負担平等の実現による脱植民地化という転倒した論理によって、「県外基地移設」や「基地負担軽減」といった米軍再編を後押しする危険な主張が、あたかも沖縄の政治的主体性の個別化の発揮でもあるかのごとく声高に提示されていくのが沖縄の今であると、そう思われるのだ。(略)

無条件の基地撤去という原則的要求を回避した、「負担軽減」あるいは「負担平等」といった基地県外移設といった沖縄からの主張は、その切迫した訴えにもかかわらず、米軍再編というグローバルな新たな戦時体制を地域が支えてしまうという悪循環に捕縛される危険性を持っているといわざるをえない。基地の移設先探しといったあてがわれた選択肢を拒否しつつ、根底から批判していくべきは、反基地・反戦という沖縄の主張を基地移設論にすり替え、基地と安保を問わせなくしていく日米軍事同盟であるはずなのだ。

いまや、仲井真知事や自民党県連および経済界を含め保守革新の区別なく「県外移設」でまとまっているかに見える「沖縄の民意」への、これは、鋭い問題提起である。

もっとも本著は政治評論集ではない。本書が取り上げている作品は、『琉大文学』第11号（1956年）に発表された豊川善一の小説「サーチライト」、大城立裕の小説「朝、上海に立ちつくす」、目取真俊の小説「魂込め」、そして大江健三郎の「沖縄ノート」等々である。

対照的な両作品

先に引用した文章が展開されている第2章「沖縄の政治的主体化と対抗暴力」と題する論考も『沖縄イニシアティブ』と『希望』」という副題がついているように、琉大の3教授（高良倉吉・大城常夫・真栄城守定）＝当時＝が沖縄サミット前に出版した『沖縄イニシアティブ』と目取真俊の短編小説「希望」を「政治的主体化」という独自の視点から批判的に分析したものである。

分野も内容も違う両テキストを対比的に扱うことについて、新城は、「沖縄が政治的・軍事的な激変に曝されつつあったこの時期、自らを政治的主体へと変成させようと欲望する沖縄の男を表出する点で共通性を持ちながら、しかし、その欲望が潰《つい》えていく過程を、全く異なる方向性をもった身体的ディスクールにおいて露呈させてしまっている」ものとして分析を加えている。あえて「沖縄の男を表出」としている点や、「身体的ディスクール」の方向に限定することに違和感を覚えるのだが（本紙1月8日の徳田匡氏の書評ではそのことを評価している）、時代の動向との関係で、政治＝文学という視点を導入しつつ作品をダイナミックに分析する手際は斬新で、鋭く、鮮やかである。

『沖縄イニシアティブ』については、「危機に曝されようとする日米軍事同盟の要請に十全に応える沖縄側からの貢献の表明」であり、沖縄の政治的主体化＝イニシアティブ放棄として喝破している。『希望』については「最低の方法」を実行し、焼身自死する主人公において「政治的主体化への働きかけなどかけらもない」と批判する。政治的主体化の不可能という絶望を「希望」とした逆説についてはもっと掘り下げられていい。

本著のタイトルともなっている「沖縄を聞く」というのは、著者がかけがえのない「友」として仰ぎ慕ってきた今は亡き屋嘉比収氏の著書の言葉と生き方から学び入れた姿勢だとしていて、そのことが、「あとがき」に記されている。「あとがき」はその点、屋嘉比収氏への痛切な追悼文としても読めるのであるが、この沖縄を聞く姿勢とは、日米の軍事植民地主義の暴力にさらされて呻吟《しんぎん》する沖縄の民の、「死ぬな」「殺すな」という叫びを聞きとろうとする姿勢として捉えかえしている。

清田政信を語る

比嘉加津夫の書評誌『Ｍｙａｋｕ』５号がネット対談の特集を組んでいて、清田政信が取り上げられている。１９６０年代の後半、政治と文学が渾然《こんぜん》と交差し弾きあうなか、政治に傾こうとするとき、鈍く重いボディーブローのように繰り出されてくると感じられたのが清田政信の詩であり、詩論であった。その清田政信を熱く論じるメール対談であり、重く、軽く、味わい深い対話が展開されている。

樹乃タルオとの対話では『情念の力学』がテーマ。ただ、テーマは幾度となく脱線し、政治と文学論、「死の棘」論、表現論、文体論、美術論と多岐にわたっているが、脱線したところもまた、味わい深い。比嘉が清田の詩論を批判的に捉えかえそうとしているのに対し樹乃は、清田の発言を深く捉えかえそうとしている。安谷屋正義の「塔」をめぐる対話が出色。「外野の方が人生は面白い」などと言っているが、仲井真知事と同年ではないか。外野はまだ早い。

松原敏夫との対談では、「光と風の対話」がテーマだが、時代状況論が主に交わされている。同詩集で一番好きな詩として、松原は「南半球」を挙げ、その理由として「この詩には島や村を裂いて裂かれる離島の青年の虚を映す内面の姿があるからです」としている。比嘉は「不在の女」を挙げ、「清田さんの特徴といってもいいエロスの世界が濃く開示されています」としている。松原が離島を出自とする詩人であり、比嘉が思想より言葉の躍動を重視する詩人であってみれば、なるほどと頷《うなず》ける気もする。

ちなみに、私の好きな詩を挙げるとすれば「辺境」だ。何といっても「光はいつでも北に湧いた」という打ち出しがいい。久米島を出自とする清田にとって、那覇は北であり、沖縄本島にあっては本土・東京は北である。日本の南の「辺境」、軍事基地まみれの沖縄にとって、今でも光は北に湧いている。

砂川哲雄著『八重山風土記』（南山舎）が1月に出版された。「八重山毎日新聞」の常設コラム「不連続線」に、7年間の長きにわたって書き継がれたエッセーを精選して一冊にまとめた本である。氏の著『八重山から。八重山へ。』では見られなかった「トゥバラーマ」や「赤馬節」など八重山民謡論等も記述されている。

（1月31日掲載）

「沖縄ノート」を読み直す意味
新城郁夫『沖縄を聞く』

13日、日本列島に激震が走った。鳩山由紀夫前首相が、海兵隊の抑止力というのは「方便だった」と発言したのである。「方便」というのであれば、普天間基地の辺野古移設は論拠を失うだけでなく、ひいては米軍基地の沖縄駐留自体が存在意義を失う。

18日外務省が公開した、在沖米軍基地の完全撤退は可能とする米国の見解を記した外交文書はそのことを裏付けている。このことは、安保・米軍基地を容認し、海兵隊の抑止力を肯定する政府や仲井真弘多知事にとってもその論拠を失うことを意味する。よくもまあ言ってくれたものだが、しかし、方便発言への反発には2種がある。抑止力はユクシと考える人とヨクシと考える人と、である。

民衆主役の革命

チュニジア政変を実現させた民衆の力が、エジプトのムバラク政権をも崩壊させた。インターネットなどの通信機器が大きな役割をはたしたと言われ、「フェースブック革命」「ネット革命」などと呼ばれている。これに対し16日の本紙「金平茂紀のワジワジ通信」は、ネットがこの動きの主役であるかのように報道するメディアを批判し、「最も重要なことは、政府による外出禁止令を無視して、人々が街頭に体をはって繰り出した事実の方だ」と強調している。正鵠《せいこく》を得た的確な指摘である。

金平はさらに綴《つづ》っている。「日本という国で街頭に民衆が繰り出すという風景がなくなってから久しい」「彼らが街頭に繰り出すのは、ワールドカップ・アジア大会で日本チームが優勝した時くらい」と。だが、「沖縄では街頭に人々が繰り出すことがしばしばあった」と、コザ暴動や先の鳩山政権の裏切りへの抗議行動を挙げ、「エジプトと沖縄はつながっている。民衆の直接行動のレベルにおいて、両者は間違いなくつながっているのだ。理不尽な政治の進捗《しんちょく》に対して…からだを動かしてものを言えば変わる。チュニジアやエジプトの民衆がそのことを証明した」と述べている。

ただ、問題は、ムバラク政権を崩壊させた「民衆の力」が、自らを組織し、自らの力によって新しい統治体制を創り出し得ず、軍部にそれをゆだねてしまっていることである。ここに、エジプトの民衆の栄光と悲惨がある。

「魂込め」で戦の継承読解

優れた作品論に出遭うのは愉快なことだ。新城郁夫の新刊『沖縄を聞く』。第6章でとり上げているのは目取真俊の「魂込め」。表題は「母を身籠もる息子」となっている。ジェンダー、セクシュアリティの視点を介在させた特異な分析を行っていて、決して読み解きやすいとは言い難いのであるが、優れた作品論であることは疑いない。新城は「魂込め」の位相を次のように位置づける。

戦争体験者の死という継承の危機が不可避的な現実となりはじめる一九九〇年代後半という節目、歴史の改竄と戦争の記憶のナショナルな再編成とが謀られていく動きのなかで、目取真俊の小説『魂込め』が、身体を沖縄戦の再起の場として開示し、語られ得ぬ戦争の記憶がグロテスクな身体へと変成していこうとする局面を、フィクションの領域において創出したことの意味は極めて大きい。

「魂込め」という作品は、幸太郎という年老いた男の口にアーマンが住みついて、ウタという母親代わりの老女の魂込めもむなしく、やがてアーマンが喉に詰まって幸太郎を窒息死させてしまうという奇抜な話である。

新城の分析が際立っていると思えるのは、この幸太郎の口の中を沖縄戦時に住民が避難した洞窟とし、口に侵入したアーマンを住民＝母オミトとの相同性において捉え、「母を身籠もる息子」としている点である。それは、戦死した母オミトがアーマンとなって息子の口の中で蘇《よみがえ》り安らぐことを意味しており、戦死した母を息子が身籠《ご》もるとは、息子が沖縄戦の記憶を身籠もること＝継承することを暗示しているのだと解読するのである。「魂込め」は次のように終わっている。

打ち寄せる波に海蛍が光っては消える。波はあたたかくやわらかだった。ウタは立ち止まり、海に向かい、手を合わせた。しかし、祈りはどこにも届かなかった。

ウタの魂込めは成就せず、ウタの祈りはどこにも届かない。なぜか。我々がウタの祈りを感受できるように「生の変容」を遂げない限り、ウタの祈りはどこにも届かず、漂い続け、宙づりにされたままだということである。新城はこの論考を次のように閉じている。

「どこへも届かない祈りが生き延びていくその先にむけて、自らの完結をどこまでも宙づりにしていく目取真俊の『魂込め』は、沖縄戦を過去という時間のなかで完結させることに抗い続けている」と。

拒絶される痛みに添う

第7章の表題は「沖縄を聞く」となっていて、大江健三郎の『沖縄ノート』を取り上げている。第7章をこの著書のタイトルと同じくしたのは、それだけ、この著書における第7章の重要性を示しているとも言える。

大江は『沖縄ノート』において、「日本人とはなにか、このような日本人ではないところの日本人へと自分をかえることはできないか」という内言として、呪詛《じゅそ》のように何度も書きとめている。沖縄的なものの一切から拒絶されていると感覚する大江の姿は誠実に満ちていて、痛々しくさえ映る。だが、それゆえというか、既成復帰運動の民族主義とそれを指導してきた革新政党への批判はない。流れているトーンは、日本人と沖縄人という二項対立的な構図である。その点を指摘しない本著に不満がないわけではない。『沖縄ノート』から新城が学びとっているのは、大江の、拒絶される痛みをもって沖縄の声をひたすら聞き取ろうとする姿である。

もう一つ本著で最後まで違和感を払拭《ふっしょく》できなかったのは、大江の中にあるとするホモフォビア（同性愛恐怖）を指摘し批判している点である。

その典型的な例として二つあげている。一つは、沖縄へ向かう船での出来事。ホモと覚しいアメリカ人が、沖縄の少年たちを誘惑することへの大江の嫌悪感への批判。もう一つは、全軍労の労働者に「かれら」と人称したことを大江の「男性中心主義」と指摘している点である。私などはここでの「かれら」は、女性を含む全労働者を含めていると考えるのだが、新城は〈「かれら」を、「真に人間的に生きることで執拗に抵抗しつづける」すべての者と積極的に翻訳〉することによってこそ、男性同盟的関係は解体されるとするのである。

終章で、「二つの声」を紹介する。一つは前線で沖縄の兵士に呼びかけられた反戦の声であり、あと一つは全軍労のスト回避を報じる声である。それを受けとめて結ぶ新城の文章は感動的である。

沖縄の声が、いつか誰かに聞きとられることがあるかもしれぬという、これ以上愚かしいことはないかもしれない願いを持つことなしに、どうしたら沖縄を生きていくことができるだろうか。

大江の『沖縄ノート』を、いま読みなおすということは、この到来する沖縄の声へのまったく無根拠な信頼のなかに、私自身を投げ入れるという、絶望的な望み以外ではありえない。

と。

（2月24日掲載）

時代先取り　あせぬ魅力

田中有「廃港で」／高良勉「タクトを振る男」

11日に発生した東日本大震災。襲いかかる大津波に人も家も車も橋も次々に呑みこまれ、一瞬のうちに集落が消えていく。まるで地獄絵図をみているようだ。死者・行方不明者は2万人を超え、現在も増え続けている。加えて、東京電力福島第1原発の相次ぐ爆発炎上事故。放射能が流出し、避難命令が出された。

安全神話の崩壊

未曾有の惨状を目にし、国民誰もが心を痛め犠牲者を悼み、救援の声を挙げていると思ったら、「天罰だ」と放言する人物がいた。石原慎太郎東京都知事である。日本人の我欲を津波で洗い落とせとも言っているが、例えば、被災死した赤ちゃん。赤子にどのような我欲があったというのか。日本・沖縄人への差別発言で更迭されたメア発言にも匹敵する妄言である。特権者の高みから被災者や弱者を見下し、侮蔑視する点で共通しており、即刻知事を辞任させるべきだと思うのだが、辞任はおろか、都知事選に出馬表明し、それを推薦する政党がいる。そういえば、メア発言に対しても、沖縄では県議会はじめ、ほとんどの市町村議会で罷免・謝罪を求める決議がなされたが、本土では政府はじめ、そのような動きはない。

福島原発事故は世界最大級の原発事故であり、原子力の安全神話は音立てて崩壊した。人々はこれからさらに長期にわたって、さまざまな放射能汚染の恐怖と被害に曝《さら》されることになる。大江健三郎は、この事故に対し、『原発がいかに無分別なものかを証明した今回の過ちを繰り返すことは、広島の犠牲者の記憶に対する最悪の裏切りだ』として原発依存を強めている日本のエネルギー政策に対して強烈な異議を申し立てた」と報じている（本紙18日）。

『ＫＡＮＡ』18号に山中六の短いエッセーが載っている。

二月七日若者たちが集う「どうする!? 原発座談会」に立ち寄った。（略）若者はなぜ、この運動を執拗にするのか。会場の奥にコタツで団を組み、主催メンバーは語りだした。自分にとっての原発、いらない！ と主張する反原発、彼らは模索している。それはまさに私も同様だ。

鹿児島県薩摩川内市に原発三号機増設は、計画されている。世界最大級一五九万キロワットである。

今回の大災害と原発事故は、なぜ反原発なのかについての回答を残酷な形態で明示している。

樹乃タルオの述懐

　街の下腹から伸びて暗い海と交わる防波堤は死に絶えた野獣の触手。港内には鶏のおびただしい羽毛が漂い、外海から迷い込んだ雑魚が時々、白い腹を見せて浮ぶ。船がもやったまゝで船底から腐蝕しはじめ、漁師たちの呪詛が焼きつけられた舷の赤銹に打ちつける波は鈍く重い。悪臭に混じって港から這い昇る闇が男の首にまといつく。ナイロンのザイルのように細く冷く凝縮した闇。この港と関係をもたなくなった向いの島の灯台の灯の長すぎる明滅に刺客に早変わりする闇。コートの襟に顔を埋め、男は張りつめた神経に生を感じる。

『非世界』22号に田中有の伝説的小説「廃港で」の全文が再録されている。右の文はその書き出しの部分。時代を呪う呪詛《じゅそ》に満ちた言葉と暗喩が繰り出され、行間から時代の闇がゆらゆらと這《は》い昇ってくる妖魔のような感触を伝える文体だ。１９６２年、『琉大文学』23号に掲載された作品である（巻末に収録、参照）。

　この作品について樹乃タルオは、次のように述懐している。「大学の同期生であった田中がこの小説を発表したとき、およそこのような文体の小説を読んだことがなかったので、正直打ちのめされたような気分だった」と。また、樹乃は、作品を流れる暗さに触れ、その原基は55年、田中が高校２年に体験した伊佐浜土地闘争とその屈辱的敗北にあるとする。「このときのやり場のない屈辱と怒りは屈折捻転し暗い霧状のモヤとなって田中の中でしこることとなるのだろう」と。そして、大学で「清田（政信）に出会うことで田中の暗い霧状のモヤは表現としてのことばを獲得していった」とする。作品に登場する不気味な「カラス児」は、長谷川龍生の詩「赤ちゃん」の中の「単眼児」の応用編と考察した上で、樹乃はさらに言う。「ここまでのことなら僕はまだ田中に脱帽することはなかったのかもしれない。かなわないと思ったのは『廃港』を子宮に見立てる発想の仕方である。さらにその子宮を観念のステージとして男と女のドラマを演じさせていることである。参った。偽らざる僕の本音であった」と。

作品全体を包む〈闇《ネアン》〉という不気味な響きや「カラス児」「なめくじの部屋」などのメタファーの持つ気味悪いイメージ。「廃港のある街で逢瀬を重ねる男と女。廃港によどむ黒い廃水から、時代の闇が幽鬼のように立ちのぼり、その中で分かり合うことのない男と女が、希薄化する実存の意味を質疑しつつ揺れている。四十七年経った今日読んでも、その鮮度はいささかも衰えておらず、これはまさしく、今の時代を先取りしているとさえ思える作品なのである」（『天荒』35号の武蕉の文）。

今度、樹乃タルオが新たな考察を加えているが、作品が発表されてからすでに49年が経過している。なぜこのすぐれた作品が、60年代のその時期に話題にのぼらなかったのであろうか。思うに、当時にあってこの作品は、評者らの識見を超えていて、手に負えなかったからなのではなかろうか。清田政信は、田中の作品を読んで、「ようやく『詩・現実』（清田の個人誌）を一緒にやれる同志が現れた」

という言い方で、その出来栄えを讃《たた》えたと伝え聞く。

60年代作家の復権

沖縄の60年代作家が元気な復権を告げている。

岡本定勝詩集『記憶の種子』（２００６年）の山之口貘賞受賞はその狼煙《のろし》であったか。比嘉加津夫が『Ｍｙａｋｕ』、松原敏夫が『アブ』をたちあげた。同誌で田中眞人が優れた「島尾敏雄論」を発表。『二月の砂嘴へ』を出版した樹乃タルオも１９６０年代から書き継いできた書き手だ。新城兵一が詩集『草たち、そして冥界』（あすら舎）を昨年7月に発刊した。鮮やかな復権である。さらに、川満信一は個人誌『カオスの貌』を立ち上げ、瞠目すべき健筆をふるっている。その川満について高良勉が『ＫＡＮＡ』18号で「タクトを振る男」という詩を詠んでいる。

その男は　いつも飢えていた
飯や女にも　飢えていたが
何よりも　青白く燃える思想
に飢えていた

で書き出されるその詩は、

君には　栄光はない
君には　充足がない
君は単独の　詩人で思想家だ
胃袋よりも　もっと深い飢えと渇きの海を
今夜も一人　さ迷い歩く
永劫の普遍思想を求め
タクトを振る男よ

と結んでいる。
沖野裕美が沖縄タイムス芸術選賞大賞を受賞した。「言葉の魔術師」と称するしかないほどに自在に繰り出される言葉の連弾と変幻。八重洋一郎は、詩集『犠牲博物館』（こぎと堂）の解説で「沖野裕美とは誰か」と問い、「それはその名前さえ不要とするほどの天性のリズムである」と激賞している。大賞受賞を心から祝福するものであるが、この人の詩活動の実績を思うと、あまりに遅い受賞ではある。

（3月31日掲載）

大震災の惨状と切迫の心情詠む

『くれない』4月号／『俳句界』5月号　ほか

大震災から40日余が過ぎたにもかかわらず、今なお13万余の人々が避難先で呻吟《しんぎん》し、放射能は拡散し続けている。後手後手に回る菅政権の無能ぶりを見ていると、天災は人災の要素を帯びつつある。

どす黒き魔の手は伸びて街に迫る逃げてと叫ぶ映像に向き　玉城寛子
大津波凄まじき波襲ひ来て家や車を薙ぎ倒し行く　中村田恵子
仙台の義弟一家は如何ならん妻は電話にかじりつきおり　仲村致彦
すさまじき津波にのまれ死者・不明二万余人の声の虚しく　池原初子
しはがれし父の叫びは瓦礫の中に沈みゆくまゝま息子《こ》の影もなく　玉城洋子
手裏剣のごとくに本ら吐き出され見れば『原発のある風景』ぞ　仲沢照美・茨木
瓦礫から思ひ出を拾ふ人らあり避難所の夜に雪よ降らすな　古堅喜代子

『くれない』（紅短歌会）４月号が「祈り　東日本大震災」特集を組んでいる。会員の短歌１３２首に加え、茨城、埼玉、渡嘉敷、フランスからの生々しい体験と緊急レポートを掲載している。右はその中から抄出した歌である。未曾有の災害映像を目撃した歌人らの切迫した息づかいが伝わり、臨場感に満ちた歌が揃っている。被災地の惨状に迫る素早い特集であり、時代と対峙《たいじ》し、現実から目を逸《そ》らさず歌を詠み込む同短歌会の姿勢を躍如とさせる特集である。

「沖縄に似ている、しかし…」

全国誌では『俳句界』５月号が緊急特集「３・11大震災を詠む」を組み、俳人70名余の句を掲載している。

春の地震旅の予定の取り止めに　稲畑汀子
大津波引けば惨憺雪の果　加古宗也
「タスケテクレ」股間あらわに女坐す　田中陽
人ら走り津浪は街をさかのぼる　山口剛
余震なほ春の原子炉むき出しに　谷口慎也
放射能に追われ流浪の母子に子猫　金子兜太
竜天に登り原子炉睨みけり　大串章

押し寄せる津波の瞬間、引いて跡の惨憺《さんたん》たる光景や人々の姿、剥き出しの原子炉と放射能の恐怖などさまざまな視点から惨状を詠みこんでいて、未曾有の災害への俳人らの心情が伝わる。ただ、稲畑汀子の句には違和感を覚える。地獄絵の如《ごと》き被害をもたらした大地震に対し「春の地震」という言い方はあまりに穏やか過ぎるし、「旅の予定の取り止めに」といった表現を読むと、被災地の惨状より旅が中止になったことに関心がいっていると思え、肉親も家も失い、裸で放り出されて絶句するしかない被災者との温度差を感じてしまう。

別の作品を見ると「壊滅の大地に春の祈りあり」となっている。やはり被災地を詠むというより、被災地にも「春の祈り」はあると、季節に軸をおいて詠んでいることが分かる。これは、俳句は人事ではなく季節を詠むとする俳句観と関係しているように思える。今回の大震災は、私たちの科学依存主義の根底からの転換を迫っている。そのような歴史的転換の白熱点において、季節の詩では物事の核心に届かないと思えるのである。

外国のメディアが、大災害にあっても暴動も略奪も起こらず、秩序正しく行動する被災地の人々を見て驚嘆し、尊敬に値すると報じている。確かにそうだ。画面に映し出される東北の人々は、一様に寡黙で、怒らず、当局の指示に純朴に従いじっと耐えているように見える。そのおとなしい忍耐強さはどこか沖縄人に似ていると感じていたら、『群像』5月号で、民俗学者の赤坂憲雄がそのことを指摘している。「沖縄に似ている、しかし、やはり東北は東北であり、沖縄は沖縄だ。ともに、辺境として背負わされてきたものに呻吟している。抜け出さねばならない。負の衣を脱ぎ捨てねばならない」『くれない』4月号で、歌人の仲沢照美は述べている。「被害者である福島県民から原発廃止の怒りの声が聞こえないのは何故だろう。（略）米国務省の前日本部長メア氏の『沖縄の人はごまかしとゆすりの名人』の本音発言に対して、沖縄県民が即怒った様に福島県民は怒りの声をあげるべきだと思う」と。

比嘉美織　未開拓の領域に挑戦

本紙の4月「短歌時評」でも取り上げられているが、本土の短歌界に沖縄の優れた若い世代が台頭している。比嘉美織と屋良健一郎。

そこだけは時が止まったかのように新聞歌壇に滲む旧仮名

右の歌は『短歌研究』4月号に「『読む』と『詠む』」と題する論考とともに掲載された比嘉美織の歌である。どこか、俵万智の歌を彷彿《ほうふつ》させる口語の歌であり、若々しい感性がまぶしい。論考は、与謝野晶子の「その子二十歳櫛にながるる黒髪のおごりの春のうつくしきかな」といった文語の歌を例示した上で、「流れるような文語を駆使した歌が詠めたらどんなにいいだろう」と、文語による格調高い歌を詠むことの難しさについて綴《つづ》っている。

比嘉は『歌壇』3月号でも大逆事件に関するシンポジウム報告を寄せている。また、2008年第26回「現代短歌評論賞」で次席を獲得している。そのときのタイトルは「『愛でる』—女性が男性を愛でる歌」である。幅広い問題意識で未開拓の領域に挑戦している。

いつだってフルカウントから動かない一対一の三角ベース
危機感をグラブの中に隠し持つポーカーフェイスを噛みしめながら

掲歌は、昨年の『短歌』(角川)11月号に掲載された7首のうちの2首である。新しい素材を古い殻を破った新しい感性で詠んでいる。強いて文語の歌に行かないでほしい。

屋良健一郎　若き世代の新しい感性

屋良健一郎も各方面で活躍し、注目されている若い歌人である。2005年「心の花賞」を受賞している。『心の花』3月号に堀越貴乃が「新しい沖縄詠の誕生」と題する屋良健一郎論で次のように書いている。「受賞作は沖縄を詠んだ連作だが、これまで多く見られたように戦争や基地問題から沖縄をうたうのではなく、戦中でも戦後でもない第三世代の視線で沖縄を捉え直す試みだった」と。

①基地の街に育ちし母は米軍の機種を聞きわく　空の叫びで

②暴動を騒動と言いかえる父　我をぶつことすらなくなりて

③右腕に〈沖縄人〉と書いてあるジョンと知り合う週末のバー

④「Fuck you《ファッキ ユー》」ができない右手アフガンより戻ったボブに中指は無し

⑤軍命がもし本当になかったら　次の花火が上がるまでの闇

⑥壇上の傀儡師につられて挙げたこぶしよ我の未生の思想

①②は朝日新聞2010年11月30日の夕刊、③④は『短歌研究』の昨年11月号、⑤⑥は『短歌往来』4月号に掲載された歌である。確かに、進むべき沖縄像を模索し、カオスがカオスのままに歌われており、若い世代の新しい感性を感じる。ただ、「沖縄を捉え直す」とは、全てを相対化し、立場をあいまいにすることではない。

手元には『南涛文学』26号、『文化の窓』33号、『アブ』9号があり、8編、1編、1編の短編小説が掲載されているが、すでに紙幅もつきた。次回で扱うことにする。

（4月28日掲載）

生きる場選べぬ悲哀と闇

下地芳子「塗り潰された絵」／国梓としひで「ミミバエ」

それはなぜだか似ていた。
爆撃されたサラエヴォ図書館に。
ファン・ゴイティソーロが「記憶殺し」と言った
その場所に。
渚に散乱する記憶。

それはなぜだか似ていた。
ヒロシマの小学校に。
子どもたちがそれぞれの影になって
石や鉄にはりつけられた
そのときの無音に。

それはなぜだか似ていた。
すべての大量殺戮《さつりく》の現場に。
水が火柱としてたちあがり執拗に記憶を焼いた
その奇抜さに。
それはなぜか似ていた。

各種月刊誌が一斉に東日本大震災の特集を組んでいる。『現代詩手帖』6月号、『文學界』6月号、『文藝春秋』5、6月号、『俳句界』6月号、『世界』6月号等々。右の詩は、『文學界』6月号に掲載された辺見庸の「それは似ていた」という詩の部分抄出である。殺人兵器によって人間ごと記憶を殺戮してきた者らの所業を没却することなく保存し、大震災の惨状と重ねることで、どんな惨状をも消してはならない記憶として言葉で刻むのだと意志する強靭《きょうじん》な思想に支えられているところに、この詩の優れた抒情《じょじょう》性がある。

「想定外」とは

東日本大震災から2カ月余がすぎた。各地で復旧作業が進んでいるとはいえ、依然として多くの被災地は復旧にはほど遠い惨状を呈したままであり、原発事故はいつ終息するか見通しが立たない深刻な状態にある。原発事故の恐るべき全容とその背景が次第に明らかになりつつある。また、歴代政権と原発企業と御用学者と既成メディアとの癒着ともたれ合いの構造も白日の下に曝《さら》されてきている。震災後「想定外」という言葉をよく耳にする。

これについて『文藝春秋』5月号で柳田邦男は次のように述べている。A本当に想定できなかったケース。Bある程度想定できたが、除外したケース。C発生が予測されたが、本気で取り組むと投資額が巨大になるので、想定を低く見積もったケース。福島原発事故はまさに、典型的なCのケースだというのだ。大津波も想定外、冷却水を送り込むポンプが機能しなかったのも想定外、ポンプを動かす非常用外部電源を失ったのも想定外らしい。だが、外部電源喪失事故は2010年6月にも発生している。想定すべきを想定せず、無責任に「原発は安全」という虚構を振りまき、今回の大惨事を招いたかと思うとおぞましさに、言葉もでない。

もっと言及したいところだが、小説時評を進めることにする。今月は短編小説に佳い作品が多く、20余の作品を通読した。

沖縄の歴史・現状と通底

『南涛文学』第26号には6本の短編が掲載されている。下地芳子「塗り潰された絵」、国梓としひで「ミバエ」、津波信雄「森の中」、毛利省三「中河内川」、長嶺幸子「水色の小紋」、そして松本昌栄の「成りすまし」。全作品を取り上げるのは無理なので、今回は何編かを取り上げることにする。

「私は、二十数年ぶりにY町へと向かった。そこには亡くなった母と私の、人生の根っこが深く埋もれている」という書き出しで始まる下地の作品は、母と私の悲しい闇が埋もれている故郷の町を訪れたときの回想で成り立っている。主人公の「私」は、母が若い頃レイプされて生まれた娘。裏で売春を営むそば屋で住み込みで働いていて客の男の被害にあったが、母はその後もその店を辞めることができず、店の女将が亡くなると、店を引き継ぐ。それが「愛しい家―」。足に強い障害を抱えた母は、レイプ被害にあってもそこで働くしかなく、レイプ犯＝「私」の父への憎しみと絶望の中で「私」を生み落とす。当然にして母も周囲の親戚も、「私」の父については一切語ることはしない。

母の死後、整理ダンスから2枚の絵が出てきた。その1枚は「私のお父さん」とあり、真っ黒に顔が塗りつぶされていた。父の顔を知らない「私」が、小学校1年生のときにイメージで描いた絵である。母の憎しみと絶望と悲しみが塗りつぶされた絵から伝わる。「私」は「そこで生きる以外なかった」母の悲しみを噛《か》みしめつつ、Y町を後にする。

この母の生きたどうしようもない闇は、沖縄に住む者にとっても切実だ。基地があり、レイプを含むさまざまな基地被害に曝されても、人々はそこに住むしかない。この母の怒りと絶望は、「コザ暴動」に通底するそれであり、目取真俊の「希望」の絶望的暴力にも通じるそれである。読み応え十分の作品であるが、欲をいえば、「私」はなぜ、20数年ぶりに忌まわしい思い出しかない故郷を訪れようと思ったのか、そこをもっと書いてほしかった。

弱者の犠牲を当然視

国梓の「ミバエ」は、人間によって放射能を照射されて生殖機能を失い、役目を終えたらみじめに殺されていく人工ミバエの生涯をミバエの側から描いた寓話《ぐうわ》的作品。登場する虫はミバエのほかにハリガネムシ、イモゾウムシ、などであるが、彼らもまた、〈そこしか生きていく場所はない〉所に囲われて絶滅の日を待っている。

「(わが研究所では)放射性物質コバルト60からガンマー線を取り出し、害虫と呼ばれている昆虫に照射。放射能の平和利用として全て成功を収めてきました。その結果、われわれの意のままに自然界を牛耳ることができました。これは人類の勝利です!」と演説し、「最後の一匹をこの手で始末できた。ここだけの話ですが、われわれ人間も増え過ぎてきましたね。クッ、クッ、クッ」とうそぶく男の呟《つぶや》きは、やがて人間をも有害と無害に区別し、有害=弱者を殺戮する発想を持つに至る人間の誕生を示唆して不気味である。いや現に、都市の繁栄のために地方に原発が集中させられているのを見ると、この差別の発想は現実の政治で貫徹されている。

男の、放射能への傲慢《ごうまん》な態度を聞いていると、原発事故への対応を彷彿とさせるものがあり、また、弱者への犠牲の押しつけを当然視する発想の不気味さを扱っている点など、一見童話風に描かれているこの作品は、きわめて現代的テーマを内包した寓話として読むことができる恐るべき作品である。二つの作品が、〈そこしか生きていく場所はない〉者の悲哀と闇を扱っている点でも、共通していると思えた。

八重山が舞台　池上永一の新著

池上永一の新著『統ばる島』は竹富島《タキドゥン》、波照間島《パティローマ》、小浜島《クモー》、新城島《パナリ》等々八重山の8つの島を舞台にした短編集。「竹富島」は、種取祭を題材にした作品。中学生の少女と少年が舞踊と殺陣芸を極め舞台を大成功に導く物語。「波照間島」は、同島に伝わるパイパティローマ伝説を素材に、若い男女の出会いと別れを美しく描いている、といった具合に、八重山の風俗や伝説を素材に軽妙なタッチで物語を描いている。ただ、『テンペスト』のような壮大なスケールと疾風怒濤《どとう》の物語を読んだ読者には物足りないかもしれない。

『アブ』9号の山原みどり「旅の途中で」、第4回「びぶりお文学賞」の小山響平「爪探し」と佳作の作品、『文化の窓』33号の山下泉「徳之島ちゅっきゃい節」等も読み応えのある作品であった。

（5月29日掲載）

嘉手納テロめぐる攻防に臨場感

松本昌栄「成りすまし」／山原みどり「旅の途中で」ほか

東日本大震災から3カ月余がたつが、この国の政治の無能、無策を告知するかのようにいまだ多くの被災地の瓦礫《がれき》は異臭を放って放置されたままである。原発事故は作業員らの必死の復旧作業がなされているが、いつ終息するか知れず、住民は放射能汚染への不安と恐怖にさらされている。国支給の救援金はおろか義援金すらその多くは被災者に届いていないというのに、他方で、義援金が支給された被災者については生活保護費を打ち切っている。弱者へのマイナス対応は素早いというわけだ。

被災地の荒涼とした状況が伝えられる中、沖縄は66年目の沖縄忌をむかえた。前日に日米両政府がオスプレイ配備と辺野古V字滑走路建設を発表する中で。66年凌辱《りょうじょく》し続けてもまだ足りないのか。

貧しきものへ基地や原発押し込めてぬくぬく育つや日の本《ひのもと》さくら　當間實光

鵺《ぬえ》のごとき国会論議この今も作業員らは働く暗き建屋に　湧稲国操

六人の首相変わっても基地ひとつ無くせずにまた六月の来る　古堅喜代子

「あの戦《アヌイクサ》」引かぬ潮のただ中を六十六年老は生き来し　　玉城洋子

右の歌は、18日、紅短歌会主催の「第7回短歌で訴える平和・朗読」で朗読された73首のうちの4首である。

惜しまれる急逝

『南涛文学』26号、松本昌栄の「成りすまし」。入国審査官という一般にはなじみのうすい特殊な仕事を持つ男の話。不法入国者を空港玄関でくい止める。精巧な偽変造パスポートを見破るのは難しい。加えて沖縄の場合IDカード（米軍発行の身分証明書）やSOFA（地位協定該当者）はフリーパスなのでそれを隠れみのにした基地がらみの不法入国者は多い。作者は法務局大阪入国管理局に勤めた経験があり、その経験が生かされた作品といえる。

不規則で過酷な勤務体制。現場が緊迫すれば娘が喘息《ぜんそく》に苦しんでいても駆けつけてやれない。また、取り調べに応じようとせず占領者意識丸出しの侮蔑的な態度で振る舞う米軍人・軍属がいる。表題の「成りすまし」というのは他人に成りすますこと。旅券は本物、目の前の人物が旅券の写真と同一人物であれば入国許可するしかない。物語は那覇空港で勤務する入国審査官が、国際テロ組織による嘉手納基地爆破計画を実行寸前に防止する話。テロリストの主犯が、「成りすまし」で入国を企てる。犯人と入国審査官のやりとりは、スリリングで緊迫感があり臨場感にあふれている。

結局、嘉手納基地爆破は、審査官らの緊密な連携によって未遂に終わり、犯人グループは一網打尽になるのであるが、事件は極秘扱いとされ、報道されることはなかった。基地沖縄の現実を新たな視点から抉《えぐ》りだした作品であり、その意義は大きい。ただ、作者は主人公の審査官に「このような米軍の（横暴な）態度がテロを誘発させる結果になっているような気がしてならなかった」と述懐させているが、その視点からの書き込みがもっと欲しかった。テロは許せない。だが、嘉手納基地がなぜテロリストに狙われるのか。テロを生む根拠を不問にして、テロ＝悪と決めつけるだけでは根本的解決にはならない。

筆者は昨年10月急逝されたという。スケールの大きい作品を描ける人であり、活躍が期待されていただけに、惜しまれてならない。合掌。

山原みどりの感性に瞠目

『アブ』第9号、山原みどりの「旅の途中で」。この作品が20代の若者の作であることにまず驚かされる。構成がしっかりしていて、練られた落ち着きのある文体にも感心したが、何より、ありふれた日常のなかに大切なものをみつけようとする感性に瞠目《どうもく》したのである。明るく、前向き、自己主張、背伸び、自信過剰、野心、といった若者にありがちな志向とは無縁な、それと対極のところに主人公の感性は働く。ただ、そのことによって、傷ついた教え子に何もしてやれなくて自分も傷つくことになるのだが。

主人公は小学校の教員。引っ越しの荷物を整理している時どこからともなく「ざざ…ん　ざ…ん…」という波の音。音は外国製のウイスキーのボトルの口から聞こえてくる。中には、マッチ棒でできた帆船が入っている。このエピローグの部分は実に巧みだ。波の音に誘われるように話は20年近く前の過去にさかのぼる。

めったに旅行なんてしない両親と「僕」の3人家族だが、別にそれは旅行したいけど我慢しているわけではない。日々の日常に自足して旅行など思い至らないのである。その3人が夏休みを利用して、四国の名もない温泉地に旅行する。そこで「僕」は〝ある感覚〟を呼び起こされる。それは「例えばよく晴れた休みの日に父と昼寝をしている時や、遅く起きすぎた朝や、雨降りの日に部屋で本を読んでいる時」に感じる感覚である。その「何か」とは、おそらく「幸せの感覚」というものであろう。

ここで主人公は幸せの一つの在り方を提示している。欲しいのが手に入ったとか、昇進したとか、夢が実現したとかによってではなく、ありふれた日常のなかの幸福を示したのである。たそがれ時、銭湯の帰り、両親と並んで歩きながら理由も分からないままに「僕」は再び〝ある感覚〟に襲われる。「理由もなくかなしかったときときみは愛することを知るのだ」（吉本隆明）という詩句があった。ある感覚とは愛を意味するに他ならない。

さて主人公はこの旅先の学校で風変わりな教師に出会う。その教師は帆船を製作していて、「僕」は、マッチ棒でできた精巧な瓶の中の帆船をもらい受ける。先生との別れの時、胸をしめつけるような感覚が込み上げる。帆船は幸せの感覚であり、愛の象徴である。

異文化を見直す　小山響平「爪探し」

『第4回琉球大学びぶりお文学賞作品集』。受賞作は小山響平の「爪探し」。今風の若者の意識と生態の一端が、細部にわたって描かれていて楽しく読めた。破綻のないしっかりした文章で綴《つづ》った若い男女の会話もさわやかだ。主人公は関東出身の学生で恋人のヒカルは生粋の沖縄娘。本土出身と沖縄出身の男女が何のわだかまりもなく会話しているのも新鮮だが、早く起きた「僕」が、寝坊した恋人に向かって、朝食の準備のためごく自然に「ねえ、ヒカル。目玉焼きとオムレツ、どっちがいい？」と聞くのもまぶしい。時代は確実に変わった、と思いたい。だがほんとうに変わったか？

「僕」は三線を習おうと思うのだが結局なじめずに爪をごみ箱に捨ててしまう。ところが軽い流れで弾きはじめたヒカルの見事な三線と歌を聞いて深く感動する。ヒカルの三線は祖父ゆずりであり、祖父はまた祖父の祖父ゆずりであった。そこには本土人には分からない深く長い文化の流れがあることを知り、「僕はヒカルの知らないところで、ヒカルの一番大切なものを踏みにじっていたのだ」と、爪を捨てた罪悪感に襲われる。このモチーフの所を「僕」の生まれ育ってきた異文化との関連でもっと深めてほしかった。

（6月30日掲載）

文化が基地の抑圧をはねのける?

大城立裕『普天間よ』

東日本大震災から4カ月余、復興の目途も立たない中、福島県相馬市で、牛を処分し廃業した50代の酪農家の男性が牛舎で縊死《いし》したとのニュース。壁には白いチョークで「原発さえなければ」「残った酪農家は原発にまけないで」などが書かれていたという。

菅直人首相が四面楚歌《そか》の状態で、13日、脱原発を宣言した。与野党の内外から、具体性がなく無責任などと批判を浴びている。閣僚との相談もなく担当大臣さえ知らなかったというが、相談すれば反対されていただろう。孤立無援だからこそできたのかもしれない。

たしかに組織戦術なき戦略の感は否めないし、その後個人的見解だなどとトーンダウンし腰砕けになりつつある。だが、原発事故の惨状を直視し、放射能被害をこれ以上受けたくないと考えるのであれば、極めてまっとうな宣言である。無論このことによって自民党の原発推進政策を継承した罪が消えるわけではないが、原発資本に首根っこを押さえられ、原発批判がタブー視されてきたこの国で、首相の口から公然と脱原発が宣言された意義は大きい。

大震災後の小説

《小説家は小説を書く以外に、核に「ノー」を突きつけることなどできない》（陣野俊史）

震災後、詩・短歌・俳句など多くの短詩形文学が発表されるなかで、震災について小説が書かれるようになるには5年ほどの時間を要するとされてきた。実際、高村薫の原発小説『神の火』が発表されたのは、チェルノブイリ事故から5年たった1991年であった。同小説は、元原発技術者が原子力発電所を襲撃するという話で、原発に関する綿密で詳細な知識を駆使した震撼《しんかん》すべき作品である。

ところが、『すばる』8月号、陣野俊史の「『3・11』と『その後』の小説」を読むと、大震災についての作品は既に発表されている。川上弘美の「神様2011」（『群像』6月号）と古川日出男の「馬たちよ、それでも光は無垢で」（『新潮』7月号）である。二つの作品は、過去に発表された作品に今起こっている〈毒々しい現実〉を導入して改作した作品である。川上は「神様」（1993年）を、古川は「聖家族」（2008年）という作品を。

陣野によると、「3・11」以前の日本の現代小説で、戦争や核の恐怖を扱うとき、アナロジーとメタファーと伝統的手法といった三つの方法が駆使されたという。「だが現在、これまでとはまったく異なった方法で、『核の不安』を小説化する作家が現れた」。先に挙げた川上と古川の改変2作品がそうだという。

〈禍々しい現実〉導入で改作

Ａ　川原までの道は元水田だった地帯に沿っている。土壌の除染のために、ほとんどの水田は掘り返され、つやつやとした土がもりあがっている。作業をしている人たちは、この暑いのに防護服に防塵マスク、腰まである長靴に身をかためている。『あのこと』の後の数年間は、いっさいの立ち入りができなくて、震災による地割れがいつまでも残っていた水田沿いの道だが、少し前に完全に舗装がほどこされた。

Ｂ　人々は遂われた。町は棄てられた。犬猫も牛も、馬も。遺体すら回収作業が行なわれようとしていない。棄てられている。

その地に立たなければならない。この衝迫はいったい何なのか。私は解析しようとする。被爆を強いられるべきは自分だ、被爆しろと考えているのは、わかる。一種の自殺衝動だ。

Ａの文章は「神様」という川上の短編を「３・11」以後の現実に踏まえて改変した作品の抄出であり、Ｂは、２００８年に発表した古川の「聖家族」を書き直した長編の一部である。いったん完成した小説に今起きている〈禍々しい現実〉を導入することによって、これまでにない全く新しい手法で〈小説ならざる小説〉を創出したのである。

では、作家はなぜこのような手法を取ったのであろうか。おそらくそれは、未曽有の災害への衝撃と怒りが内発する熱源となり、従来の小説の方法を超えさせたというしかない。大震災と原発事故による禍々しい現実と正面から対峙《たいじ》し、何故それは起きたかを主体的に質疑したとき、作家のなかに「改変」の内的衝迫が生じたのである。作家は文学者として核に「ノー」を突きつけることも大切である。だが、作品で「ノー」を描くことこそが作家の責務であろう。

ところで先に引用した陣野の文章《小説家は小説を書く以外に、核に「ノー」を突きつけることなどできない》の「核」を、「基地」に置き換えれば、それはそっくりそのまま、沖縄における小説の現在を問う視点ともなる。

それでも基地は残る

大城立裕が『普天間よ』という短編7編を収録した単行本を出版した。6編は既発表の作品であるが、表題の「普天間よ」は書き下ろしである。発売当初から注目され新聞でも大きく取り上げられている。何しろ、全国的にも焦点となっている「普天間基地」である。沖縄を代表する作家がそれをテーマに小説を書くとなれば、いやが上にも話題を呼ぶ。私は別の意味でも興味を覚えた。

大城立裕は、〈沖縄戦や基地をモチーフにしているというだけで関心を持たれるのは文学の危機であり、視野が狭い〉〈しいて政治にこだわらなくてもいい。文学にはあらゆる可能性がある〉(『うらそえ文藝』第10号の座談会)という趣旨をいい続けてきたわけで、この間『琉大文学』を批判する際の基本的スタンスでもあった。その大城立裕が「普天間」を取り上げ、どのような「基地告発小説」

を見せてくれるのか。これは、「俳句は花鳥風月を諷詠するもの」としていた高浜虚子が、戦時色一色の状況下で、自説を曲げて、花鳥諷詠《ふうえい》以外の戦争俳句を詠むに至る姿を彷彿《ほうふつ》とさせる。

もちろん、一方は戦争否定であり、他方は戦争賛美という立場の違いはあるが、ついに普天間をめぐる抜き差しならぬ状況はこの作家をして従来のスタンスを転換せしめるに至ったか、期待は高まるばかりというものだ。

作品を読了してこの作家らしいと感心した。が、不満も覚えた。確かに、普天間の現実が描かれている。米軍に故郷を接収され日々爆音に苦しむ普天間基地周辺の人々。大学に米軍ヘリが墜落し、米軍が大学を占拠する。3世代の家族がいて、それぞれの世代の基地への抵抗が提示される。

一つは基地返還運動という父がやっている正攻法。二つは米軍を欺いて基地内に立ち入るしたたかな方法。祖母は、基地に埋めた先祖の誇る鼈甲《べっこう》の櫛《くし》を掘り出す名目で基地内立ち入りを求め、それを実現する。そして三つ目が娘の文化的闘い。琉球舞踊の稽古中に米軍ヘリの爆音で音曲が掻《か》き消されるが、それに動ぜず踊り続け、爆音が治まった時、踊りはぴたり音曲にのっていた。この場面は感動的である。琉球舞踊＝文化が基地の抑圧をはねのけた瞬間である。正面から基地に対峙するだけでなく、時には文化こそが抑圧をはねのける力になる、と。

しかし、それでも、普天間基地は存在し続けている。三形態の抵抗は個としての抵抗に留まり、大衆の怒りや組織的抵抗は描かれてない。自覚した大衆の組織的抵抗なしに、普天間の未来はない。ああ、普天間よ。

（7月31日掲載）

運命受容する強さ描く

大城貞俊『ウマーク日記』

23日、教科用図書八重山採択地区協議会が「新しい歴史教科書をつくる会」系の育鵬社の公民教科書を選定した。

何が問題か。まず、一市長の任命した協議会長という人物の考えによって県民の総意が覆され、教育現場も望まず調査員も推薦してない教科書が選定されていること。二つ目は、選定された教科書の中身。沖縄米軍基地問題や原発の危険性についての記述がないなど民意に反している。とはいえ、それが沖縄内で選定された反響は計り知れない。八重山戦争マラリア遺族会の前津栄信副会長は「戦争賛美の教科書が選ばれてしまった。（略）戦争を体験した者として今回の結果はとても残念だ」と憤慨し、沖教組役員は「組合員が減少して力が及ばず、動きを止められなかった」と語っている。選定に賛同した協議会員の罪も重いが、無関心を決め込むことで結果として戦争へと向かう流れに加担する現場教員たちの罪も重い。

本稿が活字になる頃は新しい首相が誕生しているであろう。権力の座につきたがる候補者が数多く名乗り出たが、その言説をみれば誰がなっても絶望的。普天間基地の撤去や原発廃止について触れた者はいない。選定された育鵬社の教科書と同じである。

2人のウーマク

大城貞俊の『ウマーク日記』が単行本として出版された。400ジペーにおよぶ長編である。本年の県内小説で最高の収穫とみた。評者は以前から、今後コザはもう一度、小説の舞台になるに違いないと書いてきたのであるが、大城の作品はその期待に見事こたえる作品であった。猥雑《わいざつ》なコザを内側から描いているのである。

作品の全体は、ヤンバルの地で米兵と村娘のハーフとして生まれた双子の兄弟とその家族の数奇な半生を描いた家族愛の小説である。

作品は3部構成になっている。夫を兵隊にとられた母は娘一人と夫の両親を抱えて戦後を生きることになるが、家に寄りつくようになった2人の米兵と親しくなり、マークとジョージの双子の男の子を生む。幼子を抱えた戦争未亡人で、舅《しゅうと》、姑《しゅうとめ》がいて米兵の子を産む。娘もやがて米兵と親しくなる。これだけでも十分スキャンダルであり、物語は深刻で暗い内容を帯びる条件を揃《そろ》えているのだが、不思議と登場人物はみな明るく逞《たくま》しい。祖父と母との情交すらも淫靡《いんび》さはなく、「おじいちゃんの奮闘」などと表現しどこかあっけらかんとしている。第1部は双子の兄弟のウーマクぶりを生き生きと描いている。

時に村人から「ヒージャーミー」「混血」と蔑《さげす》まれるが気にせず、それを上回るエネルギーで逞しく生きる。スイカや鶏の卵を盗み、砂糖黍《きび》畑をあらし、山猫狩りをする。おじいさんの恐い話やおばあちゃんの寝物語も2人を慈愛に満ちた優しさで包んでくれる。「生きるためには、やれるものはなんでもやってみろ」といい、「自分の手をみてごらん、みんな長さがちがう、人間もみんな考え方が違う。自分の考えだけが正しいとおもってはいけない」と語りかけるおじいちゃんの話は、その後の少年の生き方を形成する核ともなる話である。このように1部は、著者の『アトムたちの空』(講談社)に通じるウーマクの世界である。

戦後を生きる家族の半生

物語は2部を迎えて大きく反転する。激化するベトナム戦争下、米兵でむせかえる猥雑なコザのAサインバー街。米兵と女たちの怒声と嬌声《きょうせい》とアルコールが充満し、暴力とセックスがはじける。兄のマークがアメリカにいる伯父さんに引き取られたあと村を出たジョージは、コザのAサインバーでカウンターボーイをしている。ここでジョージはさまざまな事件に出遭う。姉も恋人も米兵に強姦される。また同僚のホステスにレイプを企てる悪質米兵に制裁をくわえて刑務所にぶち込まれる。兵隊はベトナム行きの恐怖に脅《おび》え、麻薬とアルコールで肉体も精神も荒んでいた。

ただ、特徴的なのは、必ずしも米兵=悪として描いていないことである。マクミランという米兵もその一人。彼は荒れる同僚兵士たちに心痛め、ジョージと友情を交わし幸福とは何かなどと議論する純粋な青年である。しかし、その彼は、ベトナムで戦死し、顔半分と身体が砕けた無残な死体となって、死体処理のアルバイトをしているジョージの前に搬送されてくる。ジョージはただ、慟哭《どうこく》するしかない。

さて、作品はまだ続く。3部を迎え、結婚し、家庭を築く幸せの日々や母親が営むコザ市場の店の周辺の庶民の営みが丁寧に描かれる。やがてジョージは陶工の仕事に出会い村に戻る。母親との同居も考えている。そこにアメリカでこれまた苦労して独自の道を築いた兄のマークと姉夫妻が来沖を告げる。物語は大団円を迎えることになる。

作品にはその時代を象徴する歴史的事件が織り込んである。B52の墜落爆発、コザ暴動、米兵の死体処理の仕事、沖縄返還等々。このことは、小説の中に、今起こっている禍々しい現実の出来事を織り込むことによって、小説という虚構と現実との融合を図り、小説の新しい世界を広げているように思える。また、どんな逆境や運命に翻弄《ほんろう》されようともそれに負けない人間を描くことで沖縄の将来像を示している。

父の焼き物を評する娘の明子の言葉。「自己主張しない温かさ。自然な温かさ、穏やかな温かさ…」。その娘の言葉をジョージは捉え返す。「焼き物を始めたのは、そんなふうな思いがあったかもしれない。マークや、夏恵や、あるいは運命のようなものと、激しく闘うのではなく、ハーフとして生まれたことをもすべて受け入れながら、村のおおらかな自然な色を作り出したいと」。つまり、村の温かさだと…。作者は沖縄の困難と孤独は、全てを受け入れ、国際化することで未来は開けると暗示する。母が米兵の子を生み、姉も米兵と結婚し、兄は米人の女性と結婚する。その意味でハーフは象徴的意味を帯びてくる。

ただ、そのような村の温かさは戦争とその後の米軍占領によって踏みにじられたのも事実。そこからこの島の不幸は始まったのだ。作者は、伏線的にではあるが、もう一つの道をも示している。それは母親春子の心配事の一つとして語られる嫁の妹の洋子のこと。政治的なことに関心が行きすぎ、集会場などで琉球独立のチラシを配っているという形で。国際化か独立か…。

新感覚の琉球像　池上永一『トロイメライ』

池上永一の「テンペスト」がテレビ放映中であり、好評である。評者も毎回みているがおもしろい。特に寧温が語学と知性と外交術を駆使して列強に立ち向かう姿がいい。ただ薩摩のあくどさが寧温＝真鶴の愛する浅倉のおかげで隠されてしまっている。放映されているドラマは、琉球史の実像とは違うことを踏まえて観《み》るべきである。

池上永一の新作短編集『トロイメライ―唄う都は雨のち晴れ』（角川書店）が発刊された。作家は転んでもただでは起きない（転んだわけではないが）。「テンペスト」執筆過程で習得した知識を駆使した「テンペスト」の外伝の外伝である。新しい琉球像が若い作家の新感覚で提示されている。短編集では、第5夜「琉球の風水師」が一番おもしろい。

（8月31日掲載）

スケールの大きさ再発見

高良勉『魂振り』

『新潮』10月号に古井由吉と平野啓一郎の「震災後の文学の言葉」と題する特別対談が組まれている。枯淡の作品を発表し続ける老作家と若手を代表する作家の対談。震災後の文学についてどのように語ってくれるのか、興味を持って読んだ。平野が西日本の人にとってこれまで東北は遠い存在だったが、震災が東北を近くに感じさせた、だが、震災を経験してないことによる距離感もあると発言している。古井は、配偶者の出身が福島なので東北は近く感じてきたが、「それでも震災が起こってみて、東京がこんなに東北に依存していたかと驚きました」と述べている。

重なる震災・基地

そんなものかと思いつつ、2人の会話の「東北」を「沖縄」に、「震災」を「米軍事故」に置き換えれば、それはそっくり、現在の本土人の沖縄への意識のあり様を語っていると感じたことだ。

渡米した野田佳彦首相は、オバマ大統領と日米合意を確認し、「辺野古移設」を約束しているが、米軍基地を東京に移設して、東京のど真ん中に米軍機が墜落し、大惨事を引き起こすのでない限り、本土人は、本土が沖縄の犠牲に依存している現実を自覚しえないのではないか、と思う。

両作家の対談で核心点だと思うのは次の箇所である。平野が、震災までは個人の精神の危機を問う時代が続いたと問いかけるのに対し、古井が「文学者はこの災害をきっかけに変わるかも知れない」と言い「被災者の沈黙の中に何があるか、それを他の人間に感じ分けられるようにするのが、文学者の仕事だ」と述べて、これを受けて平野も「この地震で（二〇）一〇年代は自然の脅威や社会の危機、その中での生き死にというテーマがもう一回、文学の中で大きくなる気がします」と。

だが、気になる会話もある。それは、古井が、今回の大震災とさる太平洋戦争下の空襲体験の記憶を二重写しにして語っている箇所である。

平野　その感覚（鬱の感覚）は太平洋戦争の体験からきているものですか。

古井　ええ。空襲の後でも、今の時代に比べれば悠長でした。（略）ところが、今回の震災の場合は、焦土ではなく湿土になってしまったでしょう。津波の跡地は仮の暮らしもできないわけです。

古井が今回の震災を「広域が一度に消滅してしまった空襲以来の体験」と認識しているのは重要である。だが、しかし、別の箇所で平野が、宮城や岩手は復興に向けて意欲的になっているが、「福島の人たちは（放射能のため）まだどうしていいかわからない」と、放射能被災についての見解を求めていることに対し、「呆然とするのが当たり前、呆然とする時期がたっぷりあったほうがいい。すぐさま復興にかかるというのは悲惨なことなのですよ」とはぐらかしている。この発言からは原発事故は除外されている。それは「今回の震災の場合は、焦土ではなく湿度になってしまった」とか、「呆然とする時期がたっぷりあったほうがいい」という発言に端的に現れている。

これらの発言は一日も早い復興を願う被災者の心情と逆行するだけでなく、次の点を直視すれば極めて欺瞞《ぎまん》的だとみるべきである。原発事故は収束しておらず、放射能汚染は内部被曝《ひばく》者の現出をはじめ、今なお進行中であり、これから長期にわたって未来を侵食し続ける。震災については語るが、原発事故には触れないというこの間のタブーは、この老大家にも影響を及ぼしているというのであろうか。

福島の声を排除

文藝春秋が『つなみ―被災地のこども80人の作文集』という臨時増刊号を出している。被災地の子どもたちの生の声を多く聞きたいとの思いから早速買い求めて読んだ。読んでみて、胸打たれた。そこには、稚拙な表現ながらも、書かずにはおれない切迫感と書こうにも十分書けない〈深い思い〉が確かに熱く息づいていると思えたのである。だが、読み終えてあることに気付いた。福島の子どもたちの作文がないのである。ある疑念を確かめるために発行元の文藝春秋社に電話し「なぜ福島はないのか」と尋ねた。すると編集人という方が応対に出て「福島には原発があり、原発については賛否あるので、子どもたちにそれを判断させるのは酷だと思いまして」うんぬん。「原発被害を抜きに今度の震災を語るのはおかしいではないか」と言うと、「一読者の御意見として拝聴しておきます」と電話を切った。原発広告で莫大《ばくだい》な恩恵を受けてきた雑誌社としては、原発被害の声は伏せておきたいということか。

政府は「東日本大震災構想会議」を発足させ、6月には「復興構想7原則」を打ち出した。その原則6には原発被災地への支援と復興が明記されている。これは、当初、復興支援から原発問題を外せという首相のお達しを、「原発問題を考えずに、復興会議の意味はない」とする梅原猛特別顧問の一喝で挿入されたものであるが、文藝春秋の企画は、この政府構想すら踏みにじる巧妙な言論封殺なのである。

文化は遺伝する

高良勉が新著『魂振り』(未來社)を発刊した。副題に「琉球文化・芸術論」と銘打たれているように、琉球の伝統文化と文学以外の絵画、写真、舞踊などの芸術分野に焦点をあてて評した評論集である。沖縄文化とせずあえて琉球文化として論じたところに著者の批評位置がある。著者は言語を含めて琉球文化は琉球民族文化であり、日本文化に包摂されない独自の文化を持つと説く。「『琉球・沖縄の歴史と文化』ぬきには『日本の歴史と文化』は語れなくなっているのだ」とする主張にはまったく同感である。

著者は政治の動向についても鋭い批評を展開し住民運動に対してもビビッドに発言しエネルギッシュな活動を展開する稀有《けう》な表現者であり続けるのであるが、本書の一連の「世界遺産論」を読むと、文化研究学徒としての側面を見せてくれる。また「八重山舞踊論」を読むと著者が、舞踊批評を展開し得る数少ない評者であることをもうかがわせてくれる。いずれにしても著者が、一つの枠に当てはまらないスケールの大きい詩人であり、思想家であることを再発見させる書である。

本著の神髄は第1部の文化遺伝子論を論じた「琉球文化論」にあるのは間違いない。著者はそこで、琉球文化の特徴を取り出し、その想像力やエネルギーの源泉を分析している。その論は極めて刺激的な関心をそそるのであるが、二つの点で危うさも感じる。一つは、琉球文化の光の面を開示してみせるのであるが、それは影の面との統一においてなされるべきではないかという疑問である。二つ目は、川満信一が本紙書評で「琉球ナショナリズムへ傾斜する危うさ」と指摘していることとも関連するが、琉球文化を超階級的に捉え、そこ存在する裸のままにたたえてしまう危うさについてである。歴史的に形成された文化の階級性を曖昧にし、そうすることで文化＝政治という視点がゆらいでいると思えたのである。

二つの貴重な歌集をいただいている。玉城寛子『きりぎしの白百合』（ながらみ書房）と『新城貞夫歌集Ⅱ』（沖積舎）である。二つとも歴史的現在的軋《きし》みと実存の極みから言葉を発光する命の歌集である。

（9月29日掲載）

抵抗と報復の小説集

榮野川安邦『緋寒桜と目白』／上原生男『沖縄、わが蒼穹を求めて』ほか

本紙10月16日付の詩時評に次のような文言があった。「千年に一度のあの大惨事。7カ月もたつと、さすがにマスメディアの扱いは落ち着く。ボランティアやパフォーマンスの人波も現地から引いたようだ」と。このように語るとき評者の視点は被災者から支援者にすり替わっている。だが、支援の人波が引いたあとも、なお故郷に近づくことすらできず、終わりの見えない避難生活を強いられている人々がいる。そして死者の二万人近くの存在。それはもはや、見えない風景である。支援者の「無個性の貧しい言葉に憤慨」し、「自主的善行の落とし穴」をシニカルに指摘するのもいいが、惨劇を受け止め、不可視の風景を見続ける〈まなざし〉を持ちうるかが私たちに問われている。

フクシマやただ炎天に黙しおり　角川春樹

吉本隆明が原発支持

吉本隆明が8月5日の「日本経済新聞」で、原発事故について論じている。「原発をやめる、という選択は考えられない」「発達してしまった科学を、後戻りさせるという選択はあり得ない。それは、人類をやめろ、というのと同じです。だから危険な場所まで科学を発達させたことを人類の知恵が生み出した原罪と考えて、科学者と現場スタッフの知恵を集め、お金をかけて完璧な防御装置をつくる以外に方法はない」と。知の巨人として知られ、多大な影響力を持つ人であるが、しかし、ここでの吉本の発言は、様々な過誤と無知に満ち溢れている。まず、原発へのお人よしとしか思えない最大の無知は、東電を始めとした原発資本についての無知である。彼らが今後も「お金をかけて完璧な防御装置」を設置することはあり得ない。従って原発を推進する限り、今後も事故は起こりうるということである。それは単に「完璧な防御」なんて技術的にも不可能であり、原発の生みだす核廃棄物処理の技術も確立されていないから、というのではない。たとえそのような技術が確立されたとしても、「完璧な防御」を施すためには、天文学的な費用を要するわけであり、利潤追求を本質とする資本にとって、そのような採算の合わない支出は、最初から想定外だからである。実際、今回の事故も過去の重大事故を教訓化し、安全対策を施していれば、これほどの大惨事には至らなかったはずである。二つ目は、そしてこれが本質的問題だと思うのだが、原発を「人類の知恵が生み出した原罪」と超階級的に捉え、反原発を唱えることは「反科学主義」であるかのように仕立て、そのことで原発企業の罪を免罪している点である。いうまでもなく、日本の原発は住民が必要としたのではない。電力会社という独占資本が莫大な利潤を産むために設置されたものである。しかもそれは、米国に後押しされた国策として推進された。従ってそこには企業の利潤追求という側面と、それとは別個の国家の意思が貫徹されている。国はプルトニウムをいつでも核兵器に転用可能な潜在的「核抑止力」と見なしその役割を原発に担わせている。その邪悪な国家意思を吉本は見ようとしない。他に、原発に変わる新しいエネルギーとして太陽光発電だけでなく、シェールガス、海洋エネルギー、アーキアなどの開発が進んでおりそれらが実用化されれば、原発なんて不要と言われるが、それへの言及もない。

上原生男の思想　失われぬ鮮度

上原生男の遺作集『沖縄、わが蒼穹を求めて』（出版舎Ｍｕｇｅｎ）が出版された。３年忌に間に合わせての出版だという。詩、評論、書評・展評がぎっしり詰まった３８３ページに及ぶ立派な大冊である。ふと考えた。上原が元気だったら、今の時代についてどのような発言をしたであろうか、と。震災について、吉本の原発推進論について…。

遺稿集の評論の部の冒頭に「盲目的日常への弔辞—現代をどう生きるか」という論考が載っている。

ぼくらに課せられた課題は、体制にも、またうらぶれた反体制思想にも牽引されることなく二重に自由なのびやかさを備えていた沖縄の内部深層へ遡及する還元意識を強じんな媒介として、自らの思想表出の端緒とし、プロレタリア自己権力に基礎をなす沖縄コンミューンへの思想的視座をうちすえることにある。（略）民族独立という観念のもてあそびはこうした思想の必然過程をしゃ断してしまった。

天皇制イデオロギーの母斑をまとったものとして復帰運動の民族主義を批判するこの論考の発表は、１９６９年の沖縄タイムス紙上である。40数年前でありながら、思想の鮮度を失っていない。

氏が他界した年、病床から息子に送った手紙には、「まだまだです。十分の一も成し遂げていません。／『渇望は未だ』という思いです。…」と書かれていたという。

実体験が裏打ち　榮野川安邦の短編小説集

榮野川安邦と上地隆裕がそれぞれ短編集を出版した。

榮野川安邦の著書『緋寒桜と目白』（赤木書房）には表題の作品と「国際児」「風」「花どろぼう」の４編の短編が収録されている。「抵抗小説集」と銘打っているが、「風」を抵抗小説と呼ぶには抵抗がある。４編の中では「国際児」が完成度が高く、読み応えがあると感じたが、本格的抵抗小説という点では、表題の作品が一番体裁を整えている。

「緋寒桜と目白」は、１９８７年、北部の国頭村の山狭の集落、安波を舞台にしたハリアーパット阻止闘争を題材にした作品。もちろん事件の経過や登場人物もフィクションであって、時代背景も現在とは異なるのであるが、現在闘われている高江のヘリパット阻止闘争や辺野古の新基地阻止闘争、安波集落への普天間飛行場誘致の動きと重なって、リアリティーがある。突然平和な山村に降ってわいた米軍の基地建設。それに身体を張って立ち向かう村人たち。お年寄りと女性が多く、若者が少ない過疎地である。親族間でも保守、革新と意見はバラバラである。労働組合支援への警戒心も強い。どのようにして米軍と闘っていくか。

作者は「あとがき」で、「空想的な小説といえども、当然ながら、作者自身の生き様からは逃れられない」と述べ、「何度か官憲と現場で体を張って渡り合ってきた」と自己の体験を書いているが、本書はこうした著者の現場闘争体験に裏打ちされて生まれた作品であり、既成の大家が為し得なかった、民衆のたたかいを内部から描いた作品である。ただ、不満を言えば、保守地域であり、闘争の経験がなく指導者もいない村人が何故、基地建設阻止の闘いに立ち上がるに至ったのか、そこをもって書きあげて欲しかった。

奇抜で大胆　上地隆裕の短編

上地隆裕の著書『地底のレクイエム』（近代文藝社）には表題作品の外に2編の短編が収められているが、批評意欲を湧き立たせてくれたのは表題作だけであった。

表題作は、米兵にレイプされたり母親を殺されたりと積年の怨念を溜めこんだ沖縄の老人たちが、死ぬ前に、沖縄のためにと、米軍に報復する物語である。住民が理不尽な被害にあうごとに、米軍将校を誘拐してハブに噛ませて殺害する。奇抜で大胆不埒、沖縄はとうとうこのような作品を生みだすに至った、というべきか。発想は壮大で豊かだが、表現が大げさでリアリティーに欠けるのが欠点。随所に散見できるおかしな文も推敲が必要。大いに書きこんで更に意欲作を書いてほしい。

（10月30日掲載）

加害の追及　なお今日性

大城立裕『戯曲　カクテル・パーティー』

日米地位協定の運用改善が日米間で合意された。１月に発生した交通死亡事故にもさかのぼって適用。これによって「公務中」を理由にいったん不起訴とされた米軍属男性が起訴された。運用改善にすぎないとはいえ、遺族をはじめ県民が声を上げ続けた結果である。

緊迫する普天間基地問題、高江のヘリパッド工事再開、自衛隊の先島配備、これらと連動する八重山の教科書採択問題等々、今沖縄は政治の課題をめぐって激しくざわめいている。八重山教科書問題の核心は玉津博克石垣市教育長の横暴や文科省の不当介入にのみあるのではない。さまざまな理不尽を目撃しても声を上げようとしない現場教師にある。教科書問題の直接の当事者は現場教師であり、子どもたちではない。23日には１千人を集める集会が開かれた。しかし、なお大半の教師が声も上げずにいる。いったん採択されたらその教科書をまじめに教え込むのであろう姿を想像するとぞっとする。

福島との連動性

『世界』12月号に「沖縄の傷という回路」という論考を執筆している新城郁夫は次のように述べる。「震災・原発危機ののち、いわゆる『沖縄問題』あるいは普天間基地問題が、報道されなくなってきている」と。新城はさらに問うている。「沖縄戦における日本軍強制による『集団自決』と震災の原発危機以後の日本で起きている政治的暴力とが、深い連動性を持っているのではないか」「この国を覆っているのは、来るべき死を『復興』の名のもとに共同化していく残酷極まりない暴力の組織化なのではないか。そしてこの組織化の水面下で沖縄の軍事要塞化が進められ、その動きは徹底して隠蔽されていくのである。そうであるだけに、沖縄の基地問題と福島をはじめとする原発問題は（略）作られた分断を越えた『傷』という回路を再発見していく作業が、切に求められていく必要がある」と。

『アブ』第10号に新城兵一の詩「風の斧」が載っている。東日本大震災について、もっとも根源的かつ原理的な視点から書いた詩である。

知の据傲は知を腐らせて　わたしたち
いっせいに瓦解する柔らかな物質だから
深い沈黙に占拠されながら　空洞の顔で告発するな！
人間すべからく同罪であり　だれひとりとして
ここにいたった文明の病根から

（略）

みえない欲望開発システムから　自由なものはいない
きれいな手とこころをもつものなど
どこにもいない　わたしたちは（以下略）

共感と疑問を内発する詩である。今般の大震災をテレビ画面で目にしたとき、あまりの惨状に絶句するばかり。そして一瞬後に襲ったのは、自然の猛威に対する人間の無力と自然への恐懼《きょうく》であり、次に来たのは、人間はあまりに自然を甘く見過ぎた、痛めつけすぎたという、人間の「原罪」にも似た罪への疼《うず》きであった。新城が「人間すべからく同罪であり」「文明の病根から…／自由なものはいない」と書くのもそれであろう。だが、次の瞬間、激しい疑問が湧いてくる。果たしてこの大惨事は、千年に一度と言われる巨大災害を現代の科学文明が予知できなかったためであり、「人間すべからく同罪なのか」と。またそもそも、原発は何のために建設されたのか、と。よもや、電力資本が「豊かな電力で人々に快適な生活を築くため」などという神話を、本気で信じてはいまい。詩は時に、根源を問うことで抽象化し、現実の悪を免罪する。

原作との差異から読解

大城立裕の『戯曲　カクテル・パーティー』（岩波書店）が出版された。10月にはハワイで朗読劇として上演され、迫力のあるものに仕上がったということだが、沖縄でも是非、舞台演劇としての上演を期待したい。

文庫本には本浜秀彦の解説が付いていて、原作との比較がなされている。大きな違いは、米兵に暴行を受けた主人公の娘のその後を描いていることである。暴行される場面も新たに挿入されている。また、原作では名前も不明で語ることのなかった娘が、「洋子」として登場し、発言する。娘の父親の主人公は上原、中国人の弁護士孫は楊《ヤン》になっている。新たな登場人物として洋子の夫ベンが設定されている。物語の場面は１９９５年。「現在はワシントンDCで夫のベンと暮らしている洋子の自宅に、上原が訪ねる場面から始ま」る。95年という場面設定には意味がある。沖縄で米兵３人による少女暴行事件が発生した年である。本浜は「忌まわしい過去を乗り越えながら、今を懸命に生きる彼女の姿に、戯曲の舞台として設定した一九九五年八月の後に起こった現実の出来事への、沖縄の作家としての大城の思いが込められているように思えてならない」としている。その通りだと思うのだが、しかし、小説では、少女の「沈黙の声」は伝わっていたはずである。

> いま実際に娘は崖に片腕ついて眼の芯まで染まりそうな青い海を背景にもうひとつの小麦色の腕をかざしている。その動作は、あの醜いものを命がけで崖につきおとした瞬間なのであろう。

この終章の場面の少女の沈黙と象徴性について、勝方＝稲福恵子は「封殺された少女の声が前景化され、意識化された」（『おきなわ女性学事始』所収）として鮮やかに掬《すく》い取っていた。

原作の変更でもう一つ重要な箇所がある。この点について本浜は「上原が中国大陸で行った行為は、中国人捕虜を斬首した、より加害的なものに原作から変更されており、それゆえ被害者の父親として、洋子の事件を訴えることの煩悶が激しくなっている」としているが、ここは、評価の分かれるところ。原作でもそのような設定は可能だったはずであり、そうしなかったのは、捕虜を斬首するという典型的加害ではなくても、「見て見ぬふりをした」程度なら誰でもやったに違いない事例を出すことで、より普遍的に加害責任を問い糺《ただ》していると思えるからである。

人間の尊厳貫く

あと一つ。最終的に告訴を決意するその根拠は何かということに関して。原作小説では、ミスター・モーガンがメイドを告訴したと聞いて「フォークを音立てて投げた」とあり、そのあと、「お前の語調に突然はっきりと固いものがまじった」となっている。ここは、「お前」がパーティーの欺瞞《ぎまん》を見抜き、親善と決別し、告訴を決意する重要な場面である。戯曲版でもこの場面を境に会話の調子ががらりと変わる。

そこで、告訴の根拠だが、それは、自分は娘への強姦さえ我慢しようとしたのに、相手は、メイドの善意のミスさえ許そうとしない。そこにある基地権力に保護された特権意識と差別意識からくる傲《ごう》慢《まん》さが許せなかったのであり、そのような差別を知りつつ我慢し、いかがわしいカクテル・パーティーにのこのこ参加した自分の心性の卑しさが許せなかったのである。起訴しても勝ち目はない。だが、人間負けると分かっていても人間的尊厳を貫くためには闘わねばならない時がある。上原が「人間本来の尊厳の面子です」と言い放っているのはそのことである。この説は「沖縄の共同体的なアイデンティティーが脅かされたから」とする岡本恵徳の説とは違うことになる。

地位協定によって米軍の特権的な支配が約束され、さまざまな基地被害と人権無視に晒《さら》されている基地沖縄の現実は今もかわらない。他方、基地被害を容認し、基地の存続に利害を見いだそうとする人たちもいる。人間の尊厳とは何かを問い、沖縄人の被害と加害性をも追求した本作品は、今なお、優れて現代的意義を有する作品である。

（11月30日掲載）

50年代論争の影　今も

田中眞人、安里昌夫の「ちっぽけなアバンチュール」論

19日、朝鮮中央通信は金正日総書記が17日に急死したと報道した。急性心筋梗塞だったという。独裁者が死んでも、軍事優先の「先軍政治」が踏襲されるだけなら、北朝鮮民衆の未来は暗い。とはいえ、一国の最高指導者が病死したとなれば各国からまずは弔意が寄せられるであろうと思ったが、甘かった。24日の時点で、追悼の辞を送ったのは中国と韓国などわずかだという。日本に至っては弔意表明どころか、国連総会での黙祷《もくとう》もアメリカと一緒にボイコットした。北朝鮮は東日本大震災には義援金を送っている。厄介な国であればこそ今後の問題を打開するためにも儀礼をつくすべきではないか。安倍元首相や小泉元首相は弔意を表明している。

心の悶々を描く

田中眞人が『島尾敏雄論　皆既日蝕の憂愁』（プラージュ社）をこのほど発刊した。優れた島尾論であり、わけても、危機迫るミホの狂気に聖性と愛を見つけようとする「死の棘」論は白眉である。「死

の棘」論については、『アブ』に連載中に、文芸時評（2010年11月30日）で取り上げたことがあり、『脈』73号、安里昌夫の『ちっぽけなアヴァンチュール《(ママ)》』論」と関わらせて、ここでは主に「ちっぽけなアバンチュール」をめぐって評したいと思う。実はこの作品は、戦後民主主義文学運動に分裂を招いた作品としても知られている。

島尾の「ちっぽけなアバンチュール」という作品は、1950年5月『新日本文学』に発表された短編である。この作品は、「つつましく充足した生活」を送っている妻子のある一人の教師が、身内に生じた自分の欲望を満たすため、女と「未知の交渉」を追い求めるという話である。最初は、場末の小さな酒場の女と何とか交渉を持とうと企てる。女と閉店後に店で逢《あ》う約束を取り付けるが、約束を反故《ほご》にされみじめに夜の街に取り残される。終電車もなくなった深夜、歩いて帰る途中、同行することになった母娘がいて、今度はその母親に交渉を迫るも果たすことができず、妻の待つわが家へ空《むな》しく帰宅する。話はそれだけである。その間の心理描写が延々と続く。

妻とのやりとりでの軽い齟齬《そご》や違和、出勤途次で「訳の分らない郷愁」を再起させる「インゲ」という北欧系の亜麻色の髪の少女へのときめきなどが挿入されている。物語と関係ないかに見える亜麻色の少女。作家は時に、無造作に投げ入れた事象に強い思い入れを秘めている場合があり、その亜麻色の少女への執着の理由を追跡したくなる誘惑にかられるのであるが、作品の中心は女への欲望である。つまりこの作品は、島尾にまつわる種々の神話に惑わされずに虚心坦懐《たんかい》に読めば、身内に湧いた「欲望」をもてあまし、女との「未知の交渉」を求めて徘徊《はいかい》する小市民インテリの一日の行動と心の悶々《もんもん》を描いた私小説であるにすぎない。

こう書くと、このような醜態を描いた作品をなぜ島尾は『新日本文学』に発表したのか、という疑問が湧いてくる。当時の新日本文学は戦後民主主義文学運動の拠点雑誌として存在した。当然作品をめぐって評価は二分した。一方は女への欲望のままに動く救い難いプチブルインテリの末期的醜態を描いたものであり、現実変革への何の展望もなく、反革命的であると論じ、他方は、人間の醜い面を赤裸々に描いていて、その根底にあるのは人間のモラルへの真摯《しんし》な問いかけである、と。今、この作品に対する安里と田中の批評を目にすると、かつての論争のバリエーションを見る思いに駆られてしまう。

評者の深読みか

田中はこの作品について次のように書いている。

（島尾が）原理・中心をもたない不確定なトポスにありつづけることは、（略）イデオローグたちに地殻変動を起こさせることがある。これが昭和二十五年新日本文学に発表した「ちっぽけなアバンチュール」をめぐる論争であった。当時、日本共産党を支持する作家たちによって運営されていた新日本文学という文芸誌に、あえてそぐわないような内容の作品を発表することで、とうぜん原理主義者たちから批判が上がり、これをめぐって文壇では文学の自律性という問題にまで論争がもちこまれていった。島尾の思想の遠心力がイデオロギーの硬い地殻を地球のマグマからずらしてしまったようなかたちを、はからずも招いてしまっていたのだ。（『皆既日蝕の憂愁』）

田中はこの作品をよくわきまえて評している。

一方、安里は、この作品評を島尾の戦争体験から説きおこし、次のように続ける。

自分の根幹にある「歪さ」と「渇きの意識」は、抑えようもなく噴き出して来た。しかし、これらは、「戦争」に堪え、現実を生きる魂が直面した生の困難であり、実存の過酷な自問の道程でもあった。ふと忍び寄る「戦争」の虚無と退廃の再来に怯え、「保証された日々がいつ迄継続出来るかどうか」の不安に苛まれ、（略）彼の生活と意思の中芯に、その「気配が漂って」根源を律していたのは確かであり、（略）「うろたえながら」の「日常の幸福」を、「戦争」の虚無や退廃からの〈自己嫌悪〉の方法で透視し、自己崩壊の意識に秘かに怯えていたのであった。

島尾も罪な作家である。いや、島尾に罪はない。島尾が何げなく書いた作品を周辺の評者がかってに意味付与し論評しているだけである。田中は原理を嫌う「島尾の思想の遠心力」が論争を招いたとしているが、安里は作品に「戦争の虚無や退廃」を読み、島尾が「現実を生きる魂が直面した生の困難」にあったと捉え、「自己崩壊の意識に怯えていた」とし、「困難な現実存在を脱却することを模索した」作品として位置づけている。だが、このような読みは、あまりに、作者と主人公を同一視した深読みではないか。

作品本位で読む

この作品は島尾のヤポネシアの思想や戦争体験とは切り離して読む方がいいと思う。作家は変転し転回する。「出孤島記」などの軍隊ものと「死の棘」などの病妻ものや病院記ものとは明らかに違う。異常な戦争体験を潜ったとはいえ、いつもそれと向き合った作品を書いているわけではない。かつて時代の危機への不安や戦争という大きなテーマを扱った作家が、シュールレアリスムの手法を駆使した夢・幻想にまつわる作品を書き、病妻ものを中心とした家族小説を書き、やがて、テーマを縮小し、小市民の日常的出来事や欲望を書く私小説家になったと捉えればいいだけのことである。戦場を日常に移したのである。

では、美しく壮大な「ヤポネシア」の思想をどのように捉えたらいいか。岡本恵徳は、「私にとっての『ヤポネシア』論」(『「ヤポネシア論」の輪郭』所収)という論考を次のように結んでいる。

政治と文化の硬直と画一を拒否し、人々がみずからの生きる場で、みずからの価値を見出すことによって、その存在の根拠を確かなものにする思想として、沖縄に生きる私にとって「琉球弧」と「ヤポネシア」の思想はあると思っている。

田中眞人の「ヤポネシア論考」もまた、この視点を共有し深めたものとなっている。

今月で私の時評は終わることになった。1年間のはずが、気が付いたら足かけ6年を経過していた。その間、1960年代世代の各分野での頼もしい健筆を確認できたし、新たな若手の台頭も実感した。できるだけ多くの作品に当たり、作品本位の批評を心掛けたつもりであるが、うまくいったかは分からない。ただ、立場不明の八方美人批評というのは性に合わない。だから、ある種の人たちには「独断と偏見」による批評と映ったかもしれない。が、この批評スタイルについて、反省はするが、これからも変えようとは思わない。自由な執筆の場を提供してくれた本紙と、長い間お付き合いくださった読者には感謝するばかりである。

（12月29日掲載）

【付録・特別掲載】

廃港で

田中 有

街の下腹から伸びて暗い海と交わる防波堤は死に絶えた野獣の触手。港内には鶏のおびただしい羽毛が漂い、外海から迷い込んだ雑魚が時々、白い腹を見せて浮ぶ。船がもやつ《(ママ)》たまゝで船底から腐蝕しはじめ、漁師たちの呪咀が焼きつけられた

『琉大文学』第32号より転載。カット・石川ハツコ

舷の赤銹に打ちつける波は鈍く重い。悪臭に混つて港から這い昇る闇が男の首にまといつく。ナイロンのザイルのように細く冷く凝縮した闇。この港と関係をもたなくなつた向いの島の灯台の灯の長すぎる明滅に刺客に早変りする闇。コートの襟に顔を埋め、男は張りつめた神経に生を感じる。水溜りにつゝこんだ左足の靴下がめくれた皮膚のように足の甲にへばりつき、寒さがズボンの筒をゆるやかに這い上る。あの女が発見する時にふさわしいポーズを考えながら男は死んだ防波堤を用心深く歩く。すばやく靴音を拉つて行く夜風。逃げおくれた虫たちの殻が音立てて壊れる。男は思い出したように煙草を取り出し背を向ける。

息を殺して待つている女。

―火をつけないで！

―えツ？

男はマッチを擦る手を止める。闇の中に伸びる女の白い腕。踏み潰された小動物たちの甲羅のように砕け散つた意識を一つ〳〵拾い集めながら男は言う。

―闇を育んでいるのかね？

―待つてたわ、あなたを！暗い中でぶる〳〵顫えて待つてたわ。

マッチの明りは女を破壊してしまうか？女の単子葉植物の葉のように濡れた髪が男の掌を包み、男は思考を中断する。

暗《ネアン》を孕んだ廃港の黒い風の長く尖つた指が女の大腿に滑り込む。海のようにゆるやかに大きく開かれる女の腿。

―あなたに会わない日、あたしはここへ来る。ここで生を取り返すの。みんなが一緒になつてあたしのセツクスを盗むのよ。あたしはあの眼に堪えられない！　あたしはここで復讐を果たすわ。同僚の男と女の眼に、あたしは黒インキをいつぱい吸い上げたペンを突き刺してやる。明る過ぎる窓を、お前はそんな権利はない！と言つてぶち壊してやるわ。あたしはここであたしの存在をとり返す。ここであたしのセックスを解放してやる。ナタラージャ・シヴアの黒肌が発散する体臭のように、廃港から這い上る闇がからみあい、乱舞し、炸裂する。女を染め抜く暗《ネアン》。その女はインキの黒に刺され盲いた男と女の白い杖を取り上げる。廃港はのつぺらぼうの世界にぽつかり開いた深淵。その闇の中で杖を奪われた盲人たちの繰り広げる舞踏。彼らの脳天に打ち下される女の勝ち誇つた哄笑！

潮は防波堤の割れ目にひたくと満ちる。乳房から下腹へ向う風のセツクス。重いリズムで波打つ乳房。はじめはゆるやかに、そして激しく襲う痙攣。下腹の痛みが打ち上げる失神。停止した意識の中で行われる受胎を女は知覚しない。凝縮した時間が、その緩慢さを取り戻して行く中で、子鳩のようにククツと喉を鳴らしながら女はきく。

—愛してる？

雲の切れ端のように疲れ果てた男の感覚。そんなじやない！　男は放物線をえがく真夏の電線のように垂んだ感覚を否定する。

—ねエ、愛してる？

まるでそれ以外の答えを拒んでいるじやないか！　途方にくれながら、それでも女の首に腕をまわし、優しく気の抜けた長い接吻で女の唇を覆う。女の安らかな息づかいを聞く中で、男は、弛緩した海のような散漫さを拒否しなければならないと思う。

風はゆるく、防波堤を這いずり廻る小動物たちが再び活動を開始する。男は左足をひしやげ、闇に向けて大きく伸ばして踏み下す。靴底に数匹のそれらの壊れる音を楽しむ。

—ねエ、部屋を移らない？

—えツ？

男は狼狽する。それについて男は長い間、秘かに考え、苦しんで来たのだ。

—窓ガラスのついた明るい部屋。あたし毎朝、花を活ける。

—花の活けられた、窓ガラスの明るい部屋……？

それは君の事務所じやないか！

—ちがうの、あなたとあたしの二人だけの部屋
……えエ、あたしの事務所と同じだつてもいいわ。

窓にはギリシヤの彫刻を描いたカーテンを掛ける
……。

—だけど君は、毎晩ここへ来て復讐するんだろう？　同僚の男や女の眼に黒インキのペンを突き刺し、あの明る過ぎる窓を叩き壊すんだろう？

男は逃げる。

—だからあたしがそんなおそろしいことをしないで済むように、あたしの事務所と同じような明るい部屋に移ろうというの。

男は彼の暗く湿つぽい部屋を思い出す。

やつと頭をつき出せる窓の上げ下しの板戸は、蝶つかいがとれて釘づけにされている。その窓の左に掛けられた、屍人のそれのように見開かれたカンバスいつぱいの眼。まつ毛は濡れた海草のように眼球にへばりつき、女のセツクスにデイフオルメされた涙孔、そこからミミズのように、膨れ上つた毛細血管が走り、黒目の部分は、沙漠と竜巻、屍体と胎児たちが克明に描き込まれている。

絵具の発散する腐臭に誘われて、しつくいの剥げ落ちた壁をよじ登るナメクジの群。


はじめておれの部屋を訪ねた時、あの女はナメクジに気を失つてしまつた。

それはひどく寒い日の午だつた。セーターの胸に真赤なハートをアプリケした女が、いつぱいつまつた紙のバツグを抱えて快活に部屋に上り込んで来た時、おれはまだベツドにもぐつたまゝだつた。女は若い母親が子供にするように、いかにもあきれたという表情をしてみせ、それからすばやくおれの側に滑り込んだ。おれたちは寝そべつたまゝ、お菓子を

食べたり、お話をしたり、歌をうたつたりした。おれが胸のアプリケに触れ激しく接吻すると、女は「せつかくのお化粧がめちゃくゝ！」怒つてみせ、上体を起してハンドバツクを引き寄せる。蒲団の中でおれの脚にからませた脚で拍子をとり歌いながらコンパクトを取り出したが、突然大きな悲鳴を上げてそれをほうり出し、そのまゝ気を失つてしまつた。コンバクトの鏡の中央あたりに大きなナメクジがへばりついていて、それが女の眼に滑り込んだというのだ。それ以後、おれを訪ねる時の女は、絶えずナメクジにおびえ、いらくゝしている。

日ごとに数を増すナメクジたち。今ではベッドにたどりつくまでに数匹のナメクジを踏みつぶさねばならない。足の裏でのたうちまわるナメクジの感触！　それを愛せなければ嘘だ。

あの部屋でおれは日常性への憎悪を煮つめる。部屋を移ることはおれ自身の生を否定する以外のものではない。

期待と不安で女の眼が問い、性急に追い打ちをかける。

—あのいまくゝしいナメクジたち！　どうしてあたしがナメクジを愛さなきやならないの？　どうしてナメクジを眼や口に飲み込まなきやならないの？　それにあの家主の四十女、あたしがあなたの部屋に泊つた翌朝、あの女はあたしのセツクスを盗むのよ。どうしてあたしがあの女におびえなきやいけないの？

—おれだったら、あいつをあの部屋に引きずり込んで強姦してやるだろう。

と男は言い、女の意図から逃げまわる自分を不愉快に感ずる。

—あたしにあの女を犯せというの？　強姦しろというの？　四十女を犯すなんて！……あたしにできやしない！

―おれは部屋を移らないだろう。

「だろう」と曖昧に言ったのが男の心にひつかゝる。

意識していてそう言ったじゃないか！

―ちつともあたしの立場を考えてはくれないのね。あたしだって皆と同じように、読めないフランス語の詩集を持ち歩く娘よ。そのあたしに、ナメクジを愛せだの、四十女を犯せだの、あんまりだと思わなくつて？あなたは、あなたの生き方を強引に押しつけるだけで、ちつともあたしを理解しようとはしてくれないのね。

―喫茶店のボツクスで囁かれる愛の言葉を信じないと言つてたじやないか。

男が、亜熱帯の太陽に水気を奪われて懶る広葉樹のように、密度の伴わない愛を否定すると言つたのに同意した時のことを女は思い出す。

―そうよ、確かに言つたわ。でも、いつでも緊張のしつぱなしはあたしいや！　街ですれ違う人たちは、どいつもあたしの胴をつき抜けて行くのよ。みんながあたしを盗むのよ！　そんなのあたしはもう沢山！

漆黒の乗用車がビルを逆さに映して通り過ぎるアスファルトに沿う歩道で、人たちはあたしの存在を盗む。

杖を置き、割削された喉から絞り出す甲高い島の民謡に合せて、ぎつちよの足で踊り狂う年老いた狂女。あたしの背後で、人たちの眼があたしを拉って行く。あたしの意識につき刺さる人たちの視線。呪文の塗り込められた魔女の吹矢のように、その部分からあたしを犯して行く人たちの視線。あたしの内部を人たちが闊歩し、あたしは完全に人たちに支配される。

年老いた狂女の絶叫を聞くのは最早あたしではない！　紫色に爛れた、ぎつちよの足の肉のむき出しを見るのは最早あたしではない！　年老いた狂女の前にたたずんでいるあたしは、最早あたしではない！

明日、あたしはきっと、あの年老いた気狂い女の、ザクロのような喉に、錐のように鋭く光るあたしの日傘の刃をつき刺してしまうだろう。この廃港でだけでなく、あなたの部屋でだけでなく、明日、あたしはあの明るいガラス窓の部屋で、同僚の男と女の眼に黒インキをいつぱい含んだペンを突き刺してしまうだろう。

—あゝ、気が狂ってしまいそう！

立てた膝の上に顔を埋め、十指の爪を髪につきさす。

その女は本当に気が狂ってしまうかも知れないと男は思う。

ナメクジの夢に女は屢々不眠の夜をつむぐ。

女はおびただしいナメクジを孕んでいて、ある午下り、女のセツクスから群をなして這い出るそれらが隊列をつくつて、街の雑踏めざし進んでいく。ナメクジの大群の襲来におびえる人たちの喧騒。その混乱の中で、十八才の娘が両の手拳を固く握りしめ、女のセックスから流れ出て進軍して来るナメクジの大群を見つめたまゝ、歯をカチカチ鳴らし真つ青になつて立つている。気がついてみると娘はその女自身だというのである。

女は仕事を休み出すようになる。

女が悪夢の夜からのがれる最も手つ取り早い方法は、おれから去つて行くことだ、と男は考える。女が去つた時のことを想像する。夜霧のように覆いかゝる恐怖に男は想像を中断する。もう一つの道……。部屋を移ること……。女が去つてしまうことなく、しかも狂気を廻避する方法は部屋を移ること以外にない。いまの部屋を引き払い日常性の部屋に移る……。

男は、一つの軌道の上をぬる〳〵のこま鼠みたいにぐる〳〵廻つていた時のことを思い出す。

男は、すべてのことが価値の付与されない生の前に空無化されて希望も絶望もない飽和の世界に定着された戯画だつた。戯画化された自己を拒否してみても、生の価値の不在は、男を弛緩した飽和の世界から救い出しては下れない。すべてのものは重さがなく、男自身も重量を失つていた。そんなある時、突然理由のない眩暈が襲つて来て、男を飽和の世界の痴呆状態から現実の日常性の世界に引き戻す。われにかえる男。はじめて訪れる世界のようにすべてのものが珍しいものに見える。男は現実を踏みはずさないように用心深く歩き出す。鬼ごつこの子供が、鬼の眼を盗んで「陣」をうつ時のように、人の気をうかがい、彼等の掟からはみ出さないように静かに用心深く……。男は日常性の模範生だ。彼らの価値体系を遵守している限り男の場所は完全に保障されているのだ。しかし、再び理由のない眩暈に襲われて、男は日常性の模範生の顔にゲロを吐きかける。空無化される現実。男はまたしてもあの希望もない飽和の世界へ逆もどりしなければないない。

幾度か二つの世界を往復している中に、どつちも他方を空無化してしまうという、始めも終りもない円環の上を男はぐる〳〵廻っている。

男が今の部屋に移つたのは、あのいまわしい円環運動の軌道からの脱出を企ててのことだつた。そしてそれは一応成功だつたと言えるだろう。ナメクジたちに勇気づけられて男は進みはじめる。男は計算がまちがつてなかったことにささやかな誇りを覚える。

しかし今は、ナメクジの部屋を持ち、そのような形で在る男の存在そのものが女を狂気に追いやる原因になつているのだ。

あの円環運動の眩暈、嘔吐……。女が去つて行くことへの恐怖……。やつぱり部屋を移ろう……。いや移るべきじゃない……。しかし……。男の中に広がる渦。男は答を見出せないまゝ渦に巻き込まれずるく引き込まれて行く。

幾日かの不眠の夜の後、女は男を伴つて精神・神経科の診療所訪れた。

砂ほこりに覆われた仏桑華の葉が俄雨に洗われてみにくい斑点を作る日だつた。血痕のようにへばりつく凋んだ花の紅。診療所はその奥にあつた。

女が診察室に通される。風通しの悪い、暗い廊下の隅に凍えているベンチ。硬いベンチの上で男を射抜く不安。

おれが恐れ、ためらい、考えることを絶えず放棄して来たことが今、女の面前にはつきりさらけ出されるだろう。医師は、おれの部屋が女の異常さの原因だということを見抜くだろう。女をおれから去るようにしむけるかも知れない。

一匹の蝿が窓の煤けた金網にあたつては舞い落ちる動作を繰り返す。執拗に同じ動作を繰り返す蝿。

ドアが開いて若いふせ眼がちの看護婦が男を呼ぶ。煙草をもみ消す。落着け！ と自己に言い聞かせる。汗ばんだ掌。ノブを廻す。ドアは吸い込まれるように自分の力で中に開いて行く。女が椅子から立ち上るところだった。同じ看護婦が、女を後からかゝえるようにして廊下に連れ出す。医師はカルテに最後の文字を書き入れると男を、いままで女が掛けていた丸椅子にかけさせた。煙草を点け、医師は大きな煙を吐き出す。男の内部で煙のように広がる不安。医師は嗄れ声で「軽度のノイローゼですね」と言い「本人に言うよりも、あなたに伝えた方がいいと思いますので……」とつけ加えた。白紙の上に、円や四角や矢印を描きながら医師は、動物におけるノイローゼ現象の実験やパブロフなどと関係づけてノイローゼを一通り説明した後、療法としては「まず第一に原因をとり除くこと、これは一ばん根本的なことです。次に神経を図太く持つこと、つまり進んで不感症になることです」と言つた。

医師の無気力な問診と処方に男は安堵する。女はコントールの幾粒かを与えられただけだった。

港内の重く澱んだ水面に死んで行く魚が跳ねる。おそらく、粘液質の水は波紋を伝えないだろう。

髪をワシづかみに喘いでいる女。吐き出すように言う。

—どうしてあたしだけがこう苦しまなきゃならないの？

女は既に、男がベールを被せ押し隠してきたものを感じはじめているのだ。石のように黙っている男を女は疑う。

—あなたの部屋から何が生まれるというの？　新しい価値の創造だとか何とか言うけど、結局自分の影を追い廻しているだけじゃない。あなたは何の価値も生まない石女よ！　ナルシストよ！

男の心の中で空転するそれらの言葉たち、例え今、自分が何者でなくつても、不妊の石女であるにしても、そして自分の影を追つかけているナルシストに過ぎないにしても、今、部屋を移るということは「なしくずしの後退」をしか意味しないだろう。男は部屋を移らないことをもう一度確認する。

街頭で黒旗を振るあいつ。傷つき倒れるあいつ。獰猛なあいつ。野獣のそれのようにきつい。切れ長のあいつの眼……。女は理解できない男の不毛の営為を思い浮べる。

あいつは街頭で黒旗を振る。市民たちの罵声と嘲笑の中で黒旗を高く掲げるあいつ。黒旗の振り蒔く暗《ネアン》。あいつはしきりに何かわめいている。「ハカイ、ソウゾウ、セイ、シ、シヨウシミン、チヨウエツ、ホンライテキ、ソンザイ、ジツゾン、ネアン、ハチユウルイネンエキシツ《(ママ)》、ナンタイドウブツ、オウト」等々の言葉たちを、あいつは特に力を込めて発音する。ハーケンクロイツのように不吉な種を振り散らす黒旗のはためきに、市民たちは嘲笑を怒りにかえる。あいつに投げつけられる石や空カンや生卵の類。額から吹き出した血が蒼白な顔面を両断する。汗と血でへばりついたあいつの硬い髪。市民たちの攻撃に晒されるあいつ。必死に黒旗を守るあいつの顔が悪魔の形相をおびる。見開かれ、ひきつり、血ばしつたあいつの狂人のような眼。傷つきうずくまるように倒れるあいつ。街は元に戻る。市民たちは何事もなかつたかのように再び元の枠の中に戻る。寛大な市民たち！　市民たちはあいつが黒旗を振り淫猥な叫びをあげたことをすつかり忘れ、倒れたあいつに憐憫の情を垂れて行く。紳士たちが丁寧に膝を折つてソフトを胸に当て、婦人たちは立ち止まつて黙祈《（ママ）》する。倒れ蹲つたまゝそれを見返すあいつの冷酷な加害者の眼。

　あたしはあいつに殉教者の崇高さを見る。しかし何のための殉教者なのかあたしには理解できない。部屋に帰りついたあいつは、負った傷を数えて日記に克明に記す。黒旗を振る時、あいつは、市民たちに、あいつに向けてなされる迫害以外のものを期待してないんじゃないだろうか？　あいつは自己の意識を実験するために、市民たちを利用しただけじゃないだろうか？　あいつは、既成の価値は否定的媒介としての意味しか持たないとい言う。反逆はあいつのレーゾン、デートルか？　そうであればあいつは、生の殉教者だということになるのだろうか？　しかしそこから何が生れるのか？　新しい価値の創造というけど、あいつは黒旗を振つている自己に陶酔し、すつかり溺れきつてしまっているじゃないか。あいつは何も生まないだろう。あいつは自分で自分を追いつめる遊戯を楽しんでいるだけなのだ。傷つき倒れることに快感を感じているのだ。その時市民たちは手段に過ぎないのだ。マゾヒストあいつ！

　ベッドに入る時あいつの骨ばつた右手があたしの腕を捩じ曲げ左手で首を締めてくる。窒息していくあたしの上であいつはあたしのうめき声を楽しむ。悲鳴はあいつを駆り立てるだけなので、あたしは終るまでじつと堪えている。

窓の横の、あの猥褻な絵を背に立つている時、あいつはきつと、左手に電気のコードを握つている。唇から下半身に突き抜けるショツク。あたしはすぐに気を失つてしまう。

あいつの部屋には壁に沿つて、ぐるつと並べられた無数の空ビンがあつて、あいつは、一晩に一つそれを叩き割る。粉々に飛び散るガラス。あいつは、適当な大きさのかけらを拾い集め、蒲団の上に物指しで正確な位置をを定めて、敷きつめる。服を剥ぎ取られ、その上に腹這わせられるあたし。ゆつくり、確実に、あたしの肉を切開するガラスのメス。そんなあたしの上に、奴は鼻歌をうたいながら背中合せに寝ころび、雑誌のグラビアを繰る。奴の重量！ひいひい泣いているあたしの上で、二、三返強く体を揺すつて、奴ははね起きる。完全に意識を失つているあたし。死んだように横たわつているあたしを、奴は髪の毛を摑んで引き起こし、後頭部を支えて頬を撲る。息を吹きかえしたあたしを奴は哀願するように見つめ、それから「おれは寂しいんだ、行かないで」と言い、あたしの胸に顔を埋めてくる。しかたなく抱き締めてやるのだが、あいつはそれがいかにも嬉しいというように涙を流し、まもなく、あたしの胸の中で少年のようにあどけなく寝こんでしまう。そのようなあいつをあたしはたまらなく好きだけど、冷酷で残忍な反面を思うとあいつが不気味に見えてならない。

―あたしたちは理解し合えないのね。あなたはあたしを理解しようとはしないし、あたしにはあなたが理解できない。たまたま、廃港に迷い込んだ雑魚のように、あたしは、あなたの中の暗い部屋に迷い込んだってわけね。ただそれだけなのね。

重く垂れる女の首。啜泣。男の手が女の肩に触れ、強く抱き締める。遅すぎる愛の証言を女は嘲笑う。

広い腹の上に停る男の手。それに伝わる暗《ネアン》の確かな胎動。女の顔をニヒルな笑いが走る。男は、女に知らさねばならないと思う。

女が毎晩この廃港に来て、その女を奪う人たちに復讐を果たす中で孕まれた暗《ネアン》のカラス児の胎児。女の知覚しない中に息づき、生長《（ママ）》しはじめるカラス児の胎児の存在を女に知らせよう。女の内部に息づく闇《ネアン》のカラス児の存在を告げ、そして女にそれを産ませよう。カラス児を産むことができれば、産んでしまえば、女はもう人たちに盗まれることはなくなるだろう。ナメクジの悪夢に悩まされることはなくなるだろう。そうなれば、おれが部屋を移らなくても、おれのもとに居つづけることができるわけだ。おれは部屋を移らない、そう決めたおれから、女が去つてしまわないためには、カラス児を産ませなければならないのだ。カラス児を産むことは、女が狂気に陥らずに、おれのもとに居つづけることを可能にして下れるのだ。

男は最大のいたわりを込めて言う。

—君は妊娠しているんだよ。

—えっ？

女の声が鋭く問いかえす。

—君はカラス児を孕んでいるんだよ。

内部に息づく胎児の確かな動めき《（ママ）》を感ずる女の掌。女の内部に異様な形で膨れ上る熱つぽい気悦《（ママ）》。

—あたし、妊娠したのね……あたし妊娠したのよ！

女は考える。あのまつとうな面した人たち、あたしの存在を盗む人たち、カラス児を産むことは、そいつ等への復讐のもっとも効果的な方法であるにちがいない。あとしばらくもすれば、あたしは、あたしの子宮の軟らかい壁に、カラス児の胎児の薄汚れたうろこ状の足裏を感ずるだろう。あの垢のいつぱい詰つた爪が羊膜をかき破り、雄々しく羽搏くまで……。

黄色い嘴でナメクジをついばみ飲み下すカラス

児。街の中をあたしは、カラス児を肩に止まらせ、あいつが黒旗を振るうによ（ママ）、暗《ネアン》を振り蒔いて歩く。あたしにおびえ動顛（ママ）する人たち。

だが、あたしに産めるだろうか？　明日あたしは同僚の前で、四十女の前で、市民たちに向つて、「あたしは妊娠したんだ！」と宣言できるだろうか？　奴等はあたしをゆび指して笑いころげてしまうんじやないだろうか？　市民たちの哄笑の中で化石になつてしまうあたし……。やっぱり部屋を移つてもらわねばならない。あたしがカラス児を産むために、部屋を移つてもらわねばならない。

―ねエ、部屋を移つて！　あたし妊娠したのよ！　あたし産むわ。でも今の部屋じやどうしてもだめ。堕ろせというんじやないでしよう。だから部屋を移つて。光の届かない細長い部屋……窓はなく、他人の眼に盗まれる心配のない部屋。何も、明るい、風通しのいい部屋に移ることはないわ。日常性の前に膝をつく必要はないわ。いまの部屋よりも、まだ遠く暗い……そうだ、穴を掘るのよ！陽の届かないところまで深い、深い穴を掘るのよ。入つて中から入口を閉ざしてしまう。世界を飛び越えるのよ！二人だけの世界！　そこで赤ちやんを大事に育てるのよ！

自分が全く思い及ばなかつたところに伸びる女の論理に、男は自嘲的な嗤いを漏らす。男の内部で音たてて壊れゆくもの。

おれたちはやはり理解しあえないらしい。部屋を移つてしまうとおれは空つぽになつてしまうだろう。女の前で、敗残者の醜態を漂すことに、おれは決つして堪え得ないだろう。例え、いかなる種類の部屋であるにしろ、今の部屋を変えるということは、おれ自身の存在を否定することにしかならないのだ。

男は女をとどめ得ないことをはつきり知覚する。男の咽喉をついて出る鉛のように重い吐息。女は理解する。

——そうなのね。あなたは口ぐせのように言つていた。おれから異端性を取つてしまつたら何も残らないつて。あたしやつと解りかけたような気がする。でも、もうそれは遅すぎるのね。あたしは子供を堕ろしてしまうわ……。あなたは、あなたの斗いに疲れ果て、すさみ切つた心を憩わせるのだと言つてあたしの胸に顔を埋めて寝に入つた。街頭に黒旗を振り、傷つき倒れた日、あなたはあたしの胸に崩れて、無力さを嘆いた。でももうあたしにはその資格がない。あたしは暗《ネアン》のカラス児を産むことができない。あたしはあたし自身を救うために、あたしの中に息づいた、新しい命を殺す。そしてあたしは、夢の中に現われる、十八の娘の世界に帰る。

女の内部で復権を迫る過去。

あたしは母の胸の中で眠る。明るい朗らかなお友達と、散歩しながら歌をうたつたり、お話をしたりする。あたしを愛して下れた優しい男たち。彼らは、あたしを待つてて下れてるだろうか？　今のあたしには、あの世界が、何と遠く思われることだろう。でも、カラス児を堕してしまいさえすれば、みんなは、あたしを暖く迎えて下れるにちがいない。以前のように優しくして下れるにちがいない。あたしにはやつぱりあの世界が似合ってる。帰る支度を始めよう。

男は今、女が去つて行くことを改めて確認する。いつか必ず訪れると予感していたことが、今このような終りを持つことを静かに確認する。

女の内部で行われる妊娠。それはおれと何の関りも持たずに進行する。何者でもないおれ！　二人の間に介在する乗り越え得ない乖離……そう言えばおれたちは、はじめから全く異う言葉で語り合つていた。

額縁で切り取られたように、そこだけ人間の生活の音を伝えない廃港。死に絶えた防波堤の上で、踏み潰された虫たちが、粉々に砕け突き刺さつた殻を引きずつて、コンクリートの亀裂に落ち込む。虫たちの意識……。

　内部に伸びる女の指。鋭い爪が子宮のやわらかい壁をまさぐり切開する。おびただしく流れ出し廃港に注ぐ黒い羊水。女の指に挟み出されたカラス児の胎児―暗《ネアン》。

　おれにとって、日常性の否定が実存の方向であるように、女にはそうすることが、実存の姿へ向けて自己を投企することなのだ。

　女の掌の上で、空を打つ胎児の四肢。

　おれが、崇厳に、淫猥に光る、寺の複雑な骨組みのように錯綜する倫理の渦の中を、八方破れに突き進んでいくように、女は、別の世界で、精いつぱい生を燃やし続けて行くだろう。これは、男の自己自身への、そして去つて行く女への祈りだ。

　風が止み、廃港は澱む。洋々とたたえられた黒い羊水。

　女は眼の滲んだように青い頭のばかでかい五ケ月の胎児を廃港に沈める。胎盤を黒い泥の中に埋め、広すぎる羊水の中に漂う胎児の息づき。

　男はいつか近い中、発音されずに死んだ愛のことばたちを沈めるために、再び廃港を訪れようと思う。

『琉大文学』23号（１９６２年12月１日発行）より転載。明らかな誤植は著者了解を得て訂正した。

あとがき

昨年は戦後七十年、節目の年ということで各メディアや紙誌でも戦後七十年を特集する企画が組まれた。だが、戦後七十年と言うとき、戦《いくさ》が終わって七十年というのであれば、沖縄に戦後はない。目取真俊は十年前にいち早く、「沖縄『戦後』ゼロ年」と呼称しているほどである。世界のあちこちで戦争は繰り広げられており、沖縄はそれと直結して米軍の戦闘訓練が日常化し、戦時態勢さながらに出撃が繰り返されている。ベトナム戦争のとき、ベトナムの人々に「悪魔の島」と恐れられたこの島に「戦後」はなく、今も戦場なのである。

「戦後レジームからの脱却」を提唱し、ファシズム化の完成へ向けて突っ走るアベ政権は、政治、文化、経済、教育などあらゆる領域の再編をがむしゃらに推し進めている。放射能流失が止まらず、数十万の避難民を抱える現実がありながら原発の再稼働に踏みきってはばからない。沖縄に移り住む作家の山口泉は苦渋の思いで警告している。「すでにいま、日本はファシズムのただなかにある。このままでは全体主義国家になってしまう、のではない。れっきとしたファシズムが、ほぼ完成しようとしている」（琉球新報・二〇一五年十一月二十四日）と。それを、マスコミや住民が容認する狂気。沖縄＝日本にとって「戦後レジームからの脱却」とは、米軍基地からの脱却であり、安保体制の打破であるはずだ。だが、新型輸送機オスプレイが配備され、山を削り、豊かな海を埋め立てて巨大な新基地を建設するという。現地のキャンプ・シュワブや辺野古の海では連日熾烈な反対行動が展開されているが、アベ政権は、防衛局、海上保安庁、警察、軍・民警備員に加え、本土から警視庁機動隊をも投入して暴力的弾圧にのりだしている。これが、この国が沖縄で繰り広げている「戦後」七十年の現実である。

本書は、二〇〇七年～二〇一一年まで、沖縄タイムス紙上で月一回のペースで連載した五十七回分の「文芸時評」を一冊に収録したものである。県内外で発行される単行本や月刊誌はもちろん、県内の文芸雑誌や同人誌・個人誌などできるだけ多くの作品に当たろうと心掛けた。取り上げた対象は県内の書き手の小説が中心になっているが、詩や短歌、評論にも言及している。作品も「沖縄の文学」が主軸になっているとはいえ、時に話題にのぼった県外の日本の小説や外国の小説を取りあげたりしている。また、その時々の政治・社会状況にも言及している。それは、文学も時代の危機と無縁に存在するはずはないし、「文芸時評」といえども、社会の動向と批判的に対峙しそれとの緊張関係において論じるしかないと考えたからである。また、小説以外の詩や短歌、評論などを取りあげたのも、文学と言えば小説を指すかのように暗黙の裡に了解されていることへの抵抗感が働いたからである。詩、短歌、琉歌、俳句、川柳など短詩型文学は軽視される傾向にある。歌人の岡井隆などは「(今日の日本において)ジャーナリズム、あるいは新聞、テレビ、みんなそうですけど、小説家がいちばん上なのです。次は詩人、かなり下がって歌人」(『私の戦後短歌史』・角川書店)と嘆いているほどである。

こうした短詩型文学軽視の風潮は沖縄においても事情は変わらない。沖縄の文学研究者が「沖縄の文学」について語るとき、小説だけを取りあげている。例えば『うらそえ文藝』八号で「沖縄文学の現在と課題」と題する鼎談が掲載されている（出席者は又吉栄喜、新城郁夫、星雅彦）。「沖縄文学の──」とあるが、もっぱら小説についてだけ論じている。近・現代の文学研究の第一人者といえば岡本恵徳、仲程昌徳の名が思い浮かぶが、著名な両氏の研究においてもなお、俳句の研究は不十分であり、野ざらし延男の『沖縄俳句総集』と「米軍統治下二十七年と俳句」（『天荒』32号、34号）と拙著『文学批評は成り立つか』『文学批評の音域と思想』があるくらいである。だが、いうまでもなく、俳句、短歌、詩や評論、エッセイ、戯曲などの文学のジャンルを含めて評するのが、即ち文芸時評なのである。ちなみに第十一回を数えるおきなわ文学賞は、戯曲や琉歌や漫画作品を文学に含めて募集している（なぜか、評論部門だけがない）。

発刊に際しては、書き直すことはせず、ほぼ初出のままにした。二、三の文に追加挿入の手を加えた。これは、新聞発表の時点で字数制限上、割愛した部分を復活したものである。これによって、舌足らずだと思えたことを補うことができ、文章として座りがよくなった。また、特別掲載として田中有の小説「廃港で」を『琉大文学』から転載した。これは、「文芸時評」で取り上げた際にかなりの反響があり、この「幻の傑作」を是非読みたいとの声が、少なからぬ人から寄せられたからである。六〇年代初期に発表された同作品は、六〇年代を代表する隠れた名作として、今日読んでも、内容や文体からしてその鮮度を失うことなく、光彩を放っている。敢えて、収録した所以である。

沖縄県内の歌人が一堂に集う歌人の集まりで論議されたテーマの一つは、本土側から良く提起される「沖縄の歌人の歌は類型的で、戦争や基地のことばかり詠んでいる」ということについて、どのように考えるか、というものであった。ここにはいくつかの問題が投げかけられている。果たして沖縄の歌人は戦争や基地だけを詠んでいるのかということ。無論、沖縄の歌人は基地や戦争についてだけ詠んでいるわけではない。自然詠があり、旅行詠があり、日常の出来事に題材を取った近辺詠がある。それでいて、本土の人間にそのように映っているとしたら、何故そのように映ってしまうのかという本土側の問題があるし、その通りだとすれば、では、何故沖縄の歌人は執拗に基地や戦争を詠むかということであり、翻って、何故、本土歌人たちは基地や戦争を歌わないかという問題がある。このことを真摯に突き詰めて考えていくのでなければ、沖縄の歌人たちの現実の理不尽に抗する切実な叫びが本土人に届くことはない。

ここでは短歌を例として出したが、このような本土側からの評は「沖縄の文学」全般に言われてきたことである。やれ、沖縄の文学は基地や戦争など政治的テーマに偏りすぎる、文学はもっと自由に豊富な題材を扱うべきである。視野が狭すぎる、というふうに。このような言質は、一定の正当性をもって響くのでこのもっともらしい提言にころりと参って、同調する声もあとを絶たない。文学はすべてから自由であるべきだ、政治から自律し普遍性を追求するところに文学は成立する、と言うように。だが、文学もまた、時代の政治・社会状況に規定され、それを媒介に表現されざるをえない存在である。あらゆる領域、日常の隅々まで〈政治〉が浸透しているかに思える状況にあっては、〈政治〉

を潜ることなしに優れた文学は存在しえない。したがって、社会の構造的歪みと亀裂を批判的に洞察しうる一定の科学性と思想的ラディカル性を備えていなければ、批評の言葉もまた、作品の本質に迫ることは出来ない。思想音痴、政治音痴には根源的文芸批評すら成し得ないということである。

現代は狂気の時代。戦争があり、「テロ」があり、日常的に無差別殺人が連日のように発生。絶対的貧困が増え続け、ここ日本では自殺者がこの数年三万人を前後している。世界的に異常気象が発生し、東日本大震災など大規模な自然災害が激発。これら異常災害に原発事故などの人災が追い打ちをかける。こうした病んだ社会は人々に「狂気」の種子を植え込んでやまない。このような時代の危機と批判的に対峙し、感受するところから真の文学は始まる。

発刊にあたっては沖縄タイムスの友利仁氏にいろんな点で多大な教示を頂いた。膨大な索引も氏の作成による。表紙画には山城道さんの作品を使わせてもらった。道さんは、二十歳でカナダに留学し、現地で画家、陶芸家として活躍したが、「網膜色素変性症」という難病の診断を受けこのほど帰郷した。視野の九五%を失い、病気は現在も進行中である。失意の底から、創作意欲を燃やし、昨年の沖縄県芸術文化祭の絵画部門で、初出品ながら県知事賞を受賞した。表紙絵はカナダ時代の作品である。道さんに感謝するとともに、今後の活躍を祈念するものである。

二〇一六年一月

ナ行

ハ行

マ行

ヤ行

ラ行

ワ行

カ行

サ行

タ行

事項索引

＊項目の表記は本文のものを尊重したが、表現の揺らぎは読者の便を考え分けての項目とはせず、頻出する語句にまとめている

作品・書名索引

＊「 」は作品名、『 』は書籍名・雑誌名を意味する。単行本化された長編は「 」に統一した。
＊括弧内の人名は作者・筆者名である。

索　引

＊本索引は、本文中（付録、あとがきはのぞく）で登場した人名／作品・書名は可能な限り抽出、さらに頻出・重要と思われる語句も抽出し、「人名索引」「作品・書名索引」（→ 389 頁）「事項索引」（→ 382 頁）に分けて、それぞれ単純五十音順に配列した。
＊ノンブル後ろに「＊」がある場合、作品が本文とは段落を変え引用されていることを意味する。
＊本索引は沖縄タイムス社出版部の責任で作成した。人名・作品名には一部読み方を確認できていないものもある。

人名索引

著者紹介　平敷武蕉（へしき・ぶしょう）

1945年　沖縄県うるま市（旧具志川市）に生まれる
1964年　琉球政府立前原高校卒業
1968年　琉球大学法文学部国文科卒業
2005年　評論集『文学批評は成り立つか　沖縄・批評と思想の現在』(ボーダーインク) 発刊(第３回銀河系俳句大賞受賞)
2007年　評論集『沖縄からの文学批評　思想と批評の現在』(ボーダーインク）発刊
2007年　『俳句マガジン　いつき組』（のち『HAIKU　LIFE 100年計画』愛媛）で俳句時評執筆（〜2015年）
2013年　「『野ざらし延男論』序説」で第41回新俳句人連盟（評論）受賞
2015年　『文学批評の音域と思想』（出版舎 Mugen）発刊

合同句集『炎帝の仮面』(2000年),『太陽の振り子』(2004年),『遊星の切株ら』（2008年),『金環食』（2012年)

俳句同人誌『天荒』編集委員
文学同人誌『非世界』同人

現住所　〒904-2161　沖縄県沖縄市字古謝1044

平敷武蕉の既刊本

〈季語・季題〉の呪縛を超えて時代の危機を見据える批評の姿勢

文学批評は成り立つか　沖縄・批評と思想の現在

第3回銀河系俳句大賞受賞　「時評として書かれた俳句思想であり、今日の俳句思想の本質的問題を真正面から捉える、近年稀にみるすぐれた俳句評論である」（西川徹郎）

ボーダーインク刊　定価2625円（税込）

暗転し閉塞する時代を抉る　新たなる文学と社会の未来を探る

沖縄からの文学批評　思想と批評の現在

ボーダーインク刊　定価2160円（税込）

〈含みつつ否定する〉新しい批評文学の登場！

平敷武蕉評論集　**文学批評の音域と思想**

出版舎Mugen刊　定価4104円（税込）

南溟の文学と思想

「沖縄タイムス　文芸時評」2007〜2011年

2016年2月18日　第1刷発行

著　者©　平敷武蕉　*Busho Heshiki*

製作・発売　沖縄タイムス社

〒900-8678　那覇市久茂地2－2－2

電話 098-860-3590

FAX098-860-3830

印刷所　文進印刷株式会社

ISBN978-4-87127-666-5 C0095